学术论文写作

周淑敏 周 靖 著

清华大学出版社
北 京

本书封面贴有清华大学出版社防伪标签,无标签者不得销售。
版权所有,侵权必究。举报:010-62782989,beiqinquan@tup.tsinghua.edu.cn。

图书在版编目(CIP)数据

学术论文写作/周淑敏,周靖著. —北京:清华大学出版社,2018(2024.1重印)
ISBN 978-7-302-47089-2

Ⅰ. ①学… Ⅱ. ①周…②周… Ⅲ. ①论文-写作 Ⅳ. ①H152.3

中国版本图书馆 CIP 数据核字(2017)第 118991 号

责任编辑:李　莹
封面设计:傅瑞学
责任校对:王凤芝
责任印制:沈　露

出版发行:清华大学出版社
　　　　网　　址:https://www.tup.com.cn,https://www.wqxuetang.com
　　　　地　　址:北京清华大学学研大厦A座　邮　编:100084
　　　　社 总 机:010-83470000　邮　购:010-62786544
　　　　投稿与读者服务:010-62776969,c-service@tup.tsinghua.edu.cn
　　　　质量反馈:010-62772015,zhiliang@tup.tsinghua.edu.cn
印 装 者:三河市东方印刷有限公司
经　　销:全国新华书店
开　　本:145mm×210mm　印　张:9.625　字　数:230千字
版　　次:2018年1月第1版　印　次:2024年1月第12次印刷
定　　价:45.00元

产品编号:066621-02

前　　言

　　这是一本专门介绍如何撰写学术论文的书。

　　为了使从事学术论文写作的朋友能较详细地掌握学术论文的基本知识，较快地提高论文写作能力，我们根据科研工作者和高等学校开设论文写作课的需求，编写了这本《学术论文写作》。

　　本书较详细地介绍了学术论文写作的基本知识、一般规律和写作技法。全书共分两部分：(一)学术论文的基础知识。包括学术论文的概念和特点、选题原则、材料收选、语言风格、修改和定稿、论文答辩等。(二)学术论文选编。这部分选编了7篇优秀学术论文。

　　本书的特点是全面系统、材料翔实、文理渗透、具体实用。

　　这本书可供科研工作者、各类大学生、研究人员、编辑人员等撰写学术论文时作为指导教材使用，也可供论文指导教师、管理人员、论文写作爱好者作为工具书和参考书使用。

目 录

第一部分 学术论文的基础知识 / 1

第一章 学术论文的概念、性质和特点 / 3
第一节 学术论文的概念 / 3
第二节 学术论文的性质 / 9
第三节 论文的特点 / 17

第二章 学术论文撰写者应具备的心理素质 / 24
第一节 进取心理 / 25
第二节 竞争心理 / 31

第三章 学术论文选题的原则 / 33
第一节 选题原则 / 33
第二节 题目的确定 / 45

第四章 学术论文材料的收集和选择 / 52
第一节 收集材料的意义 / 52
第二节 选择材料的原则和途径 / 56

第五章 学术论文应具备的几个部分 / 72
第一节 内容提要 / 72
第二节 目 录 / 78

第六章　学术论文的构成 / 84
　　第一节　摘　要 / 84
　　第二节　引　言 / 90
　　第三节　论文的正文 / 93
　　第四节　本论的结构形式 / 102
　　第五节　结　论 / 109

第七章　学术论文的语言 / 127
　　第一节　语言和思维 / 127
　　第二节　学术论文的语言风格 / 129

第八章　学术论文的修改和定稿 / 136
　　第一节　论文修改的必要性 / 136
　　第二节　论文修改的范围 / 139
　　第三节　论文修改的方法 / 144
　　第四节　论文的定稿 / 146

第九章　学术论文的答辩 / 149
　　第一节　论文答辩的意义 / 150
　　第二节　论文答辩的准备 / 155
　　第三节　论文答辩的方式 / 156
　　第四节　论文成绩的评定及其标准 / 157

第十章　学术论文的标点符号 / 160

第二部分　优秀学术论文选编 / 171

文选一　一个类似于多元许定理的结果（数学）杨文礼 / 173
文选二　计算机界面技术（物理）吴　俊 / 183
文选三　"喜达克"营养液抗衰老作用评价（生物）赵　红 / 192
文选四　关贸总协定与中国的外贸立法（法学）于晓燕 / 220

文选五	乔姆斯基谈语言学对心理研究的贡献（语言学）朱志平	/ 238
文选六	《长恨歌》的创作意图及客观意义（文学）薛　筠	/ 250
文选七	孙悟空与猪八戒艺术形象的比较研究（文学）杨学民	/ 263
文选八	4G阅读与社区沟通教育　徐梅香	/ 276
文选九	现代教育技术在多媒体对外汉语教学模式建构中的作用　李　然	/ 292

第一部分 学术论文的基础知识

第一章 学术论文的概念、性质和特点

学术论文是对科研成果的一种表达与反映,凡真正有价值的科研成果,它总是要通过学术论文的形式表达出来。一般说来,它都具有直接或间接的应用价值。因此,学术论文也属于应用论文的范畴。

学术论文的应用相当广泛,它既是对科学研究成果的描述与记录,又是人类进行科学技术交流的工具。因此,学术论文的写作对于检验科研水平、早出人才、快出人才,对于社会主义现代化建设,国际间的科学技术和文化交流都具有十分重要的意义。因此,撰写学术论文是每一个科研工作者,大学本科生和研究生的必修课程。

第一节 学术论文的概念

一、什么是学术论文

学术论文,是学术性论著的简称,是对某一学科领域中的问题

进行探讨、研究,表述科学研究成果的文章。

谈到文章,那么我们要问,究竟什么叫文章?

我们说,文章有广义与狭义之别。广义的文章泛指一切独立成篇的书面文字,包括哲学、历史学、数学、物理学、生物学、文学等。狭义的文章仅指普通的应用性文字,即通常所说的记叙文、论说文以及应用文。

论说文是以说明和说理为主要表达方式的文章。那么,说明和说理二者之间的关系是什么呢?说理中包含着说明,说明中又蕴含着说理,关系密切。学术性文章一般属于论说文,但却不同于一般的论说文,它不仅有别于文学作品,如小说、散文、诗歌等,也有别于一般记叙文,如新闻、通讯之类。学术性文章是论说文的高级形态,它与一般论说文有着明显的区别。第一,学术论文是对某一学科领域中的问题进行探讨、研究,表述科研成果的文章,而不仅仅是对某种科学理论的"照相"或阐述,更不是对某种学科理论的畅想。第二,学术论文有一定的厚度,内容相当繁复,它与一些即兴诗、散文、短评、随笔等也截然不同。第三,一般应用文篇幅短小,有的一篇几百字,多的也只有上千字,而学术论文,比如单篇学术论文,字数一般在4万字左右;如为学术专著字数可长达5万字以上。第四,学术论文同一般论说文在写作格式上也有不同的要求。

学术论文又称科学论文、研究论文,简称论文。当我们说"写论文"的时候,这个"论文"不是指一般的议论说理的文章,而是指学术论文。学术论文包括各学科领域中专业人员写的论文和学业论文(学年论文、毕业论文、学位论文),以及报告类论文。

学术论文从研究领域、研究对象来划分,可以分为社会科学论文和自然科学论文两大类。

社会科学论文,如哲学、经济学、军事学、法学、文艺学、语言学、史学等学科都属于社会科学领域。它的任务是研究并阐述各种社会现象及发展规律,在前人研究的基础上有所发展、有所创新。

自然科学论文,是以研究自然的物质形态、结构、性质和运动规律的科学论文。如数学、物理学、化学、生物学、天文学、气象学、海洋学、地质矿产学等基础学科,以及能源科学、医药学、材料科学等应用技术科学都属于自然科学领域。自然科学是人类认识社会、改造大自然的实践经验、生产斗争经验的总结。

我们知道,人们对于某种物质或知识的本质认识总有一个过程。追溯人类写作的历史,早期文体单一,其后逐渐丰富多样。自20世纪以来,人类知识迅猛增长,写作对象逐年增加,文体在发展中亦逐渐分化,形成更多独立的写作科学,如,从文学中分化出新闻写作、秘书学写作,等等。因此,我们可以给学术论文下一个定义:那就是指对社会科学和自然科学领域中的某些现象和问题进行比较系统的研究,以探究其本质特征及其发展规律的理论性文章。学术论文实际上是对科学研究成果的一种描述与反映,是科研活动中的一个重要环节,又是进行国际、国内学术交流的一种工具。在这里,我们可以给学术论文写作也下一个定义:

学术论文写作是在研究人类社会的科学技术发展历史、现状以及未来的基础上,探索、研讨对科学技术的规律、特点以及对研究成果进行表述的专门知识和技能。

当今,我们正面临着知识激增的时代现状,从事科学研究、进行学术论文的撰写工作应该追逐各门学科发展的激流,不懈地钻研崭新的科学理论,深入到更为广泛的知识领域,以求不断前进、不断创新。现代科学的发展,一方面知识趋向综合,另一方面又急剧不断地产生新的学科。因此,要进行科学研究、从事学术论文的撰写工作,就必须充实新知识和新理论。

科研人员都有一个共识:如果有条件,突破口可以选择两门科学的交界处,进行科学的"边缘"研究。恩格斯说:科学在两门学科的交界处是最有前途的。维纳说:在科学发展上可以得到最大收获的领域是在各科已经建立起来的部门之间被忽视的无人区。一位日本科学家也指出:在各学科领域都向尖端发展的时代,学科与学科之间的空隙当然就会变得越来越明显,在这空隙之中恰恰堆积着重大的课题。例如,半导体科学就是在导体物理和绝缘物理之间发展起来的一门边缘科学。再如文艺心理学、写作心理学、社会心理学、社会语言学、文艺信息学、美学与模糊数学等,都是"边缘"科学,而学术论文写作也是一门跨学科的学科,它要求论文撰写者既要有广博的科技知识,又要有较高的文学语言修养。它是科学技术与文学语言创作的结合。这种结合,从某种意义上来说,形成了列宁所预言的"自然科学奔向社会科学的强大潮流"。学术论文写作也正是在自然科学与社会科学相互交叉的地带,生长出来的一系列新生学科中的一种,即交叉科学中的一种专门文体,这就是科学地图上的"空隙地"。

学术论文撰写者们越来越清楚地认识到:学科的综合交叉是科学发展的必然趋势。这种科学发展的新趋势,对于那些从事学术论文的写作者又提出了更高的要求,如信息论、控制论、系统论等,都直接与学术论文写作有密切关系,而思维科学、科学方法论、科学心理学等又对学术论文写作提出了新的写作理论,如果不能及时地、充分地掌握和利用这些新知识,那么,就难以提高科研论文的写作水平。学术论文撰写者应该到科学地图上的这些空白地区去勘探、去开采,因为那里最容易突破并获得开创性的成果。下面,我们对学术论文的定义归纳整理成以下内容:

国家标准GB 7713-87对学术论文所作的定义是:学术论文是某一学术课题在实验性、理论性或观测性上具有新的科学研究成果或创新见解和知识的科学记录;或是某种已知原理应用于实际中取得新进展的科学总结,用以提供学术会议上宣读、交流或讨论;或在学术刊物上发表;或作其他用途的书面文件。

学术论文主要用于期刊公开发表或在学术会议上宣读。学术论文的显著特征是论文内容必须有新发现、新发明、新创造或新推进。总之,要有新的科技信息,否则就不是严格意义上的学术论文。

二、与学术论文相关的一些概念

按照国家标准委员会拟定的《科学技术报告、学位论文和学术论文编写格式》的概括,与学术论文相关的一些概念有如下几种。

(一) 科研专业论文

科研专业论文,是记述创新性研究工作成果的书面文章。这种论文,是指各学科领域中专业人员表述科学研究成果;某些实验性、理论性或观测性的新知识的科学记录;某些已知原理应用于实际并取得新进展的科学总结。这种学术论文主要用于期刊公开发表或在学术会议上宣读。

这种学术论文的显著特点是内容必须有新发现、新发明、新创造或新推进。它要求反映出各学科领域中的最新学术水平。这种学术论文对促进科学事业的发展具有极其重要的作用。

(二) 学业论文

学业论文主要是指在高等院校学习的大学生、研究生写的论文,它包括如下一些概念:

(1) 学年论文:学年论文是高等院校各个年级学生的一种独立完成的作业。撰写学年论文要在教师指导下进行。教师指导学生写作学年论文是高等学校教学过程的重要环节之一。大学生在校学习的四年,每学年都要学习本专业的基础知识和专业知识,各学年都有不同的侧重点。因此,写好学年论文,能使学生在每个阶段都学会运用专业知识,并初步掌握科学研究的方法。

（2）毕业论文：毕业论文是高等院校本科或专科毕业生的独立作业。作为学生独立完成的作业，它不像平时由教师出示考题，学生被动地接受考核或技能测试，而是使学生主动地获得独立分析、解决问题的能力。因此，指导学生撰写论文是高等学校教学过程中的重要环节之一，是本、专科学生完成所学专业并完满毕业的重要标志。撰写毕业论文的目的是总结在校学习期间的成果，培养学生综合运用所学知识进行分析问题并解决问题的能力，并使他们受到科学研究的基本训练，为毕业后有效地工作奠定基础。毕业论文完成后要进行答辩，并由指导教师评定成绩，合格后给予相应的学位。

三、什么是学位论文

学位论文是用以申请授予相应学位而提出作为考核和评审的文章。《中华人民共和国学位条例》和《暂时实施办法》把学位论文分为学士、硕士、博士三个等级。

学士论文：是合格的本科毕业生所写的论文。毕业论文应反映出作者能够准确地掌握大学阶段所学的专业基础知识，基本学会综合运用所学知识进行科学研究的方法，论文中能反映作者有从事科学研究的能力，对所研究的题目有一定的心得体会，论文题目的范围不宜过宽，一般选择本学科某一重要问题的一个侧面或难点，可以重复或综合前人的工作，为毕业后进行科学研究和论文写作打下一个坚实的基础。

硕士论文：是攻读硕士学位研究生所写的论文。它应能反映出作者广泛而深入地掌握专业基础知识，具有独立进行科学研究的能力，对所研究的题目有新的独立见解，论文具有较好的科学价值，对本专业学术水平的提高有积极作用。

博士论文：是攻读博士学位研究生所写的论文。它要求作者能够自己选择潜在的研究方向,开辟新的研究领域,掌握相当渊博的本学科有关领域的理论知识,具有相当熟练的科学研究能力,对本学科能够提供创造性的见解。论文具有较高的学术价值,对学科的发展具有重要的推动作用。

第二节 学术论文的性质

一、学术论文的性质

在前面一节里我们已经提出,学术论文属于论说文的一种。论说文是运用概念、判断、推理、证明或反驳等逻辑思维手段来分析研究某种问题的文章。它由论点、论据、论证构成,通过三者紧密相连、相辅相成的逻辑关系来表达思想、阐明道理,是一种独特的说理性文体。现在的学术论文是从古代论说文继承、发展来的。

中国古代论说文应用范围极为广泛,从政治、经济、军事、哲学、文艺,到思想、道德、修养等方面,都有许多著名的论文。各种不同的文体也相继出现,如论、辩、说、难、谏、议等。近、现代又出现了杂文、短评、文学评论、思想评论、社论、学术论文等形式。

由于科技的发展、社会的前进、时代的需要和生产的发展,特别是改革开放以后,用来描述研究成果、阐述学术观点的学术论文便从一般的论说文中脱颖而出,成为一种新型的科学文体,即科学论文。特别是当代,社会科学和自然科学成果的不断出现、研究环境的不断改善,使科学论文基本上形成了自己固有的格式。

我们认为,学术论文就其本质特性来说,就是科学论文。由于其内容的创新性和表达方式的科学性,所以被称为"科学论文"。

我们知道,科研人员(包括社会科学和自然科学)的基本能力包括以下几个方面:自学能力、思维能力、研究能力、创造能力、表达能力和组织管理能力。而其中的表达能力与其他各种能力有着密切的关系。表达能力是其他各种能力的综合反映和具体表现。

对于一个科研人员来说,学术论文写作是有效地完成本职工作必须掌握的最基本的能力之一。对于在校学习的大学本科生、研究生来说,是运用已经学到的知识对未来新知识进行探讨和研究,锻炼和培养独立分析问题、解决问题的方法。作为一个学术研究工作者,如果只懂得专业,而在表达上没有过硬的本领,那么就会束缚他的聪明才智的发挥,也会影响他对社会科学文化的传播所作出的贡献。

因此,撰写学术论文是衡量一个学术工作者能力的标准和条件之一。学术论文撰写的好坏,也是衡量一个学术工作者水平高低的标志。

前面已提及,论文是用来进行科学研究和描述科学研究成果的文章。既然是描写和研究科学成果的文章,我们就要着重把握其中两个要点:其一,论文是研究科学问题、探讨学术问题的一种工具;其二,论文又是描绘研究成果,进行学术交流的一种手段。由以上定义即可确定学术论文的性质。

许多学者都有一个共识,思考一个比较复杂的问题,往往需要通过写作来进行。写作,能用文字语言把思考的问题、过程一一记录下来,只有在纸面上视觉化了,才便于反复地推敲、修改,使思考更深入、更确切、更完善。科学研究是一种相当复杂的思维活动,并且又需要把这种思维活动描述出来,使它为别人所了解,所以更离不开写,人们进行科学研究、思考问题、分析问题,只凭脑子想,无法理清思维,而需要在思考的过程中,不断地记录、整理、推敲、修改,只有这样,才能使创造性的思考一层层展开,一步步深入,逐步臻于完善,达到课题的解决目的。这个研究过程离开写作无法办到。

写作,就是文章的制作,它将思想转化为语言符号,并以一定的体式表达出来的复杂操作过程。因此,写作实质上是一种生产,是一种精神产品——文章的生产。学术论文写作即学术性文章这一精神产品的生产,与物质生产的程序相似,它有着采集原料、加工制作、总体组装等生产过程,也有着原料鉴别、材料筛选、技术设计、产品检验等重要工序。与之不同,只是学术论文写作这种复杂的精神产品的生产,是以所获取的不同专业感受与认识作为原料,以无比复杂的大脑思维作为设备,以编织出的各种程序作为储备,以变幻无穷的语言文字符号作为工具,写出各种不同体式的论文,令人叹服罢了。这就是学术论文的性质。

学术论文的性质与写作学术论文的目的、意义也有着密切的联系。换句话说,在阐述学术论文的目的意义时,也正阐述了学术论文的性质。学术论文写作的目的意义,主要表现在科研人员能够把写作的个人意义和社会意义很好地结合起来,把国家和社会的要求转化为自己的需要,从而产生写作的社会责任感以推动自己自觉地去进行学术论文写作。我们一旦有了明确的、自觉的目的,就会以极大的热情和坚定的毅力,按既定目标去努力奋斗。

多年来,许多著名的学者曾在不同场合多次谈到要注意提高青年知识分子(包括在校的大学生和研究生)的语言文字表达能力。他们认为这是青年知识分子必须具备的一项基本功,关系到中国科研成果能否很好的总结、交流与推广、普及,关系到科技事业能否得到整个社会的广泛支持,也关系到科技工作者自身的成长和作用的发挥。

学者们指出,作为一个科研工作者,应当会读书、教书、写书和做研究工作。他们说,做学问深入固然不易,浅出更是困难,不会说话、不会写文章,行之不远,存之不久。学科学的不学好语文,写出的东西文理不通,枯燥乏味,诘屈聱牙,让人难以看下去,这是不利于交流及科学事业的发展。培养科学工作者的老师们,要教会年轻人学会表达。表达极其重要,一个只会创造,不会表达的人,不能算是一个真正合格的科学工作者。一个科学专家,如果不能把本行的专业知识通俗地表达出来,怎么能说他精通了本行的专业呢?作为一个科学工作者,应该有这样的本事,能用普通的语言向人们讲解你的专业知识。研究生在撰写论文的同时,最好再写一篇同样内容的科普文章,这应当作为考核的一项重要内容。

社会科学和自然科学工作者都要学些文史知识,这对提高一个人的文化、思想素养和语言、文字表达能力都大有裨益。我们培养的知识分子,不仅在中学要打好语文基础,而且,还要在大学阶段有目的、有计划地对他们进行一些必要的论文写作训练。

二、学术论文写作的目的和意义

学术论文的写作,经过一代又一代的科研工作者的不断实践、探索、再实践、再探索,已逐步总结出一些带规律性的经验和体会,有的已上升到一定的理论高度,可以用来指导学生,帮助他们少走些弯路,不用再经过很长时间的探索,就能写出符合要求的质量较高的科技学术论文。因此,早在20世纪初,国外有的大学就已开设"论文写作"这门课程,并把它作为一门科学来研究。现在美国已经发展成为一些专业,设置了学士、硕士和博士学位。有的人认为,只要学好语文就成了,产生了无须再学什么学术论文的写作课就能写好论文的观点。这种观点的产生,其原因可能是对论文写作知识还缺乏深入全面的了解。因此,有必要对论文写作目的和意义做一个全面的归纳,才能深入地了解论文写作的重要性,从中理解它的性质。

论文写作的目的和意义究竟有哪些方面呢？我们大致归纳有以下几点。

（一）体现自己的劳动价值

从事社会科学和自然科学的工作人员，要经常草拟各种生产计划、评定职称报告、设计方案、施工方案、技术总结、产品说明书、技工操作指南和培训干部、职工的讲义等等。科技管理人员要经常草拟、审定各种计划、报告、建议、条例、简报、合同、协议等科技文书。科研人员要经常草拟报告（撰写）学术论文、实验报告、科研简报、提要、文摘等科技论文。大专院校的教师要经常编写讲义、教材和指导学生写作报告及论文等，学生（包括学士、硕士和博士）要写出有创造性的论文。科学研究是一种创造知识的活动，必须创造出前所未有的新知识。记录新的科学研究成果，这也是一种积累，将新的科研成果用语言文字记录下来，贮存在人类的科技宝库中，体现出科研水平的继承性，当全社会共享你的科研成果的同时，也就体现出科研工作者自身的劳动价值。

（二）进行学术交流和技术交流的工具

科学技术发展到20世纪，已经进入了一个日新月异的时代，全世界有数以万计的科研工作者，都在夜以继日地研究和探索，各种新的发现、发明、创造、成果在改革大潮中不断涌现，不断更新。任何一个科研工作者都不是从零开始的。科研工作者首先在前人研究成果的基础上进行研究和探索，经过不断地琢磨、思考、实践、提炼，一旦有所发现时，就能够及时地写出思路清晰、结构严谨、论证有力、文笔流畅、言简意赅的论文或报告。

一个有所成就的科研工作者，如果不能及时地、恰到好处地把他的成果发表出去，得到同行的支持，并交流传播出去，这不仅对个人是很大的损失，对国家，甚至对人类都是一个极大的损失。因为学术论文不仅有贮存信息、传递情报的功能,而且它还能使人们从中汲取知识,并在此基础上不断创造和发明,从而具有"再创造"的功能。学术论文的公开发表,能够交流与推广科研成果,促进向现实生产力转化或推动科学技术的发展。正因为学术论文的公开发表不受时间和空间的限制。所以,它是国内、国际间进行学术和技术交流的有力工具。

(三)促进科学研究工作的深化

作为科学研究的一个有机组成部分,学术论文必须具备科学性,这是由科学研究的任务所决定的。科学研究的任务是揭示事物发展的客观规律,探求客观真理,作为人们改造客观世界的指南。无论社会科学还是自然科学都必须根据科学研究这一总的任务,对本门学科中的研究对象进行深入地探讨,揭示规律。

在科学技术的发展过程中,经常会遇到一些不同观点的论争,这种论争往往是理论上、方法上的,有时也会有技术上、措施上的,在实际工作中还常常形成不同的方案。在这种情况下,争论的一方能否战胜对方,不仅取决于真理是否真的在你手里,还要看你是否言之成理,以理服人,提出一些无可争辩的论点和论据。否则,即使真理在你一边,你说不出道理,得不到有关的理解和支持,有时也会受到挫折,使科研工作不能深入下去,这种在科技发展史中不同观点、不同学派、不同方案的论争是屡见不鲜的。大至天体的运行、生物的进化、人类的起源、环境的污染等重要理论问题,小至一个地区的开发、一个项目的上马、一个技术的引进、一个产品的改革和推广,许许多多的实际问题,往往都需要一番激烈的论争。这种论争,不能长期进行下去,现在国内外解决这种论争的较好的办法就是把争论双方或几方约到一起,经过几番科学的论证或者可行性研究,然后由权威部门拍板定案,就这么办了。因此,你的建议、你的方案、你的措施,能否得到承认,能否得到支持,以至通过和采纳,除了它本身是否合理、是否可行、是否完善之外,在一定程度上,有时甚至在相当程度上看你是否言之成理,论证有力。这不仅看你的口头表达能力,更重要的是看你的文字表达能力,即论文的水平。因此,论辩能促进科研工作的深化。

通过论文写作,往往可以发现自己研究工作的不足,补充或继续深入地进行研究。这样,既能进一步提高研究水平,还能促进自己科学素质的提高,甚至开拓出新的研究领域。

(四)有益于培养和发现人才

写作学术论文,在人类社会进步、科学技术的发展中是十分必要的。我们只要回顾一下历史,无论在社会科学领域,还是在自然科学领域,许许多多卓有见识的科学论著,在人类历史发展过程中所起的重要作用,就不难理解了。许多思想和观点、创造和发明,没有学术论文这个研究手段与描述工具的帮助,是无法思考和表达出来的。因此,撰写论文水平的高低也直接反映一个科研工作者思想和学识的优劣。可见,在中国高校中论文的撰写工作是一个重点。

进行科学研究、撰写学术论文不仅是高等学校在校学生的事情,而且也是科研工作者、各行各业有志青年的事情。

大学生的基本任务是学习。为了适应毕业后的工作任务,在学习期间,要学好基础课和专业课,系统地掌握本专业的基础知识、基本理论,打好基础。但是,掌握理论知识不是目的,目的是为将来从事创造性的工作做好准备。为此,就要求学生在学习期间掌握已学得的理论知识和培养解决实际问题的能力。这就要求学生通过学年论文、毕业论文和学位论文的写作,运用已学的知识对未知的知识进行研究和探讨,锻炼和培养独立分析和解决问题的能力。

目前,中国一些专家们提出:在大学教育中,尊重和提倡知识的渊博,而不培养有独创能力的人才是极大的失误。这种见解具有远见卓识。我们培养的人才应该是既能独立工作,又能发挥无限创造力,善于解决实际问题的专门人才。

撰写学术性的学年论文、毕业论文,使学生了解科学研究的过程和方法,懂得怎样搜集和整理材料,怎样利用图书馆,怎样检索文献资料,学会科学研究的基本方法。

撰写学术性学年论文、毕业论文,使学生学习了如何撰写论文,懂得了选题的重要性、选题的原则和方法,使他们运用已掌握的知识来处理某个课题,进行新的探索,在探索中提高他们的认识能力和独创精神,使他们的智力得到开发,智商得到提高,学会创造性劳动。

撰写学术性学年论文、毕业论文和其他各种论文,有助于培养青年知识分子对科学研究的热情和对四化的责任感。学术论文的创造性是衡量学术论文价值的根本标准。学生在撰写论文的过程中,我们可以培养人才、发现人才,各行各业的科研人员把他们的研究成果、创造发明用学术论文的形式写出来,公布于世,为社会所承认,转化为社会知识的组成部分,转化为社会生产力,这也是青年知识分子成才的标志。

(五)为业务考核、晋升学位和职称评定准备条件

中国是一个大国,需要培养千千万万科研工作者和专家,这就要通过培养和考核来选拔人才,而进行考核的主要内容就是撰写论文。

一个科研工作者所撰写的论文或发表的学术论文的数量和质量,事实上已经成为考核其业务成绩、晋升学位和职称的重要的公认的标准之一,同时也是发现人才的重要渠道。

因此,无论从个人、单位,还是从国家来说,都需要大力培养和提高科研人员写作各类科技论文的能力。国内外许多事实一再证明,一些著名科学家的社会声望,不仅取决于他们的学术成就、工作能力,在同等学识水平的条件下,一个文笔和口才出众的专家学者往往会赢得更多群众的喜爱。

作为一名知识分子,写作论文是他毕生从事的最重要的工作之一。否则就会像一句歇后语里所说的,"茶壶里装饺子——肚子里有东西倒不出来",十分遗憾。日本有位研究生院院长,曾在他的一本著作里写道:有人做过一次调查,不少理工科毕业生认为,对他们最为有用且需要进一步加强的课程排列次序为:代数、物理、作文。可见写作是何等的重要。不论我们的大学生、研究生无论将来从事什么研究,什么职业,也无论他们的职位高低,都要经常或多或少地写些东西。科研论文的写作,除了为他们的业务考核、晋升学位和职称评定准备条件外,论文水平的提高还将给他们带来许多好处,并且受益终身。

第三节 论文的特点

学术论文必须具有学术性。学术,是指较为专门的、有系统的学问。国家标准 GB 7713-87 对学术论文所作的定义是:"学术论文是某一学术课题在实验性、理论性或观测性上具有新的科学研究成果或创新见解和知识的科学记录;或是某种已知原理应用于实际中取得新进展的科学总结,用以提供学术会议上宣读、交流或讨论;或在学术刊物上发表;或作其他用途的书面文件。"

由以上定义所确定的学术论文的性质,必然导致学术论文具有与一般性文章或创作作品不同的特点,可以归纳为以下几点:

(1) 内容的科学性。

(2) 论理的逻辑性。

(3) 结果的创新性。

（4）表达的简明性。

下面分别进行阐述。

一、内容的科学性

学术论文必须具备科学性。科学在揭开自然与社会奥秘的同时，又为人类适应、利用规律，改变旧环境与创造新世界提供对策与措施。自然科学为人类创造了丰富的物质财富，改变了人类的衣、食、住、行；社会科学引导人类改造不合理的旧制度秩序，建立新型的理想社会，让人们过上幸福欢乐的生活。科学性，就是把在实践过程中积累起来的知识，经过系统化，然后加以探讨、研究。它可以是推翻某一学科领域中某种旧观点，提出新见解；也可以是把一些分散的材料系统化，用新观点或新方法加以论证，得出新结论；还可以在某个学科领域中，经过自己的观察、实验，有新的发现、发明和创造，陈述新的见解和主张，传播科学知识，表述科学观点。

学术论文的科学性，要求作者在立论上要客观，不得带有随意性，不得带有任何个人偏见。这与一般议论文可以任意表达作者的观点是截然不同的。

学术论文的科学性，要求作者在论据上要有说服力，不得凭空捏造，要通过作者周密地观察、调查、实验、研究，尽可能多地占有材料，以最充分的事实、确凿的论据、可靠的数据作为立论的依据。

二、论理的逻辑性

学术论文的科学性，要求作者要经过周密的思考，严谨而富有逻辑效果的论证，这一点与一般议论文可以比较自由地展开议论不相同。

我们经常说，某某学者具有较强的逻辑思辨能力，这主要是指他具有较强的文字表达和口头表达能力。文字表达能力强，主要表现在文章的逻辑性强。

培根说:"写作使人严谨。"写作学术论文的过程也就是作者思维能力得到锤炼与提高的过程。人具有理智且善思辨,一方面说理,只要说得在理,另一方面就能使人产生信服、心悦诚服。真理如春风细雨,滋润心田。

作为一名大学生或科研人员,如果你所撰写的论文具有较强的逻辑性,充满着较好的思辨力,往往会使你的论文,以至你的事业获得成功的可能性更大。

中外历史上这类成功的范例不胜枚举。

李斯就是其中的一个。秦始皇欲逐客卿,身为客卿的李斯上书力谏,秦始皇因而改变初衷,并任李斯为廷尉,对秦统一中国起了较大的作用。这上书就是名篇《谏逐客书》。这篇名作是李斯在被逐的路上写给秦王的。他把逐客放到是否能使秦国富强的高度上考察、立论,不但表明了他很有远见卓识,而且深知秦王心愿。逐客对秦王的统一大业不利,用这种利害关系来打动秦王,最有说服力,因为他知道统一正是秦始皇梦寐以求的目标和头等关心的问题。果然,当秦王接到李斯这篇上书后,不仅立即收回成命,追回李斯,而且还委以重任,让他担任了全国的最高司法官。

《谏逐客书》这篇文章在论证时,几乎全是摆事实讲道理,不凭空议论。文章的说服力主要来自这里。历史上四位国君都因客卿之功得以强大,为什么现在要逐客?秦王喜爱的珍宝、美色、音乐皆可来自诸侯各国,对人才却要"非秦者去,为客者逐",这种重物轻人的做法难道是成帝业者所应为的吗?接着才讲入诮理的阐发,正面指出"王者不却众庶",反面指出如果却宾客以业诸侯,其结果必然如"藉寇兵而赍盗粮",秦国必将没有安宁的日子。在论证中,作者始终正反并论,利害对举。正面强调纳客之利,反面推论逐客之害,反复论证,对比鲜明,让事理本身令秦王信服。

爱因斯坦也是其中一例。第二次世界大战中,美国一些科学家提出了制造原子弹的建议,但遭拒绝。爱因斯坦写信给罗斯福总统,罗斯福也未顾及此事。科学家们又求助于对罗斯福非常有影响的瑟克斯博士。博士动了一夜脑筋,最后决定用拿破仑不信科学拒造帆船,招致"特拉法加海战"惨败的故事,终于说服了罗斯福,使其当即表示同意。这一事例进一步说明了说理论证的重要性。

在使用论据上,我们必须选择使用那些确凿的、典型的事实。事实不确凿,没有广泛的代表性,不仅会使文章缺乏说服力,有时还会导致论点的片面或模糊,甚至会得出错误的结论。引用经过实践检验的理论材料作为论据时,必须注意所引理论本身的精确含义,注意材料与观点的统一,否则也会缺乏说服力,得出错误的结论。

论证,就是用"论据"来证明"论点"的过程。论证的目的在于揭示出"论点"和"论据"之间的内在逻辑关系。这些就是论理的逻辑性。

三、结果的创新性

我们知道,科学的本质是创造,科学研究的生命是创造。学术论文的创新性,就是继承原有的、研究现代的、探索未知的以及发现那些尚未被人认识的客观规律。有价值的学术论文往往是探索某一学科领域中前人未提出过或没有解决过的问题。步前人后尘,承袭与重复他人的观点称不上学术研究。

莫泊桑曾经有过这样一句话:"一个人以学术许身,便再没有权利同普通人一样的生活。"

所谓普通人,即那种循规蹈矩的人;所谓创造者,即有些创新的人。要在前人的基础上有所突破,提出新的见解。学术论文要创新,必须做到两点:第一,要认真查阅资料,积累知识。这主要是了解他人在这个领域中已有哪些发现、成果。第二,要积极地思索。

不思索怎么能有新的创见？思索必须有的放矢。要在前人已有的观点中接受启发，找出不足或不适应当今需要的东西，以此作为突破口提出自己的见解，这种见解才有创新性。

学术论文要求作者有独自的见解，有创造性。这是学术论文必须具备的一个条件。

由于科学研究的复杂和艰巨，不可能每篇学术论文都涉及发现和发明内容。因此，学术论文不是每篇都要有新发现、新发明的内容。事实上，每篇论文，只要有一点"新"的东西就称得上有独立见解了。即：①新观点（或评论他人的观点）；②新证据，如调查结论、实验结果、未公开的典型资料数据等；③新研究方法；④新研究角度。

学术论文只要能满足上述任意一条，就算有新的东西了。

四、表达的简明性

语言是人们用以交流思想的工具。在一般情况下，语言的简明与否总是以逻辑分析为依据的。这是因为语言原是用以进行思维活动，并表达思维结果。思维是否合乎逻辑，决定着语言是否得当，这就是问题的实质。

写文章的首要也是最基本的要求是：要读者能看懂。有人说，一篇文章看不明白，这是最大的欠缺，这是很有道理的。写出来的文章，人家读不懂，那写它还有什么用处呢？特别是学术论文的写作，要描述相当复杂的科学道理，这就要求写得容易理解。要尽量做到不仅本学科的专家看了能懂，就是具有一定文化知识的人看了也能懂。这将有利于普及科学知识和推进学科的发展。

一般说来，思维不借助语言不可能进行，更不可能表达。但决定语言优劣的主要原因是思维。想不清，说不明；想不深，说不透。因此，从论文语言就可以鲜明地反映作者的思维水平与研究深度。

对于语言的简明性我们可以用两句成语来概括：言简意赅、深入浅出。语言精练而浅近，内容深刻而完备，这需要下一番功夫。我想有两点很重要：首先，要反复实践，多练笔，加强语文修养，提高表达能力。

法国作家司汤达说："应该鞭策自己每天写作。"

俄国作家契诃夫说："我们大家都应该写。写，写，写得尽量多。您得写，尽量多写，要是您完全没写好，也不要紧，日后自会好起来的。"多写不是盲目求多，而是要把它和现有的写作水平的突破结合起来，要有明确的练习目的和主攻方向。

众所周知，写作水平的提高有其阶段性。总体来说呈渐进趋势，但这中间确有不同层次、不同境界。这不同层次、境界间的每一转换，都可以说是一次突破。即"量变"中的一次"质变"。这种突破，从训练上说，是所谓基本功关——文从字顺关；从水平上说，是粗识文笔关——明白流畅关。一个论文撰写者，特别是初学者，写作进步的显示往往表现为这种阶段性的突破。我们要自觉地抓住这种突破机会，使它达到一个新境界。事情往往是这样，作者越是真正深入地掌握了写作的本质，他就越可以用浅显的语言把道理表达出来。在这种情况下，"深入"就成了"浅出"的前提。同时，"浅出"又是"深入"的标志，是一种本领、能力。这种能力是要经过努力才能获得及提高，自然科学、社会科学方面的论著都可以向这个方向努力。

其次，论文的作者心中要有读者，阐明一个意思要考虑读者能不能理解。特别是在当前，"四化"建设需要发展交叉学科。不仅在大学的学科门类里，各学科间要相互交叉、渗透，就是社会科学和自然科学间在思想和方法上也在不断渗透。一些自然科学中的特定概念，日益被社会科学所吸引和运用；同样，一些社会科学的传统思想观点，则为自然科学家所借用。一篇学术论文发表之后，往往在其他学科领域中还拥有众多的读者。所以,把学术论文写得容易理解,也是科学工作者迎接发展交叉学科的新时代的需要。

综上所述,关于学术论文的写作特点所引发的它本身的特点是:内容的科学性、论理的逻辑性、结果的创新性和表达的简明性。此外,还有正确性、客观性等等。作为主要特点,可以考虑的就是上述四点。

第二章　学术论文撰写者应具备的心理素质

这一章我们着重讲一下论文撰写者应该具备的心理素质。在这里,我们所说的论文作者大致包括如下一些人:各个学科领域的专家、学者、科研工作者、自学成才的青年,这些人大都是从高等院校培养的大学生。因此,我们要探讨论文撰写者应具备的心理素质这一问题时,倒不如着重研究一下当代大学生的心理状态,这样可以代表所有论文撰写者应具备的心理素质,也能起到以点代面的作用。所以,本章将以在校大学生为例,重点探讨他们在论文撰写前后的心态。

当今是世界知识剧增的时代。据统计,世界平均每天发表1.4万篇论文,平均约6秒就有一篇论文问世,各种书籍每年增加25万种。现代科技日新月异,正由高度分工向高度综合的一体化趋势迅猛发展。与此同时,学术论文写作,也正从文理分家向文理渗透、结合的方向转化。

怎样写学术论文？怎样写好学术论文？这一问题不仅成为理工、文史科学生,而且也成了广大科技工作者和管理人员亟待解决的问题。

作为当代大学生，为了适应现代科学技术高速发展的形势，既要使自己成为懂得专业知识的专才，又要拓宽知识面，重视理工结合，文理渗透。同时，我们的时代又是一个竞争的时代，其中包括经济的竞争，科学技术的竞争，人才的竞争。为了适应这种竞争形势，当代大学生应该具备良好的心理素质，努力使自己成为创造型、开拓型人才。为此，当代大学生应严谨求实、勤于探索、开拓进取、百折不挠。

本章要探讨的就是论文撰写者应具备的心理素质，如进取心理、竞争心理。

第一节　进取心理

一、什么是进取心理

当代大学生追求上进，渴望成才，这种心理活动和行为叫作进取心理。

大学生对社会的发展具有特殊的敏感和适应性，自觉意识到个人对社会的责任。因此，大学生一般具有奋发向上的心理，锐意进取和争强好胜。这一种积极、肯定的心理品质，是推动他们学业、思想进步的一种动力。但是，这种心理如果得不到正确而及时的引导，任其发展下去，它可能转化为消极心理，导致不良后果。

二、大学生的进取心表现在哪些方面

（1）在精神方面，大学生由于社会责任感不断增强，亟待解决理想问题，积极探求人生价值问题。他们不断发掘自己的潜力，从各方面丰富、充实自己的精神世界。

(2) 在学习方面,当前大学生追求高学历,重视多途径成才之路,具有广泛的学习兴趣且视野开阔,注重知识增长和能力培养。

(3) 在生活方面,大学生对于物质和文化生活都有较高的要求,特别是在精神文化生活上,强调高格调、多样化。

进取心强的大学生,他们对社会现实和周围生活环境中的落后现象愤慨不满,对自己的现状也不满,要奋起直追,阔步前进。就像青年诗人骆耕野在他的诗作《不满》中所描绘的那种情绪:

> 我是低产田,
> 我不满蹒跚的耕牛哟;
> 我那发紫的肩头,
> 我不满拉船的绳纤;
> 我不满步枪,
> 不满水车,
> 不满风帆;
> 我不满泥泞,
> 不满噪音,
> 不满污泥;
> 不满便有所发明,
> 有所创造,
> 有所前进哟,
> 不满将通向繁荣,
> 通向幸福,
> 通向完善。

诗中体现了进取精神和奋发心理。不满,这是进取心理的表现,是进取心的起点,奋斗的动力。它激发人们的斗志,用自己的辛勤劳动,换取丰硕的成果。一位大学生同教师谈心时,透露了自己这样一种想法:"自己处于落后地位时,比学习进步时更能引起思想情感的变化。特别是看到别人学习比自己强时,我就感到有莫名其妙的压力,它使我不敢怠慢,不甘落后,不服输。我暗自下决心要赶上去,还要超过别人。"另外,有几位大学生平时在同年级学生中并非是学习尖子,但是在一次数学竞赛中获胜了。然而,当有人问到他们的感想时,他们说:"胜利使我感到喜悦,同时也更觉得担忧。因为胜利是暂时的。""要保持学习上的优势地位,不是在现有的水平上停留固守,而是要站在更高的基础上才能立于不败之地,这就要再接再厉,坚韧拼搏。""偶尔在一次竞赛中获胜并非难事,但真正做到学习'冒尖'却不容易。尽管如此,要干一番事业,我还是想在学习上拔尖。"

目前,在大学生中出现了许多"热"和发展的"新趋势"。在教育改革的形势下,大学生出现了"关心改革热""培养能力热""追求自立热"。在进行理想教育的过程中,大学生一方面,注重观察社会现实生活,寻找自己崇敬的楷模;另一方面,想通过文学窗口,窥视人生的真谛。因此,在理工科学校里出现了"文学热"。中国大学生发展的新趋势有:"向高学位努力的趋势""向网络化组织发展的趋势""多途径成才的发展趋势"和"精神文化生活高要求的趋势"。当前高等院校中出现的这些"热"和"趋势"是大学生进取心在各方面的具体表现。

三、大学生的进取心是怎样产生的

我们知道,大学生正值精力旺盛、记忆力强的最佳时期。他们相信自己的精力和能力,自尊心和好胜心比较强。这些特点是大学生的进取心产生的心理基础。自尊心是自我意识发展日趋成熟和稳定化的重要标志。进取心由自尊心发展而来。

从自尊心的性质上分析来看,当今大学生的自尊心可以分为两种类型：一种类型是出于崇高理想的追求，这种自尊心强的大学生，学习自觉性高，思想积极上进，社会活动能力较强，乐于为大家服务；另一种类型是出于个人的虚荣心，这种自尊心也很强。他们好胜心急切，只想自己"冒尖"，过分自信，自命不凡，不愿向别人学习。为了获得个人荣誉，甚至弄虚作假。由此可见，大学生的进取心与自尊心密切相关。自尊心强的人，进取心也就强烈，自尊心弱的人，就必然缺乏进取心，而有自卑感。教师应当注意爱护大学生的自尊心，并防止虚荣心的滋长。

社会主义社会发展所展现出的远景和四个现代化建设的需要，对当代大学生有着强烈的吸引力，这对进取心的产生起着决定作用。现代科学技术的发展不断地向人们提出挑战，新科学应运而生，新知识日益剧增，发明创造层出不穷。这一切都在激励着大学生的进取心。

四、进取心的最佳心理要素是什么

根据对进取心较强的部分大学生的调查表明，进取心应当具有最佳的心理要素，它们是：

（一）强烈的成才意识

不准备当元帅的士兵不是一个好士兵，不准备当世界冠军的运动员不是一个好运动员。按这个公式类推，不准备当专家学者，就不是一个好大学生。

当代大学生，大多数人是关心社会主义"四化"建设的，他们在现实生活中体验到国家和人民对自己寄予厚望，期待自己早日成才，他们深感个人的发展与国家的前途是分不开的，使命感、责任感油然而生。他们还认识到改革是"四化"建设的需要，而改革的关键是要培养和起用一大批新人。自己要奋力进取，才能进入一代新人的行列。因此，大学生的成才意识是时代给予他们的一种鼓舞力量。

（二）积极的探索精神

要进取就要勇于探索。论文写作者,他们通过各种窗口不断观察社会,思考人生;他们积极吸取新知识,渴望自立、自强,努力培养能力。他们都具有这样一个特征:永不知停歇,永不会满足。他们前进的道路只有路标而无终点。探求的精神是进取心的主要心理要素,是每一位论文撰写者应具备的精神品质。

（三）明确的目的性

根据调查了解,进取心强的大学生在认识上都有明确的近期奋斗目标。比如:做一个优秀的大学生、报考研究生、取得学位等。为达到既定的个人奋斗目标,他们会自觉发挥主观能动性,自制力强,时间观念也强。因此,目的性是进取心的重要心理要素。

（四）顽强奋斗的意志力

进取心不仅是一种能动的意识,而且表现为持久的热情、积极的行动和百折不回的毅力。要进取,就要奋斗,就要付诸实践。因此,富有进取心的人是勇敢而有韧性的人。

古今中外,杰出的人才大都具有锲而不舍、持之以恒的精神。

当有人问爱因斯坦是怎样创立狭义相对论时,他回答说:"空间、时间是什么,别人小时候就搞清楚了,但我智力发育迟,长大了还没有搞清楚,于是一直在揣摩这个问题,结果也就比别人钻研得深一些。"在别人认为没有问题的地方发现问题,而且能抓住它一直思考下去,这就是爱因斯坦成功的秘诀。

爱因斯坦在创立了相对论以后,在德国遭到法西斯势力和排犹分子的恶毒攻击与残酷迫害,一小撮法西斯分子和排犹分子搞起一个"反对相对论公司"——所谓"德国自然哲学研究小组",专门反对相对论和爱因斯坦。他们公开演讲、印发文集、在报刊上发表文章,大骂爱因斯坦是"耍江湖骗术",是"犹太人的物理学"。爱因斯坦不怕风险,亲临他们的大批判会场"领教",并公开和他们进行针锋相对的斗争。希特勒上台后,把爱因斯坦的相对论宣布为反德的犹太科学,把他的著作烧毁,以 2 万马克的赏格追捕他,要他的脑袋。爱因斯坦家被抄,房屋被烧毁,财产被没收。他被迫辞去普鲁士院士的职务,放弃德国国籍,但仍坚信自己的事业是正确的,自己的行动是为人类服务。爱因斯坦的言行表明他有坚定的科学气节,高度的事业心和社会责任感。

有人认为,名人学者之所以能够创造出惊人的业绩,那是因为他们的头脑比别人聪明。不可否认,人的天赋确有差别,智力也有高低。但天资再高的人,如果后天不勤学,也不会有成就。相反,历史上的名人巨匠并非都是天才,李时珍曾经三次考举人落榜,但他百折不挠,当他发现了旧医书的弊病时,决定发奋重修本草,写出了不朽的巨著《本草纲目》。后来,他终于成了医学大师。

坚韧不拔、百折不挠的顽强毅力,也是每一个论文撰写者成长发展所需要的一个重要品格。

首先,科研的特点是探索未知,发现新知创造新知;探索、发现和创造就不能走别人铺好的平坦大道,而要跋山涉水、披荆斩棘,经历千辛万苦。只有这样才能有所发现、有所发明、有所创造,登上光明的顶点。所以,科学研究本身就需要坚韧不拔、百折不挠的顽强意志和毅力。

其次,成才之路和人生之路一样,坎坷不平。人们尽管经历不同,或多或少总要碰到困难和挫折,不少人还会遭到逆境。古今中外成大器者的经验证明:凡具有坚韧不拔、百折不挠的顽强意志和毅力者,逆境不仅不能吞噬他,反而将他锻炼得更加坚强。我们一代一代的大学生、一批又一批的论文撰写者们,不正在这条道路上奋力拼搏吗?

第二节　竞　争　心　理

竞争是推动社会发展的有力手段。人类社会历史的长河就是在竞争中源远流长的,新的社会形态代替旧的社会形态,社会便由低级向高级发展。

一、竞争的地位和作用

竞争在科技领域中具有特殊的地位和作用,因为科技发明只承认首创权。另外,科技研究不可避免地存在重复性,这就使得科技领域中的竞争更加突出,适当地提倡竞争,将会使科技工作者、大学生,即论文撰写者更有生气。日本著名物理学家、诺贝尔奖获得者朝勇振一郎把竞争与自由、交流并列为促进科技发展的三个要素。他认为,自由、交流、竞争,这样才能使科学研究工作者有生气、有发展。竞争已经成为当代大学生的习惯,它渗透到大学生——论文撰写者生活的各个领域。竞争观念已成为当代大学生的坚定信念。现代大学生的竞争心理既能促进优秀学生的迅速成长,又能激发多数学生的上进心。所以,竞争调动了学生的积极性。同时,推动了论文的写作工作,大大地提高了论文的写作水平。

二、论文撰写者竞争心理的表现

大学生的竞争心理表现于各个方面。学习竞争是竞争的一种表现形式,因为它直接影响到大学生的奖学金,也涉及未来的求职与工作,大学生十分看重学习成绩,低年级的大学生,分数高低可以直接影响到他们的情绪。高年级的大学生分数的观念虽然有所淡薄,但是高分仍在他们心理占有一定地位。他们不完全同意"高分低能"的说法,而认为高分仍然具有很大的价值和作用,他们在各科力争优良成绩。学习竞争是目前大学生最感兴趣的一个主要竞争方面。

大学生看到社会上尊重知识、尊重人才,知识分子的社会地位明显得到提高和改善,他们从内心产生了热爱科学知识,追求高学历、高学位的想法。他们主动走向实践、走向社会,加强横向联系,在竞争中发展自己的能力。

大学生在完成实验课、接受新课题研究、专业实习、毕业实习和毕业设计等活动中,能够做到相互协作、配合和支援,同时在相融之中也有竞争。

大学生在选择课题以及在设计过程中,除指导教师外,不愿轻易泄露自己的想法。这种保密心理反映了论文撰写者既要谨慎从事,又要创新的复杂心态。如果毕业论文或设计没搞好,事先张扬出去,怕别人笑话,或担心别人的选题同自己的选题相同,而失去自己的特色,不能标新立异。在科研、实验和设计中,论文撰写者的竞争心理主要集中地表现在"新""深"二字上,因为它最能显示出大学生的才能和创造力。

第三章 学术论文选题的原则

第一节 选 题 原 则

英国著名科学家贝尔纳曾经说过:"课题的形成和选择是研究工作中最复杂的一个阶段。一般说来,提出课题比解决课题更困难。"确定好选题,是写好论文的关键,难怪有人说,选择好科研选题,论文就成功了一半,这话一点也不过分。科研课题的选择与确定,往往会影响科研工作的全局,甚至决定科研工作的成败。

这里所说的选题并不是一篇论文的标题,标题是一篇论文的脸面,它用一句话或一个词组就可以概括。论文的标题是根据内容来概括并确定下来的,它可以在论文写作之前,也可以在论文写成以后,也可以根据论文内容进行改换,具有较大的随意性。至于说到论文的选题,可就不那么随便了。它要求论文撰写者在教师指导下确定论述的范围和科研方向。对于大学毕业生来说,还关系到自己的知识、智力、能力和学习心理品质四大结构系统的定型完善和优化的问题。

由于论文撰写者受个人所从事的专业、生活经历、兴趣才能等因素的制约,不同专业学者在知识的掌握和运用上表现出不同的程度,这种情况决定了我们不是随便选一个题目都能写出一篇成功的论文。盲目选定课题,常常会写不下去,甚至无法起笔。从写作的角度说,写作——对于论文撰写者来说,应该是深入调查研究、广泛搜集资料、琢磨完善提纲、积极动手起草的过程,这是一个得心应手、水到渠成的过程,这一过程应是既谨慎而又愉快的过程。

一般来说,论文的选题须遵循如下原则。

一、需要性原则

一切科学研究的最终目的,归根到底是为了促进社会发展和科学发展,是为了满足人们日益增长的生产、生活的需要。撰写学术论文应该根据现实需要来选题。需要原则,体现了科学研究的目的性。人类在生产实践、科学实验中,总有一些亟待解决的问题。因此,选择科研课题必须着眼于社会实践和科学本身发展的需要,考虑选题的实用价值、历史价值、学术价值和经济价值,尽可能选那些价值较大的项目。

在市场经济占主导地位的今天,中国正处在一个变革的时代,我们所选的课题一定要服从祖国"四化"建设的需要。例如,闻潜的《社会主义市场模式——管理均衡论》(中国财政经济出版社,1990年1月版)一书、何宏生的《房地产基本知识与经营指南》(地震出版社出版,1993年2月版)一书、徐中玉的《略谈中国近代诗词理论的发展》一文(《文艺理论研究》1992年第二期)、王宁的《后现代主义文学如是说——兼论其在中国文学中的变形》(《中外文学》1990年第三期)一文、三水的《广告语的制作要求》(《写作》中国写作学会创办1989年第三期)一文以及《聚合草叶子繁殖的研究》等论文,都是现实生活中需要研究、探讨和解决的问题,特别要考虑亟待解决的问题。

二、创新性原则

创新性原则主要体现在两个方面:

首先,选题要有一定的难度,要有利于挖掘写作者的业务潜力,发挥其创造精神。这要求写作者要有严肃的科学态度和对事业对工作的高度责任感。这方面我们要注意防止两种偏向。

一种偏向是:刚刚开始从事科学研究工作的人,有的急于求成,总想在科学上作出大的贡献,于是选择了难度过高的题目。可是自己都还缺少处理这种题目的能力,一经选定,往往不知从何入手,起步艰难。即使勉强开头,也难于深入,常常半途而废。这就像刚刚学会滑冰,就想创造纪录一样,不是量力而行,不是从实际出发。

另一种偏向是:信心不足。有些论文撰写者在进行科研时,常常能取得高水平的成果。但一旦转到写作上,却往往感到束手无策。他们常把科研同写作混在一起,当作一种工作看待,没有认识到,他们面临的是另一项工作,另一种问题。这一部分论文撰写者本来已经积累了一定数量的资料,专业基础知识又比较雄厚,有较好的研究能力,甚至对某些问题有自己的独到见解,完全可以处理难度较高的课题。可是有的人在节骨眼儿上却又往往信心不足,不敢高攀。这就影响了自己的业务专长与研究能力的发挥,当然,也就妨碍了自己在学术上作出较大的贡献。

其次,要有所创新。科学研究是要解决前人没有解决或没有完全解决的问题,因而它必然要求创新,要有自己的独创之处,没有创新就谈不上科研。创造性是科学研究的灵魂。创造性和新颖性是联系在一起的,创造必定求新颖,不新颖就谈不上创造。创新性具体表现如下:

(一)新发现

世界上有许许多多的科学家,他们有各种不同的发明、发现,他们很多人都有一个共同的特点:对事物的观察非常敏锐。他们常常能在平常人不大注意的事情中,抓住一些微小的现象,坚持不懈地钻研下去,终于为人类作出巨大的贡献。

1. 鲁班和锯

传说在两千多年前,中国出现了一位著名的建筑设计家和工匠鲁班。他擅长木工,有许多木工工具是他发明的,锯就是其中的一件。

传说鲁班发明锯也是从一件小事得到启发。

为了建造一所宫殿,鲁班和许多工匠进山去砍伐木料。一天,鲁班被树林中的一枝草叶划破了手,鲜血直流,他摘下这片叶子仔细一看,叶子的边缘有许多尖锐的齿。他心中一动:如果在铁片上刻出许多齿,用它来伐树,不就能加快速度吗!他回去就动手做了一个,第二天上山一试验,真灵!人们都仿照着做了这样的工具,伐木任务提前完成了。大家把这种工具叫作锯。

经过两千多年的发展,锯有了很多种。可是锯条仍然保持着原来的那种样子。

2. 瓦特和蒸汽机

二百多年前,瓦特还是个小孩子,别看他年龄小,不论什么事都要问个为什么。

有一次,瓦特盯着烧开的水壶直出神。他问奶奶,为什么水开了,壶盖嘭嘭直跳。奶奶回答说:"水烧开了,壶盖就跳了呗!"瓦特当然不满意这个答复,可是奶奶再也说不出什么了。

还是瓦特自己找到了原因:壶盖自己不会动,水烧开了,水蒸气往上冒,是水蒸气在推动它!

瓦特长大后,当了机械修理工。他在修理前人发明的简单蒸汽机的时候,发现这些机器缺点很多。于是,他一边总结过去别人研究的经验,一边自己动手试验,经历了多次失败,终于改进与创制了蒸汽机。有了这种蒸汽机,蒸汽火车、轮船,还有许多机器都能造出来了。瓦特发明的蒸汽机,对英国当时的工业发展立下了功劳。

3. 勤纳和牛痘苗

一百多年前,可怕的传染病——天花在欧洲流行。许多青少年被夺去了生命,一些没有死去的人病好以后,脸上、身上留下了许多疤痕。

英国有个叫勤纳的医生,在天花病区发现了一件怪事,在牛奶场里挤牛奶的姑娘们,没有传染上天花。

勤纳问挤牛奶的姑娘,为什么她们不会染上天花。她们说,她们都长过牛痘,是牛传染给她们的,长过牛痘的人就不会传染天花。勤纳经过研究,终于把谜揭开了!原来牛也能感染天花,牛长的痘疮比人轻得多。牛痘疮的浆液侵入了姑娘手上的小伤口,伤口就会长一个痘疮,以后,姑娘就有了抵抗天花的能力。

勤纳发现了牛痘能预防天花。1796年5月,他第一次为一个孩子种了牛痘,效果很好!他的发现为人类造了福,并将种牛痘预防天花的方法推广到了全世界。

4. 弗来明和青霉素

五十多年前,英国病理学家弗来明,在培养细菌的时候,发现培养基上长了一丛青霉菌,青霉菌的周围有一个透明的小圆圈。

这个不太明显的小圆圈,引起了弗来明的兴趣。他想:细菌为什么不能在这个小圈里生长呢?是不是青霉菌有杀菌的本领呢?

弗来明经过研究,证实了他的这个想法,并且从青霉菌中提炼出了青霉素。一直到现在,青霉素还是治疗某些疾病的有效药物。

在科学上,新的发现是有科学价值的,这也是每个科学工作者应该努力追求的目标之一。因为每次新的发现都将使学科的发展步入一个新的阶段或向前推进一步。

(二) 新结论

提起华罗庚,多少人赞叹他的天才啊!然而,华罗庚对此表示了什么意见呢?他在1978年9月赠给青年的一首诗中说道:"勤能补拙是良训,一分辛劳一分才。"这的确是华罗庚从长期艰苦的实践中体会出来的。

华罗庚的青年时代是在极为艰难的情况下奋斗的。20世纪20年代末期的一个秋天,江苏金坛镇流行着可怕的瘟疫,近20岁的华罗庚染上了伤寒。半年之后,他虽然从死亡线上挣扎出来,却落下了终身残疾。左腿胯关节骨膜粘连,不能自由活动了。

躺倒吗?不。白天,他在凄风冷雨中拄着拐杖,继续到附近一所他曾念过书的中学里干杂活,晚上,他坐在昏黄的小油灯下,打开从中学老师那里借来的数学书籍,铺开了算草纸。华罗庚埋头在数学的海洋里,握笔冲锋。

1930年,上海《科学》杂志刊登了他的文章:《苏家驹之代数的五次方程式解法不能成立的理由》。写出这篇有学术价值的论文时,华罗庚只有19岁。

华罗庚单刀直入地解剖了一位教授的论文,这位教授论文的核心在于12组行列式。华罗庚演算后,得出相反的结论:教授错了。华罗庚的文章以缜密的思维和明快的表达能力,震动了数学界。这篇论文被清华大学著名数学家熊庆来看了大吃一惊。他随即派人打听这个青年,后来才知道是个仅有初中程度的自学青年。1932年,爱才如命的熊庆来教授把华罗庚调到清华大学,让他一边工作一边进修数学。在清华大学的4年中,他突飞猛进,仅就数论这一分支就发表了十几篇高水平创造性的论文,成了轰动世界的青年数学家,并很快由助理员晋升为助教、教授。1936年作为英国剑桥大学的访问学者,到英国进一步深造。在这期间,华罗庚参加了由一些世界著名数学家组成的数论研究小组。他很快对堆垒数论中的华林问题和哥德巴赫问题取得了创造性成果,其中还得出了"华氏定理"。在英国仅两年就写了 18 篇有价值的学术论文。

1938 年,只有 28 岁的华罗庚受聘于西南联大,当了数学教授。在国民党反动派的那种黑暗旧社会的统治下,他全家七口人仅住两间小屋,物价飞涨,收入又低,生活过得十分清苦。当时教学任务重,需要步行外出上课,在生活无保障的情况下,他仍不分昼夜地钻研数学,先后写了 20 多篇创造性论文,并于 1941 年完成了《堆垒素数论》的手稿,但在那黑暗的年代里未能出版。

1945 年华罗庚应苏联科学院的邀请,去苏联旅行和讲学,受到热烈欢迎。1946 年 4 月,苏联科学院出版了他的名著《堆垒素数论》。同年秋天,华罗庚应邀访问了美国 4 年,他曾是大学的客座讲师、教授。他边教书边搞研究,并开始研究多复变函数论、自守函数和矩阵几何,这期间他的兴趣更广泛了。

华罗庚是中国解析数论、典型群、矩阵几何学、自守函数论、多复变函数论等多方面研究的创始人与开拓者。他一生写了 200 篇学术论文、10 部专著和 10 部科普作品。他的《堆垒素数论》1953 年出了中文版。1957 年 60 万字的巨著《数论导引》问世,该书内容丰富,叙述严谨,深入浅出,有许多新结论,受到科技界的好评。他的著名论文《多复变函数典型域上的调和分析》,1957 年获得中国科学一等奖。华罗庚的功绩和贡献是世界性的,他是世界最杰出的数学家之一。

(三)敢于推翻旧说,对现有观点进行补充和完善

20 世纪 50 年代中期,科学界发生了一件轰动全球的大事,在物理学上,三十多年来一直被奉为金科玉律的"宇称守恒定律",被年轻的李政道和杨振宁教授推翻了。消息传出,祝贺、询问的信件和电报像雪片一样飞向这两位杰出的中国血统的美籍科学家。他俩因而联合获得了1957年爱因斯坦奖和诺贝尔奖。

"宇称守恒定律"原被认为是原子物理学上普遍适用的基本定律。按照它的说法,两个互为镜像的基本粒子(就是说,两个粒子在其他各方面完全相同,不过旋转的方向一个向左,一个向右,恰恰相反)都具有同样的物理性质。如同一个人对着镜子照自己,其他都一样,只是方向上的左和右恰巧相反,过去对这条定律,世界上的物理学家一向深信不疑,即便遇到同这条规律相矛盾的现象,却总认为是别的原因造成的。

可是,年纪尚轻又富创造精神的李政道、杨振宁两位教授,没有被条条框框所束缚。他们以求实的精神,详细地研究了与这条定律相矛盾的现象,又做了多次实验,大胆地提出:"宇称守恒定律"并不是普遍适用的定律,它只是在基本粒子的强相互作用和电磁作用中才适合,而在弱的相互作用中不适用。他们遭到反对,有些物理学家们认为:"定律"是经过千百次实验所证实的,不能违反。李政道、杨振宁进一步指出:"宇称守恒定律"即使被推翻了,也没有多大关系,并提议再用实验方法证实。半年之后,女科学家吴健雄等在一次困难的条件下进行了实验,结果证明了李、杨的假定是正确的,以后又有人不断证实。于是,几十年来人们近乎迷信的"宇称守恒定律"被推翻了,确立了宇称不守恒的新理论。那时,李政道年仅30岁,杨振宁34岁。当时的舆论界给予很高的评价。

我们当代的学者深为李政道、杨振宁两位教授的创新精神所感动,并要以他们为榜样,发扬大胆创新精神。正如海森伯(W. K. Heisenberg,1901—1976)在谈到解决物理学新的问题需要大胆创新时说:"在每一次面临一个完全新的认识的时候,我们应当每次都和哥伦布一样,勇气百倍地离开那已知的陆地,而差不多像发狂一样希望在大海的彼岸发现一个新大陆。"

因此,我们不仅敢于创新,同时还要善于创新。科学的发展有其不平衡性,总有前人尚未论述探讨过的东西。事物总是在不断发展变化的。事物发展到今天呈现的规律性,前人都预先论述到了。即使有所预见,也有不完善的地方。这在自然科学、社会科学领域里都是普遍存在的现象,这就给我们带来了创新性选题的机会。牛顿的"力学三定律"是经典物理学的根本法则,它把地球上的物体运动规律和天体运动规律概括在一个严密的统一理论中,但是,他的这些关于运动规律的理论却无法揭示时空、物质、运动和引力之间的统一性。爱因斯坦在前人已经取得的成果基础上,创立了狭义相对论和广义相对论,揭示了时空、物质、运动和引力之间的统一性,使人们的认识从宏观低速的领域扩展到宏观高速的领域。

李四光同志是中国卓越的科学家。他在地质构造、古生物、地层、岩石、矿物以及地震等科学领域都有精湛的研究和很高的造诣。他所创立的地质力学为研究地壳运动开辟了一条新途径,并在指导寻找矿床和预报地震实践中取得了显著的成效,特别在寻找石油方面做出了重大贡献。

李四光同志在探索真理方面有着胜不骄,败不馁的精神。例如:20世纪60年代初,当主张垂直运动为主的观点占着统治地位时,李四光在这"讲水平运动不合时代潮流"的情况下,坚持和发展了以水平运动为主的观点。又如,地应力是否存在?在实验中不是一举成功可以作出答案的,但他通过改进仪器和采用新的测量方法,终于证实了地应力的存在。即便当他建立了地质力学系统并应用于生产实验有了成效后,他也从不认为地质力学已是完善的理论,而是认为"还在半山腰或者刚刚上山",因此李四光继续为地质力学的完善提出了一系列有待研究的问题。

以上提出的是自然科学论文的例证,社会科学论文也是如此。例如,方胜的《〈西游记〉〈封神演义〉"因袭"说证实》(《光明日报》1985年8月27日)一文是对前说黄永年的《今本〈西游记〉袭用〈封神演义〉说辩证》(《陕西师大学报》1984年第3期)一文的补充论证。

澳大利亚柳存在教授撰有《毗沙门天王父子与中国小说之关系》论文(发表于1985年《新亚学报》二卷三期,后编入柳氏撰写的《和风堂读书记》中,此书已由香港龙门书店发行),论文的第八节以"封神与吴承恩·西游记之先后"为标题,列举十一事以论证"吴著《西游记》成书时间可能尚迟于《封神演义》",其中"有若干处应为《封神》书中所演化,至少应受《封神》之影响"(《陕西师大学报》1984年第3期)。黄永年著文提出柳的看法"大成问题"。黄永年以大量的有力论据论证:《封神》与今本《西游》确有雷同因袭痕迹,但并非今本《西游》袭用《封神》,而是《封神》袭用今本《西游》。

黄永年文章发表后,方胜认为文章的论断是正确的,但远缺乏充分的说服力。方胜又从《封神》抄袭《西游》的诗词,补充了黄永年的说法。这种补充很有价值。

三、可行性原则

选题,要根据已经具备的和经过努力可以达到的条件来选择与确定课题,即可行性原则。这里的条件可以分为客观和主观两方面。客观条件包括研究该课题所必需的文献资料、实验设备以及相关学科的发展程度等;主观条件主要指研究者本人的专业知识结构和研究能力等。遵循可行性原则,就是在选题时注意与专业对口,注意难易适度和大小适度。初次,不宜选太大、太难的题。可行性原则包括以下三个方面:

(一) 选题要有利于发挥自己的专业特长

选择能发挥自己专业特长的课题是有利于展开研究的。

在专业学习过程中,不同专业的大学生除了具有共同的专业心理素质以外,还存在特殊的一些专业心理。自然科学、社会科学和工程技术科学等不同专业的大学生心理活动是有差异的。比如,理工科大学生一般比文科的大学生更能深刻地认识知识和劳动技能在科研工作中和生产过程中的重要性；工程学和经济学各种专业的学生比其他专业的学生对于经济管理和培养组织能力的内心体验更深刻一些；文科各专业的大学生对于知识更新、培养能力的紧迫感更强烈。

无论专业水平高低，每个研究者都有自己的业务专长。从大的方面看，各个学科领域都有其专门的研究对象、研究内容。如《磁处理对不饱和聚酯树脂的影响》是化学领域的课题，就不是历史学家所能解决的；《冬虫夏草人工菌丝对卷烟烟雾诱发小鼠遗传毒性的研究》是生物领域的课题，就不是地理学家所能解决的；《光的本性的探索》是物理学领域的课题，就不是化学家所能解决的；《关于科技档案信息进入技术市场的思考》是档案学领域的课题，就不是生物学家所能解决的；《中外合作经营企业法》是法学领域中的课题，就不是物理学家所能探讨的；《论曹雪芹的宿命观在〈红楼梦〉中的反映》是中国古代文学领域中的课题，就不是法律学专家所能解决的。从小的方面看，同一学科领域中的研究者，对该领域中的所有课题，也不是全都能解决的。这其中也有一个专业对口的问题。例如，同属于中国古代文学的研究，又同属于唐宋诗词的研究范围，专长于"李白、杜甫"诗的研究者，却未必能对话本和戏曲有较深刻的研究。即使同是唐宋时代作品的专门研究者，也有不同的侧重，有的研究者长于名人生平的考证，有的擅长这段时期作品语言的研究等，都是各有专业、各有特长的。

（二）对选题要有浓厚的兴趣

什么叫兴趣？那就是积极探究某种事物或进行某种活动的倾向。这种倾向是在社会实践中发生、发展起来的。人在各种实践活动中可能形成各种兴趣：有由事物或行动本身引起的直接兴趣，也有由事物或行动的目的和任务引起的间接兴趣；有产生于活动过程中而在活动结束后即消失的短暂兴趣,也有成为个人心理特征的稳定兴趣。

科研工作者对他的研究对象是否有兴趣,这是决定他能否取得科研成果的一个关键性问题。这里所说的兴趣,并非日常生活中对事物的一般兴趣爱好,而是专指在知识领域或科研领域对某一学科的热爱、迷恋而产生的强烈的追求与探索精神。这种追求探索精神会促使我们沿着自己选定的学科课题去孜孜不倦地钻研,一旦有所收获,就会更加勤奋地求索。有兴趣的选题,会使你在收集、整理资料乃至整个写作过程中都充满快乐,这样的论文写作就是一次愉快的劳动。写作的这种愉悦甚至会激发你想再写新论文的欲望,就像作家会不断地产生创作冲动一样。

热爱是兴趣的孪生姐妹。我们说论文的写作并不神秘,但是写作论文也绝不轻松,旺盛的热情始终是写作论文的巨大推动力。

热爱它,而且深深地热爱它,这是每一个写作成功者给我们留下的一个共同的"成功奥秘"。巴尔扎克在读书的时候就爱上了写作,一有机会就溜到图书馆看书。20多岁的时候开始努力创作,写了7部长篇小说。平均每年1部!30岁成名以后,每天工作长达18个小时,到他51岁逝世止,竟写了九十几部小说,描写了两千多个人物,为世界文学宝库建造了一座辉煌、不朽的纪念碑!中国当代著名女作家张洁曾说:"只是在文学里,我才发现了自己。不论成功与失败,都是那样的锲而不舍,那样的不顾一切,那样的执着,那样的一往情深!"著名法国美术教授苏弗尔皮说过:"艺术是一种疯狂的感情事业。"我们用这句话来比喻论文的写作,也是一种痴迷的表现活动。就是要心中燃起一团火来,而且燃烧得越旺越好!

兴趣是一种精神力量的源泉,它推动着人们认识事物,并产生一定的效能。中国近代气象学奠基人竺可桢对气象有浓厚的兴趣;中国著名的地质学家李四光对各种岩石颇感兴趣;瑞典伟大的科学家诺贝尔对科学实验有强烈的兴趣。他们各自的兴趣是他们在不同的科学领域里取得成功的重要因素之一。心理学研究证明：人的兴趣以需要为基础。人们从事感兴趣的活动时，从中体验到某种需要的满足而带来的愉快、欣喜，甚至是一种幸福感的激情。这种激情会转化成一种鼓舞力量，它能充分调动人的积极性、创造性，发挥了人的干劲，排除一切困难，勇往直前。因此，兴趣是论文写作者的内驱力。对于外语较好、检索文献资料能力强的，可以选择那些依靠外文资料进行研究的课题。对于有丰富经验的人，可以侧重在应用学科选题；对于基础知识扎实、思维能力强的人，可以侧重理论研究的课题，这样容易见成效。

（三）选题要有足够的资料

选题的客观条件是指文献资料、实验设备、经费、时间以及相关科学发展的程度，等等。没有资料或资料不足，要写好论文就好像一句俗话所说的"巧妇难为无米之炊"，这个道理很简单，所以在确定好论文选题的时候，要尽量利用学校图书馆能够借阅到的图书资料。写论文涉及方方面面的资料，光靠自己手里的资料是不够的。所以，在确定选题之前必须有初步的调查研究，如果某一选题虽然在其他方面都符合了要求，但找不到相关的资料，也难以达到目的。

第二节　题目的确定

标题即题目，论文题目是论文的"眼睛"，它在一篇文章中，起着"画龙点睛"的作用。

论文标题的拟定是否贴切、清楚，是否能为读者查阅参考文献提供方便和依据，不仅影响论文的选材与内容涉及的范围，还影响论文的写作方式和深度。所以，在拟定标题时，首先要考虑标题的文字与论题的范围、论题的中心、论证的角度是否得当；其次，要考虑标题词语的组织和搭配、限定，等等。

一、标题的拟定

标题是根据论文主要内容确定的，是从中心内容提炼出来的。作者的论点、论据和结论，往往都在标题中不同程度地反映出来。无论是写作伊始，还是在论文完成后再确定题目，都要求起到"点题"作用。

论文的标题切忌空泛、笼统。语言要朴实简洁，要能引起读者的兴趣。论文的题目不能像小说、散文、诗歌那样含蓄、委婉，而应该让人一目了然。采用正面、直接提示论文内容的方法，标题尽量做到准确、简练。

例如：

《新时期的报告文学浅论》

《谈谈近年来新词语的发展及其特点》

以上两个标题都直接、正面地概括了论文的内容，所拟的标题是恰当的。

题目不仅要准确、简练，还要考虑标题词汇的选择应该有学术性和专业性，不能太随便。

例如：

《搞好北京菜市场的一些做法》

《堵塞跑冒滴漏是钢铁厂节约能源的重要途径》

以上这两个标题，用词太通俗，点题太一般化，完全失去了论文标题的特色，变成了一般新闻标题。分析研究问题有一定的广度和深度才成其为论文，标题应尽量把这一深度表达出来。

二、标题的格式

论文标题的形式多种多样,常见的标题形式有以下几种:

(一)正标题

正标题就是主标题,它是与副标题、小标题相对而言的。正标题表现为单行大字标题,一般社会科学和自然科学论文都采用这种标题形式。没有副标题或小标题的标题直接称题目。

例如:

《李白、杜甫诗比较研究》

《东亚夏季风异常的研究》

《相对论和超光速》

(二)副标题

副标题常用以具体说明论文的内容、范围。副标题一般起着对正标题的补充、说明和交代的作用。副标题的位置一般放在正标题之后,另起一行,先加一个破折号,再写文字。

例如:

《颇具特色的人生探索与艺术追求》

——评中篇小说《晚安,舅舅》

《关于三峡工程方案的思考》

——有关环境生态的探讨

(三)小标题

小标题又称分题或插题,它是分别穿插在论文中的小题。小标题的运用可以使论文层次分明、重点突出、更加醒目,它可以起到缩短篇幅,减少过渡文字的作用。一般说来,篇幅较长的论文,多运用小标题这种形式,论述某些段落以后加上一个小标题,它就能对后面的一些内容做以概括。

例如：

《仁学是儒家文艺思想的根本精神》

它的小标题是这样的：

一、仁学为一大因缘出现于世

二、仁心的呈现即存在的充实

三、合理近情的艺术人生

四、行健不息的生命精神

这四个小标题的运用使这篇文章脉络清楚、重点突出，起到了应有的作用。

有时，有的论文根据论证的需要将内容分成几个部分，每部分不用小标题，而是用一、二、三、四等符号划分开。这种隔段符号的使用，也能使论文层次清楚，主次分明。这种方法也应掌握。

三、标题的要求

论文标题就像人的眉目，论文的主旨、内容、范围一般都可以从题目中揭示出来。因此，对论文题目的基本要求就是准确、简练、醒目、新颖。下面我们分别阐述：

（一）准确

要求标题能如实地表达出论文论述的范围、深度和结论，而论述的深浅也好、结果也好，应该是令人信服，顺理成章，最后水到渠成。要求作者注意避免使用太概括、太空泛的词句。如果对研究对象命名不当，定义下得太笼统，或者是对研究结论任意夸大，这样将使读者感到很失望。

标题准确还要力求表达出论文研究的深度和广度，否则只会就事论事，不注意用标题反映所研究事物的内在本质属性，就会命题太窄，同样不能对论文进行准确的概括。

（二）简练

简练就是要求标题尽量短而精，要有高度的概括特性。

恩格斯在《致马克思》一文中说过："我认为标题愈简单，愈不费解，便愈好。"可见，标题的简练是论文好坏的重要标志之一。一篇论文的标题，应该言简意赅，短小精悍。切忌冗长啰唆。如鲁迅的杂文《文学和出汗》《流氓的变迁》、朱自清的散文《背影》《荷塘月色》、冰心的诗《繁星·春水》，这些名作家文章的内涵是多么丰富，而标题的文字又是何等的简练！杂文、散文和诗的标题需要简洁，其他各类文章的标题，都应该做到尽可能的简练，如学术论文的标题更应简单明了，反映文章所写的内容。例如：《论政策模型》《植树造林》《数据管理与编程》《审美价值新论》《论〈聊斋志异〉的变形艺术》《论缓刑的适用》等，都很干净、利落，这些题目最大限度地浓缩了文章的内容，文字简洁，含量丰富。

我们说标题的简练，并不是千篇一律地要求文字少。少而精固然好，但有些文章的标题就比较长，长而内涵丰富的标题，也是行之有效的论文标题。如《中国恢复关贸总协定缔约国席位对外商投资企业的影响》《〈罗密欧与朱丽叶〉和〈梁山伯与祝英台〉——中西两部爱情悲剧之比较》《思想更解放一些，改革的步子更快一些》等，这些标题虽然长一些，但内涵丰富，由于内容决定了情势的所在，所以该长则长。只要我们仔细推敲一番，就可以得出结论，这些长标题长得其所，每一个字都减不得，这仍属简练的标题。

（三）醒目

何为醒目？就是让读者看了一目了然，醒人耳目，看了标题就非要看下文不可，达到引人入胜的目的，诱发读者阅读正文的兴趣。

学术论文的专业性比较强，不同专业论文的题目是有区别的，要充分运用专业特长来命名题目，这是每个论文撰写者应该考虑的问题之一,在标题上多下些功夫,注意标题的力度,就会收到很好的效果。

要使论文的标题醒目,应注意以下几点:①突出重点,使读者见到标题后即能了解论文的主题。②具有时代特色,避免老生常谈。③运用直接式标题,使读者一看题目就知道论文的信息内涵。例如:鲁迅先生的杂文《捣鬼心传》《听说梦》、老舍的戏剧《茶馆》、蒋子龙的中篇小说《赤橙黄绿青蓝紫》、何宏生的《房地产基本知识与经营指南》等,让读者一看,就想非读正文不可,诱发了读者的阅读欲望。

(四) 新颖

标题不仅要有概括性,还要有艺术性。

论文的标题要讲求艺术性,要运用一些文学创作的手法,使标题的表达尽量做到生动、别致、贴切和形象,构思要巧,形式要新,尽量做到不落俗套,如果有同类选题,也应考虑自己论文的标题不要与别人雷同。新颖,是一篇好论文标题的重要标志之一。因此,我们在设计论文标题时,在"新颖"二字上一定要多下些功夫。新颖的标题可以分为以下几种类型:

(1) 直接式标题:直接以简明的文字表现论文的内容,使读者一看就知道论文的信息内涵。例如:《作文秘诀谈》《论档案分类的若干问题》《法律的效力高于行政规章》等。

(2) 复合标题:是由正题、副题、引题等三种标题组成的标题群,其中以组合的两组标题为常见。如正题与副题、引题与正题等复合标题。例如:

① 《客观再现与主观表现相结合》　　　　　　　　　(正)
　　——北京人艺演剧学派的现实主义美学特色　　　　(副)
② 《论圆形人物与扁形人物》　　　　　　　　　　　(正)
　　——小说艺术论　　　　　　　　　　　　　　　　(副)

③《美好的悲剧形象》　　　　　　　　　　　　　（正）

——论《静静的顿河》中的葛利高里　　　　　（副）

（3）提问式标题：通过提出问题来引起读者对论文的关注，启发人们的思考，产生共鸣，达到揭示主题的目的。

例如：

① 城市政府建设向何处去？

② 企业转换经营机制，政府机关转变什么？

③ 写实主义能否写真？

④ 中国还有严肃音乐吗？

第四章 学术论文材料的收集和选择

第一节 收集材料的意义

收集、积累信息和材料是写好学术论文的基础。为了写好一篇有分量、有价值的论文,有必要建立课题信息和材料系统。人们进行学术研究,不可能什么都从"0"开始,科学研究总是在继承前人成果或知识的基础上加以借鉴、吸收、发展,从而有所发明创造。世界科学技术的发展启示人们:信息和材料是最重要的基础资源。进行课题研究,一定要扩大信息量、提高信息有序度,建立起高效的材料仓库。

那么,什么是材料呢?材料是指作者为了某一写作目的,搜集到的或写入论文中的事实和理论根据。这里的"某一写作目的",应该是指学术论文的选题;"事实"指来自于社会生活与社会实践的具体事实和结果;"理论根据"指来自于前人总结出来的正确的道理、概念、原则。一般来说,"事实"属直接材料,"理论依据"属于间接材料,"搜集到或写入文章之中"说的是不仅写入文章之中的事实与理论依据要算材料,就是那些虽然搜集、整理但最后未写入文章之中的事实与理论依据也要算材料。

中国古代的文艺理论批评家刘勰曾在他的《文心雕龙·熔裁》篇里说过:"履端于始,则设情以位体;举正于中,则酌事以取类;归余于终,则撮辞以举要。"这里说的是写文章的三个程序:首先,提出中心思想,作为文章的基础;其次,考虑题材,依据中心思想来提炼题材;最后,酝酿辞藻,把思想题材扼要地写出来,然后润色和加工。学术论文的选题可以作为第一个过程。选题之后,就进入写文章的第二个过程,即按照写作目的搜集材料的阶段。中国有句古话:"巧妇难为无米之炊。"这是人所共知的道理。对于每一位论文撰写者来说,选题一旦确定下来,很重要的一个问题就是搜集和积累材料。

一、占有材料是科学研究的基础

学术论文的写作最不可缺少的是材料。研究需要材料,没有材料或者缺乏材料,研究工作就无法深入进行。搜集、积累资料的过程,同时也就是研究深入并逐步取得进展的过程。撰写论文的过程需要摆事实讲道理,事实即是材料,事实也是客观存在的,把客观存在的东西,经过作者的加工,通过观察、分析、实验、综合,找出规律并升华成为理论观点。这样,就构成了一篇论文。换句话说,一篇论文是由材料和理论观点构成的。没有材料的文章如同水上浮萍,是一篇空洞的东西,没有丝毫价值;同样,如果只有材料,没有理论观点,也形不成一篇论文。

我们认为,材料是论文的基础,没有材料,科学研究就无从着手,理论观点也难以形成。因此,我们可以得出一个结论:广泛地搜集资料、充分地占有材料是科学研究、论文写作的基础,没有材料的论文就成了"无源之水,无本之木"了。

二、提炼材料是表达主题的基础

研究课题、撰写论文都需要材料,搜集大量材料、整理材料、提炼材料是表达主题的物质基础。德国哲学家黑格尔平常注意积累资料,他读书必做活页卡片。他将自己的卡片分门别类,按语言学、美学、算学、几何学、心理学、史学、神学、哲学、档案学、秘书学、数学、物理学和生物学等放在文件夹里,每一类又按字母的顺序排列。这样,他在撰写论文时查找有关资料就非常顺手。

搜集的资料数量巨大、形式各样,可以说是丰富和浩繁,这些材料在撰写论文中是否都用得上呢?回答是肯定的:否。我们面对大量材料,需要经过提炼,提炼那些与突出主题有密切关系的材料。所谓提炼,也就是对材料的鉴别。

材料的鉴别是指对搜集到的材料进行认识和分辨,是使材料去伪存真、去粗取精的过程。材料搜集到了并非就等于完全占有了材料,因为,尽管我们在搜集材料时已初步有一个搜集的基础和标准,但由于主、客观方面的差异,很不容易做到对材料真正、准确的理解和认识。正确的理论告诉我们"存在(物质)是第一位的,意识(理论)是第二位的"。人们头脑中的任何观念都是客观存在的反映。我们写学术论文的目的,总是要表达某种思想、某种观点、某种认识。而这些思想、观点或认识都是从社会实践中获得的,是从社会实践中搜集到的大量材料中加工、整理出来的。离开了社会实践,缺乏丰富的、合乎客观实际的材料,就不可能有文章主题的产生。所以,提炼材料是产生表现论文主题的基础。

三、材料是形成观点的基础

这是对搜集材料的目的意义而言的。学术论文总是要提出一个科学的、创新的论点。论点来自哪里?它既不是从天上掉下来的,也不是"梁上君子",而是来源于材料,材料是支撑、形成论点的基础和依据。搜集、提炼材料的过程,也正是论点逐步形成的过程。搜集材料要根据论点的要求进行。现代科学的迅速发展,各方面的资料都浩如烟海，没有科学的方法指导是很难做到事半功倍的。

我们现在要谈的是，无论是第一手材料，还是第二手材料，即通过自己的实验、观察、计算而搜集到的材料或通过阅读文献、调查访问搜集到的材料，得来均要费功夫，要"竭泽而渔"，尽量在写作之前搜集丰富的材料。对第一手材料要尊重事实，对第二手材料要忠于原作。平时就要养成勤读书、抄卡片、做摘要、搞剪辑的好习惯，这是每位论文撰写者必备的基本功。搜集材料以后，必须鉴别、整理。鉴别材料的真伪和价值，可以从来源的可靠性、作者的情况、学术界对有关文献的评价以及材料本身的科学性等几方面入手，有时候对材料中的疑点还需追根溯源，与原作者进行讨论。整理工作主要是把材料分门别类，并据此结合论题拟定中心句或写作提纲。

我们在鉴别、整理材料时也就开始写作了，论点、论据也就由此产生。自然科学论文不像文学作品，没有什么"灵感""即兴"之作，无论多么长或者多么短的论文，其论点、论据都是必不可少的，都依赖于作者对命题涉及事物的认识和材料的积累。只有"读书破万卷"，才能"下笔如有神"。当然，作者总是精选那种最能说明论点而又有说服力的材料作为"典型材料"加以应用。下面我们举一篇生物学论文加以说明。

景汝勤先生的《伊贝母种子后熟过程的解剖学研究》一文研究的主要论点是：探讨伊贝母休眠期长的原因和缩短种子萌发过程提供解剖学依据。

伊贝母(Fritillaria pallidiflora Schrenk)是一种止咳化痰的常用中药。药用部分为其干燥的鳞茎。伊贝母的繁殖方式有鳞茎繁殖和种子繁殖。鳞茎繁殖收效快，但繁殖率低。为了增加伊贝母的药材产量，扩大种植面积，近年来，大面积栽培多采用种子繁殖。伊贝母的种子采收后不能立即萌发，因成熟的种子，其胚仍处于原胚阶段,为一团未分化的原分生组织,需要经过一段时间完成其种胚的进一步分化。实验证明,形态上分化完全的胚并没有达到生理上的成熟,最少还需要继续维持 7 周以上的低温刺激,才能达到多数萌发。对伊贝母种子这种休眠特性的研究已有报道,但对种胚后熟过程的胚胎形态及其结构的发育,则尚无系统报道。这篇文章从种子采收后,在一定的温度(10℃)条件控制下,分期分批观察胚胎逐步成长的过程,研究胚的后期规律,以便创造一定的条件,从而对伊贝母加速胚胎后熟期与缩短休眠期,提早萌发提出一些建议,将更有利于伊贝母的生产。以达到提高经济效益的目的。

第二节 选择材料的原则和途径

一、选择材料的原则

有关选择材料的原则,我们把它归纳为这样一句话:收集材料要"广",选择材料要"严"。

论文作者在写作之前要充分做好材料的收集工作。凡是与本文主题、论点、论据有关的历史、现状,掌握得越丰富越好。选择材料,贵在一个"严"字。作家茅盾对选材曾有过精辟的论述。他说:选用材料的时候,应该像关卡的税吏们那样百般挑剔,整整一卡车的"货",全要翻过来,硬的要敲一敲,软的要扪一把,薄而成片的,还得对着阳光照了又照,一句话,尽心尽力,总想找个把柄,便扣下来,不让过卡。

搜集材料与选择材料之间是"量"与"质"的关系。搜集材料要"多"而"广",选择材料要"少"而"精"。古人云,写文章"贵乎精要",

写论文更是文贵精要,首先是论文的内容要精要。但客观事物是曲折复杂的,往往又互相联系,要做到内容精要,作者在动笔之前就要善于分析问题和抓住问题。也就是说,在论文的构思中,最重要而且最艰苦的工作不仅在占有材料,而且在有了材料之后,将它们精心地选择与恰当的安排,看看其中哪些最有价值,哪些能反映事物本质特点,是读者迫切想要知道的。只有经过一番正确的、精心的"筛选",选出与表现主题有关的材料,才有可能使论文精练。

在写论文的过程中,假若作者不善于分析问题和抓住问题,不善于"筛选",那么,产生的一种情况是,面对大量搜集得来的材料,不分主次,眉毛胡子一把抓,论文难以做到精练,难以突出主题;另一种情况是,由于作者不善于分析,抓不住论文的要领,即使在篇幅上注意了简短,但写出来的论文也将会变得短而杂或短而空。毛泽东同志在《反对党八股》一文中说过:"长而空不好,短而空就好吗?也不好。"

我们搜集了大量的材料以后,经过研究和分析,抓取了客观实际中最有价值的事物后,动笔写论文时,还要注意删繁就简,去浮存实,精心地做一番剪裁取舍的工作,这也是使学术论文精练所必要的。

马克思曾经说过:"发电讯稿首先需要避免一切多余的东西。"这是对短新闻写作规律的重要概括,也是短新闻写作的一个重要原则。我们认为,对写作论文也同样适合。搜集材料是"以十当一",选择材料则应"以一当十"。凡是优秀的论文,即内涵深刻、有功底的文章,都有一个共同的特点:即在运用的材料、写出的文字后面,还有大量的材料没有用上,别看这些材料没有用上,但它却是强大的"后盾","后盾"的材料越丰富,"筛选"出来的东西越有力。

作者应当学会有取有舍,有"选材"就必有"剪裁","选"的艺术,从另一方面讲就是"剪"的艺术。正如鲁迅先生所说:"旧形式的采取,必有所删除,既有删除,必有所增益。""这些采取,并非断片的古董的杂陈,必须溶于新作品中,那是不必赘说的事,恰如吃用牛羊,弃去蹄毛,留其精粹,以滋养及发达新的生体,决不因此就会'类乎'牛羊的。"[《且介亭杂文·论"旧形式的采用"》(一九三四年五月二日)](《鲁迅全集》第六卷第一九页)

契诃夫也曾说过:"要知道在大理石上刻出人的脸来,无非是把这块石头上不是脸的地方都剔掉罢了。"现在的作者,他们往往对自己多年来辛苦累积的材料难以割舍,不知道在必要的时候"割爱"。

我们应该知道,大量的材料是我们选材的雄厚基础,是保证我们论文写作质量的先决条件。但是,作者也应知道,在写作中不分主次、轻重地选取材料,造成材料的庞杂、繁多、臃肿,使文章内容各部分不平衡,或彼此轻重失置。

"避免一切多余的东西"(《马克思恩格斯全集》第29卷第568页),在写作时,就要注意:

论文的主题要集中,不能多中心,中心一多必然庞杂。

选材要精,要沙里淘金,一切多余的、一般化的材料都要舍得"割爱"。

结构要紧凑。结论要开门见山、简明扼要,不要讲空话、套话、大话;主体部分要叙事有序,条理清晰,不要拉杂,去掉水分;结尾更不要画蛇添足。

语言要精确、简洁,等等。

总之,"文以辨洁为能,不以繁缛为巧"。论文要写得精练,需要在写作的各个环节都惜墨如金。

一般来说,要选好材料,必须解决选择材料的标准问题,有了标准,才能确定该用什么材料,不该用什么材料。根据学术论文的特点,选材应遵循以下四条原则:

（一）选择能突出主题的材料

什么是主题？主题又叫"主题思想"，是作品内容的主体和核心。它是作者经过对现实生活的观察、体验、分析、研究，经过对题材的提炼而得出的思想结晶。"主题"，由于它在文章中居于"灵魂"和"统帅"的重要地位，所以，根据论文表现的需要，即根据主题的需要来"选材"，就成了必须遵循的首要原则。

究竟如何"选材"，如何"剪裁"呢？所谓"选材""剪裁"就是以主题的表现为"依据"来决定材料的"取"和"舍"。因此，需要材料的多少，这也要因论文情况制宜，视具体情况而定。凡能突出主题的材料，选而用之；凡与主题无关，不能烘托、突出主题者，则去而弃之。

那么，左右"选材""剪裁"的因素有哪些呢？

1. 取决于论文内容表达的具体需要

学术论文是反映学术研究成果的，它最鲜明的特点是学术性和科学性的高度结合。所以它对材料的选择有着严格的要求。搜集材料是写作论文的途径，表现主题才是写作论文的最终目的。

对于一篇科技论文，作者在引用前人成果的基础上，又选择了一些具有创新意义的材料，引旧意在显新。对于那些科学技术发展态势业已明朗，发展趋势成熟或自己在研究过程中有所发现的事件，论文需要写得完整、透彻一些，所使用的材料就要多一些；对于那些科学研究正处于发展、探索、研究、讨论过程中，事态还不够明朗的事件，只要以最必要的材料说明其真实、确凿就可以了。

2. 取决于读者的需要情况

著名记者邹韬奋先生生前曾说过："在写作的时候，不要忘记了你的读者。""这是有志著述的人们最要注意的一个原则。"（《经历》）作为科学论文，特别是论证新工艺、新产品、新方法或新实验、新设备等方面的论文，除了注意科学性（以及一定的学术性）以外，还要强调它的实用性与推广性。也就是说,必须考虑科技论文对科学进步与生产发展应起的作用。

由于科技论文的普及与推广的特点,因此,在写作上应该注意,即不要把笔力消耗在那些乏味的细枝末节上,要着力论证有价值的内容,以突出论文的实用性。而要推广论文所述及的成果,则要在写作时常常想到读者对象,尽量在论文中阐明他们可能产生的疑问,用充分的论据使他们信服。凡是多数读者陌生的、不清楚的内容,就得加上一些材料予以说明、解释,他们容易了解的或熟知的,则可以不加。

一般说来,学术论文内容涉及错综复杂内容的事件,偶然发生和不经常发生的事实,从未报道的新情况、新问题,以及技术性、知识性比较强的问题,如科学学术方面的报道等,考虑到读者的接受程度和理解上容易遇到的困难,就要适当地多选择一些材料,以便让人看得明白。

(二)选择典型的材料

写论文,不仅要选择准确的、合乎实际的材料,而且还要选择典型的材料。什么是典型的材料呢?所谓典型的材料,就是最能反映事物本质的材料。我们知道,客观世界是很复杂的。有些事实只是偶然的、暂时的、个别的现象,不能反映事物本质。我们不应该选用这种材料来说明文章的观点。

典型材料是客观存在的,而不是凭主观决定的。作者要经过调查、分析、综合、比较,才能发现它、认识它、选用它。所以,作者愈是深入实际,掌握的材料愈是丰富,就愈能发现和选用典型的材料。相反地,如果掌握的材料太少,无法做比较,没有选择的余地,那就很难发现和选用典型的材料。因而也就不可能写出观点与材料结合得很好、枝荣叶茂、血肉丰满的论文。当然,有了丰富的材料,也未必就能选出典型的材料加以选用,这里需要有正确的识别能力和比较丰富的写作经验,才能独具慧眼,得心应手地从众多的材料中,选出"以一当十"的典型材料,用到文章中去。

作家秦牧有这样一篇随笔,题目叫《画蛋练功》,一开篇就写了中外美术史上两位有名的人物以及在他们身上发生的两个相映成趣的故事。一位是中国唐代的吴道子,人称"画圣"。他12岁开始学画,50多年没有间断过艺术生活。他画的人物,前人形容它有"八面玲珑的妙处"。传说他在学画时画过许多鸡蛋。因此,以后画起圆圈来,信笔一挥,就像用圆规画成一样,令人看见无不惊叹。另一位是欧洲文艺复兴时代著名画家达·芬奇,画过《蒙娜丽莎》《最后的晚餐》和许多其他著名画作。据说,他小时候学画也是从画鸡蛋、苹果开始的。他的老师起初总是要他画这类东西。达·芬奇不耐烦时,老师就这样告诉他:"别以为画蛋很简单、很容易,要是这样想就错了,在一千只蛋当中,从来没有两只形状是完全相同的。即使是同一只蛋,只要变换一个角度看它,形状便立即不同了。例如,把头抬高一点,或者把眼睛看低一点,这个蛋的椭圆形轮廓也有差异。所以,如果在画纸上准确地把它表现出来,非要下一番苦功不可。多画蛋,那就是训练眼睛去观察形象,训练手去随心所欲地表现事物,等到手眼一致,那么对任何形象就能应付自如,这个基础工作必须首先做好。"达·芬奇听从老师的话,一步步努力,终于成为卓越的画家。

为什么吴道子和达·芬奇都终成名画家呢?答案只有一个:基础功夫很重要。必须打好基础,才能建造房子。这道理很浅显,但是好高骛远、贪抄捷径的心理,却常常妨碍人们去认识这普通的道理。齐白石、徐悲鸿都留下了许多类似速写、速描的小画,数量之多颇为惊人,这就是他们经常"练功"的物证(选自秦牧《艺海拾贝》)。

这就是一个很典型的材料,它说的是普普通通的练功,但它已经超过了"画鸡蛋"的初级阶段,具有维持和发展练功者的艺术高水平的意义。即使是世界女排冠军、乒乓球冠军,也得经常练习排球和乒乓球的基本功。

这个典型材料,一经作者选用,它就很能说明问题,非常有说服力。作者举出"画蛋"的例子真可谓别致有趣,令人耳目一新。两位画家同时"画蛋",这个典型材料可以说是立论的基础。典型材料的作用是不可估量的!

(三)要选择新颖、生动的材料

论文内容平淡、一般化,是初学写作常犯的毛病。出现这种情况的一个重要原因,就是选用的材料太陈旧老套。要克服这个毛病,就必须尽量选取新颖、有特色的材料。古代文论中说过:"惟陈言之务去",就包含着这样的道理。在当代文章中,有不少选材富有特色的作品。例如,有这样一篇"案例分析"的小论文,题目叫《白兰地扳倒美国法律》。文章内容是这样的:

案例正文:1958年,美国总统艾森豪威尔67岁寿辰时,法国的白兰地生产厂家把据说是贮藏了67年的陈年美酒,送给了总统先生。事后,总统和法国客人在宴会上碰杯的照片和画面,频频出现在各种报刊和电视上。对美国大众来说,白兰地成了一种诱惑。但是,当时美国法律文明规定,禁止各种酒类进口,白兰地当然也不能例外。于是,美国人高呼着"我们也要白兰地"的口号,向政府示威。当局无可奈何,只好给每人供应一瓶白兰地。这一瓶白兰地不仅没有把事件平息下去,反而更大地吊起了美国人的胃口,更多的美国人参加了游行。这一次,他们喊的口号是"我们还要喝白兰地"。最后,美国政府被迫修改有关法律条文,开始允许酒类进口。法国白兰地源源不断地运到大洋彼岸,迅速占领了美国市场。

案例分析,白兰地公司的成功,可以说是一个"奇迹",因为它最终使法律让步。这个策划的成功之处在于:①以奇制胜。"酒好也怕巷子深",任何一家企业都必须宣传自己的产品。为了让美国人了解白兰地,白兰地公司很动了一番脑筋:在艾森豪威尔总统诞辰时,送给他佳酿作为贺礼,这不仅造成了"名人"效应,而且时机的选择也极富策略。法国人追求"一步到位"的高起点,使白兰地在美国一举成名,几乎妇孺皆知。以至于美国人跑到大街上,发出了"我们也要喝白兰地"的"呐喊"。既然总统可以喝,老百姓当然也能喝!②以质取胜。如果美国人喝了白兰地之后,感觉味道不过如此,并不像想象的那样清醇可口,甚至是难以下咽,那么他们也就会到此为止,谁也不会再去购买白兰地。但一喝之下,白兰地确实独具风味,于是他们又纷纷走上街头,喊出了"我们还要喝白兰地"的心声。美国人第一次喊"我们也要喝白兰地",是因为法国人广告做得好,美国人第二次喊"我们还要喝白兰地",则是因为白兰地味道好!③以实求胜。白兰地公司设置了一个"温柔的陷阱",使美国当局不得不修改法律条文,以满足公众的要求。一则别出心裁的广告,威力之大,可见一斑!他们并没有"王婆卖瓜"似地吹嘘自己酒好,而是以艾森豪威尔总统和法国人干杯的照片及画面,在美国公众心中留下了深刻的印象。白兰地品质的好坏,则任由消费者评说。

白兰地公司的做法,是"不战而屈人之兵",轻而易举地占领了广阔的美国市场。

结论:企业做广告,不能都像白兰地公司那样促使公众走上街头为自己产品"唱赞歌",而要让他们了解产品的性能和特点,从而购买、使用自己的产品。所以,实事求是,以具有艺术性、新奇性而不媚俗的广告作为促销手段,打开、占领市场,是产品促销过程中不可缺少的步骤。但更为重要的是,必须有可靠的质量作为坚强的后盾。只有这样,企业的产品才有强大的竞争力。

这就是一份相当新颖、有趣的"活材料"。时间:1958年。事件:

艾森豪威尔诞辰,法国人送白兰地作为贺礼,宴会上总统和法国客人碰杯的照片和画面。这篇小论文真是一幅绝妙的广告。文章读来非常新鲜、生动。法国白兰地那独特的、醇香的、诱人的味道,好像正在读者的口中品味、流连……

(四)要选择真实、准确的材料

真实、准确地反映客观实际,是我们写文章运用材料必须遵循的一条重要的原则,如果不对客观实际进行缜密观察、深入研究,写出来的文章则不能准确地表现客观事物的真实面貌,那么,便不能使读者信服,便会削弱文章的表达效果。学术论文是反映学术研究成果的,它的最明显的特点便是学术性和科学性的高度结合。所以,它对材料的真实性,可靠性有着严格的要求。只有对真实的材料深入研究,才能得出正确、科学的结论。

论文的材料来源于客观事实,客观事实中蕴含着大量的真实、准确的材料。事实是论文的基础,离开事实,就没有论文;用事实说话是论文的基本特征、基本规律,也是论文写作最基本的方法。

什么叫用事实说话呢?所谓用事实说话,就是通过真实、准确的事实来向读者阐明一种思想和观点。学写论文就要学会用论证事实来发表意见。用事实说话就是要把作者的意见和观点寓于事实的叙述议论之中,让读者从论文的事实中得出应有的结论。

根据论文写作的实践经验,对选用真实、准确的材料我们应有以下几点明确的认识:

(1)既然论文写作是用事实来发表意见,那么,只有用大量生动的事实材料写论文,才可能使论文常写常新。因为事实是具体的、形象的,有时也是千变万化的,这一事实与那一事实都有其鲜明的个性特征。所以,有些论文尽管阐明的是同样的思想、观点,但由于所报道的事实迥然不同,而不致使读者有重复的感觉。

(2)既然学术论文一方面要选用真实、准确的材料,另一方面又要用这些事实"说话",这就要求论文中不仅应该包含能够体现作者意图的事实,必要时,还应该对新选用的材料加以分析解释,使读者从中受到教益。

(3)既然选用真实、准确的材料,运用事实说话是论文写作的基本规律、特征和方法,我们就要自觉地按照这一规律、特征和方法写论文。所谓事实,包含两层意思:其一,它是确有其事,不是弄虚作假、编造杜撰的;其二,它不是个别、偶然的表象,而是反映了客观事物一定本质的。"准确"是和"真实"相互联系的。"准确"是"真实"在细枝末节上的具体显现,粗枝大叶不行,更不能凭想当然,最好的办法是尽可能地掌握第一手材料。

二、搜集材料的途径

搜集和积累信息资料是写好论文的基础,是重要的物质保障。

搜集材料要在充分占有的前提下突出重点,也就是要处理好"多与广"和"少而精"的关系。充分地占有材料是前提,要广集博采,对材料的收集要深而广,要围绕论题建立材料库。

学术论文应力求做到三新:取材新、观点新、表现形式新。本节主要谈搜集材料的问题,因此,我们着重谈"取材新"的问题。

今天,人类的科学技术正在以空前未有的高速度发展,每天都有数十项、上百项的科学技术新发明、新创造被"生产"出来。科学工作者应及时捕捉这些新信息,通过再创造并以人们易于接受的方式传播给更多的社会成员。

信息和材料是学术性论文的灵魂。一篇学术论文能容纳多少信息量是作者知识深度、水平的表现,是作品生命力之所在。在有限的篇幅内尽可能多地容纳有价值的信息和材料,会给读者以充实感,甚至有"久旱逢甘露"般的渴求,使读者获取更多的知识。例如,有一篇介绍"变形岩石构造解析法研究成果"的文章,题目是《四川省邻水县九峰寺地区构造几何学分析》,这篇文章选用了一些真实、准确的材料作为依据,传播了有关地质科学研究的一些新知识,容纳了不少新信息。下面我们简要介绍一下它的内容:

变形岩石构造分析是20世纪60年代以来在变质岩构造研究基础上迅速发展起来的一种新的构造研究方法,受到地质学家们的普遍重视,但是,很少见到有在沉积岩构造研究中应用这种方法的资料。为了进一步查明九峰寺地区沉积岩的构造特征,尤其是褶皱的详细特征和该区的构造演化史,为区内石油勘探开发提供科学依据,作者等在四川省石油地质勘探开发研究院的协助下,尝试性地应用构造解析法研究了九峰寺地区褶皱的几何学特征,划分出分属三个世代的四个褶皱系,即,第一世代——九峰寺褶皱系;第二世代——邻水褶皱系和座洞崖褶皱系;第三世代——东西向褶皱系,并探讨它们之间的叠加关系和演化历史。研究证明变形强度相对微弱,褶皱相对平缓的沉积岩区也可能因多期褶皱叠加而具有较复杂的构造格架。九峰寺地区的叠加褶皱作用是该区石油勘探开发中必须重视的重要因素之一。还表明应用变形岩石构造解析法研究沉积岩区构造也能取得比常规方法更详细、更准确的资料和更科学的成果。但是,因为沉积岩区本身的岩石、矿物和构造特征,该方法的许多理论和方法也要随之改变。

那么,搜集材料的途径都有哪些呢?

(一)搜集第一手资料

第一手资料的获得是指亲自参加社会实践活动和科学实验活动获取的资料。主要靠调查研究、实地考察或通过观察和实验直接得到的。这是搜集资料的最基本的方法。

调查研究要根据研究的课题,明确调查目的、确定调查对象、拟定调查提纲。调查的方法有普遍调查、典型调查、重点调查和抽样调查等几种。抽样调查的方式又可采取开会调查、访问调查、问卷调查等。

(二)搜集第二手资料

什么是第二手资料呢?就是间接资料。间接资料主要指从观察及阅读文献、书籍、报纸杂志和学术动态等方面获得的资料。各种信息也是资料。

观察是指作者以第三者身份去观察、去认识。观察是人类认识事物的基础,是人类获得感性材料进而认识事物本质的前提。举例说明,如果没有对"辛亥革命"前后中国社会的仔细观察,鲁迅先生就不可能写出《故乡》《孔乙己》《狂人日记》《阿Q正传》。如果没有对解放战争中的共产党员革命烈士英勇战斗、不怕牺牲精神的认识,作家杨沫也不会写出长篇巨著《青春之歌》,小说中的卢嘉川,虽完全是作者虚构出来的人物,然而却有着坚实的生活基础。作者杨沫在谈到《青春之歌》的创作经验时说:"我认识许多品质高尚的共产党员,尤其是那些牺牲了的党员,他们给予我们的影响、教育和感动是真实而深刻的。但我却没有拿哪一个牺牲了的战友做卢嘉川的模特,而是集中地概括了我那些战友身上的许多优秀品质于一身,加以想象、虚构出来的。……当我写到卢嘉川在牺牲前写给林道静的那封信时,我忍不住哭了。仿佛真有那样一个亲近的人,在他临刑前给我写来了那样一封感人肺腑的信,以致于多少天我的心头都激荡着一种昂扬而又十分悲痛的情感。卢嘉川这个人是虚构的,但却又是真实的。因为他来源于活在我心头的许许多多革命同志的真人真事。但我没有拘泥于这些真人真事,而是把他们集中化、理想化了,从而创造一个比现实生活更加完美的形象来。"《青春之歌》是作家长期观察体验生活产生的作品。如果没有明代作家吴承恩对封建社会中农民阶级反抗封建统治阶级斗争的长期观察,也就写不出闻名中外的作品《西游记》。作品中孙悟空挂起了"齐天大圣"的旗帜,提出"皇帝轮流作,明年到我家"的口号,宣称"因在凡间嫌地窄,立心端要住瑶天",他搅乱蟠桃大会,吃尽老君仙丹,大闹灵霄宝殿,把十万天兵天将打个丢盔弃甲,动摇了天宫的统给。如果没有作者对农民起义战争的观察,就不会有孙悟空"大闹天宫"的故事。

知识是人类对客观事物认识的结果,是人们在社会实践中积累起来的经验总结,它反映客观事物的属性和联系,它是人类社会特有的有关信息的组合。那么第二手资料都有哪些呢?

1. 信息是宝贵的资料

古代的大学问家可以称得上是满腹经纶,但其实没有多大信息量,四书五经加上注释,总共也超不过1257页,庄子形容惠施书多,"其书五车",五车竹木片能容纳的信息量是极为有限的。欧洲在中世纪前期,要读完大学,而且还要是意大利的大学,才能学会除法,这在今天早已是不可理解的了。特别是20世纪以来,知识的增长非常迅速,这是一个被称之为"知识激增""信息激增"的时代。

根据统计:16世纪自然科学领域的各种重大发现、发明的总数为26项;17世纪有106项;18世纪为156项;19世纪达546项;20世纪前50年达961项,而60年代以后,科学技术发现、发明的总数,竟超过了过去两千年的总和,每年世界各地的新发现和新发明都有三四百万项之多。据英国科学家詹姆斯·马丁的推测,人类的科学知识在19世纪是每50年增加一倍,20世纪中叶每10年增加一倍,70年代每5年增加一倍,目前人类认识的化合物有400多万种,而在1950年只有100多万种,一个多世纪以前的1880年还只有1200种。现代物理、生物等领域的知识90%以上是50年以后获得的。整个人类历史上的90%以上的科学家与发明家都生活在我们这个时代。

据了解,美国每天出版6000～7000篇文章。科学与技术信息目前以每年增加13%的速度增长,也就是说,每五年半增加一倍。由于能量更大的信息系统的出现及科学家数量的增加,这个增长率很快会跃至每年40%。这意味着信息将每12个月增加一倍。到1985年,信息的数量已比几年之前增加4倍到7倍。

正是现代科学的新发展,使科学家们认识到材料、能源和信息是现代科学的三大支柱,科学研究工作一时一刻也离不开信息。因此,在现代社会里,搜集科技情报、了解科技信息对科学技术的发展显得特别重要。信息就是资源,信息就是财富,只有又多又快地掌握有用的信息,才能保证科学技术的高速发展。

我们已经进入了信息时代,信息时代有以下几个特点:

(1)信息时代的信息量会大大增加,多到发生过剩的现象。

(2)信息传播速度会越来越快,势必新设许多机构,须对它做更有效的收集、分类和整理。

(3)远地来的信息量所占比例增大,我们有了观察世界的巨大电子之窗,又能直接与地球上几乎任何人物相接触,这样势必重新调整人与人的关系。

(4)信息的流通量会比以往任何时期都大,"点对点"的私人无线电通讯会取代大众的无线电广播,传媒的制度会有大变动。

(5)信息会成为能迅速取得并有效处理它的人的权力的一个来源。

2. 随笔记录

笔记是听课或采访时的笔录。听课或采访,如果只听不录,而只凭记忆不可靠。俗话说,"好记性不如烂笔头",因为人的记忆是有限的,而且记忆会随着时间的久远而消失,而笔记恰好能解决这个矛盾,所以笔记是积累材料、贮存材料的好办法,而且在笔记过程中,还能起到锻炼思维和文字表达能力的作用。英国哲学家培根说:读书使人头脑充实,讨论使人明辨是非,做笔记则使知识更准确。

搞科学研究需要大量地占有资料、积累资料,积累资料靠时间,是繁重而又细致的工作,九层之台起于垒土,高楼大厦是靠一砖一瓦盖起来的。荀子在他的《劝学篇》中说:"不积跬步,无以至千里,不积小流,无以成江海。"知识也是靠一点一滴积累起来的。许多大学问家平时很注意积累资料,知识面也越来越广,对问题的理解也越来越深。这就是随笔记录的功效。

做读书笔记的方法有多样,各种方法的效用也各有不同。读书笔记常用的方法是:①在书上画记号(如果是自己的书)。②摘录。③写心得。④编目录。

3. 检索图书、期刊目录

目录用来记录图书名称、作者、卷册、版本等。它是引导学者查阅资料的重要工具,是打开图书馆知识宝库的金钥匙。查找图书期刊首先要学会检索目录。

图书目录一般按文种编排,每种文字的目录按查找途径划分,有分类目录、书名目录、著者目录和主题目录等几种。

期刊目录一般分为分类目录和字顺目录两种。分类目录根据期刊的性质,按分类体系组织排列,引导读者从知识体系方面查找期刊,字顺目录根据期刊名字顺序排列,帮助读者从刊名去查找期刊。

4. 查阅索引

索引是学习和查索资料的工具。它是将书报杂志上发表的文章按一定的方法、一定的顺序排列,以便查找书刊中有关资料的一种工具。这种工具用来汇集、编排散见于图书期刊中的相关资料,编排时须注明页码、出处。这种工具能引导读者找到所需的资料出处。索引常见于正式出版物，但自己也可围绕个人研究和写作的范围自编专著索引，这也是搜集材料的一种好方法。

5. 利用工具书

读书离不开工具书，从事科研工作更离不开工具书。古人说：工欲善其事，必先利其器。养成翻检工具书的习惯，不论对学习还是从事研究工作，都是十分有益的。工具书是我们忠实的老师。搜集资料、研究资料必须了解工具书的使用方法，并学会使用工具书。

工具书的种类很多，一般分为书目、索引、字典、辞典、年鉴、手册、年表、图谱、百科全书，等等。

第五章 学术论文应具备的几个部分

第一节 内容提要

一、什么是内容提要

论文内容提要是对论文提纲挈领的概括,是论文全文的简要介绍。在较长的论文中,内容提要可以看作是论文的缩写,要求用简洁、精炼的文字概括写出:该篇论文的写作目的、作用;论文研究的主要内容和过程;提出了哪些问题;对这些问题是怎样解决的,获得的主要结论和意义。

内容提要的写作是为了使读者能够尽快地了解论文的梗概,同时也是对标题的补充和说明,在较短的时间内帮助读者掌握论文的核心内容,判断是否需要通读全文。另外,与标题一样。内容提要可以用以索引和检索工作。内容提要要求放在论文的前头,但它的写作既可以放在论文写成之后,又可以放在撰写论文之前。内容提要的字数一般以 600 字为宜。

二、内容提要的要求

对论文内容提要按不同的性质有以下一些要求：

(1) 研究性论文，在内容提要中应阐明论文提出的问题、研究的方法与结果、结论与建议，必要时，还应阐明对研究课题的调查、论证情况、所采用的主要设备与仪器、实验的主要化学剂品等。这样的提要也叫作提示性的提要。

(2) 理论性或评论性的论文，其内容提要应阐明命题的缘由、主题、采用的原始资料、所得出的结论。这也是一种提示性内容提要。

(3) 专题性的长篇论文，需要说明性内容提要，简述论文的主要内容，以帮助读者判断是否需要阅读全文。

(4) 某些论文集子，内容提要的内容应按文摘的要求写作，成为独立性的短文，概括出论文的创造性内容。这种论文提要可以单独发表。

(5) 概述性摘要，又叫论题摘要，只用三言两语摘录原文的论题。这种摘要可供编制索引的人员阅读，便于把论文分门别类，储存在电脑中。

三、内容提要的写作方法

内容提要的写作要力求做到言简意赅、惜墨如金，对论文的表达要明确、完整，最大限度地表达出论文内容的精华，另外，对于论文的原意要忠实地进行概括，既不掩饰，也不夸张。

有一种供单独发表的内容提要可写得长一些，但一般也不要超过 600 字，其中的文字最好不要与正文中的某些部分雷同，而要另起炉灶写出提要的风格来。所以，提要的写法更应讲究写作技巧，它的难度不亚于正文。

还有一种内容提要是写给专家进行评审用的（如硕士生、博士生的答辩论文），可以长一些，也可以对研究过程、成果的重要性等做补充说明,做一些恰如其分的自我评价。

总之,论文的内容提要虽然只有寥寥数百字,但作用却十分重要,作者应谨慎地从事。好的论文内容提要会给论文增光添彩,使读者阅读正文的欲望大增。下面我们举几则论文内容提要的例证:

 例1

《光的本性的探索》(物理学)

内 容 提 要

本文对光的本性的探索过程,分为以下几个阶段:

(一)波动说与微力说之争;波动说与微力说溯源;两种学说所持观点及各自优缺点。

(二)波动光学时期:主要介绍托马斯·扬的双缝干涉实验及菲理耳对波动理论的完善;电磁学理论的发展揭示出光与电磁波的内在联系,即光是一种电磁波。

(三)量子光学时期:光电效应的发现对传统电磁理论提出疑问,爱因斯坦建立光量子理论。

(四)光的波粒二象性:光既具有波动性又具有粒子性,本文用光的双缝干涉说明光的波粒二象性具有统计意义,它们在此基础上统一。

光的本性的探索并未到此停止,未来仍须努力。

 例2

《计算机辅助教学:电场的演示》(物理学)

内 容 提 要

电场的概念是物理教学过程中的一个难点,学生往往难以对电场有形化的理解,电力线和等势面的引入就是为了使学生对电场有清楚的认识。

本文论述了用计算机描绘电力线、等势线的意义和基本方法,并对计算机实现中的一些具体问题进行了分析,提出了解决办法,文章包括一个用C语言编制的程序,完成几种基本电场情况下电力线和等势面的绘制。

《冬虫夏草人工菌丝对卷烟烟雾诱发小鼠遗传毒性的研究》(生物学)

内 容 提 要

为探索冬虫夏草人工菌丝[cordyceps Sinensis(BerR)Sacc. Artifiual pypha]抗卷烟烟雾的诱变作用,开发出行之有效的抗卷烟烟雾诱变的生物制品,本实验模拟被动吸烟条件,以封闭群昆明种小白鼠为实验材料,以饲料种类、烟雾处理时间和剂量的不同分为8个实验组,同时,设有相应阴性和阳性对照组,通过检测小鼠骨髓嗜多染红细胞(Poly-chromotic eryt hrocytes,PCE)微核率(micronuclensrate,MN‰)和精子畸变率(terato sperm frequency)的变化来评价卷烟烟雾的遗传毒性和冬虫夏草人工菌丝的抗诱变作用。结果表明:①卷烟烟雾具有诱发小鼠骨髓PCE微核率和精子畸变率升高的作用,其实验各组微核率和精子畸形率明显高于相应的阴性对照和虫草对照组。短时间,大剂量的烟雾处理后和小剂量长时间烟雾积累均能引起小鼠PCE(MN‰)的明显升高,证明卷烟烟雾具有强诱变活性。②冬虫夏草人工菌丝无诱变活性。而且对卷烟烟雾诱发小鼠体细胞的遗传毒性升高有明显抑制作用,证明冬虫夏草人工菌丝对卷烟烟雾的抗诱变功效。随着食用虫草饲料时间的延长其抗诱变功效表现明显,以亚急性组尤为明显,提示冬虫夏草人工菌丝具有很好的开发利用价值。

例4

《陕北及鄂尔多斯地区降水变化与沙漠化》(地理学)

内 容 提 要

本文根据1959—1984年降水记录,讨论了陕北及鄂尔多斯地区沙漠化和草场退化的主要原因。由于沙漠化范围扩展阶段与降水量减少阶段的影响范围具有一致性,所以认为主要原因是自然过程。因1980年以来本区降水出现增加趋势,本区自然环境向沙漠化的发展将受到抑制。

本文讨论的范围为黄河中游的陕北及鄂尔多斯地区,大致在35.5~41°N,105.5~110.5°E。试图通过对区内降水变化与当地沙漠化现象之间关系的讨论,探讨在中国自然环境演变中如何恰如其分地评价人为影响和自然本身发展趋势的问题。

例5

《论档案分类的若干问题》(档案学)

内 容 提 要

档案分类不仅是人们认识档案的重要方法,而且是档案管理活动不可缺少的手段。档案分类理论在实践中不断发展,现阶段主要有三个方面的分类活动:档案实体分类、档案信息分类、档案认知分类。档案分类体现了多元化、多层次、穷尽性等逻辑原则及实践性原则。

档案认知分类,习惯上称为档案种类的划分。可以划分为普通档案和专门档案两大类,又可划分为生产科研档案、社会管理档案两种。此外,还可以根据档案历史时期属性、档案物理形态、档案的价值、档案的来源等多个方面分门别类划分。

在档案管理中,档案馆网络建设、档案综合管理都必须以档案分类为理论基础。

二次档案信息的分类是为档案检索服务的。《中国档案分类法》使档案信息分类走向科学化、标准化。

《文件论》(档案学)

内 容 提 要

本文运用系统方法,从广泛的社会角度进行考察和分析,阐明文件是全社会普遍存在的客观事物,它不受时间、地点、内容及物质形态的约束,是人们在社会活动中不可缺少的一种工具;文件同时又是一个普遍存在的客观过程,许多信息记录材料在其形成之初都经历了作为文件的这一过程;探讨了文件事物的名称、定义、性质及功能,强调文件具有原始记录性、非传播知识性、定向性等本质属性;对文件进行了广义的划分;着重从社会管理角度剖析文件与社会管理活动的直接而密切的联系,文件是管理的内容和对象,要提高管理效率,必须提高文件管理效率,必须加强文件的统一管理,同时指出目前文件理论研究中存在的一些问题,以期得到相应的解决。

第二节 目　　录

一、什么是目录

目录，即目次。目录是论文中主要段落的简表。论文有长篇论文和短篇论文，有的短篇论文不必列目录，篇幅较长的论文需要有目录。目录由章节的序号、题名及章节的起始页码组成。目录需列出论文组成部分的标题。显示出论文的层次结构，读者在阅读一篇论文时，只要一掀开目录便知道这篇文章的主要内容。撰写论文，在动笔前，首先，把论文的大标题、小标题列出来，就是先列提纲。论文的提纲虽然很简单，但由于它是作者深思熟虑的结果，所以有了它，写作起来便很顺畅。没有目录，边想边写，很难顺利地写下去。

其次，应该安排好论文中的数字图表。如果文章中的图表数量很多，可以在目录的后面排列图表的清单，图表的目录由序号、图题名或表题名和页码组成。

二、怎样写目录

下面我们举出几篇论文的目录供参考。

《广告学》——理论与应用

目　　录

编者说明

序 1	(1)
序 2	(2)

基础理论篇

第一章	广告概说	(3)
第二章	广告的发展演变	(25)
第三章	广告环境	(54)
第四章	广告学与其他学科	(76)

应用业务篇

第五章	广告调查	(105)
第六章	广告策划	(121)
第七章	广告费用预算	(144)
第八章	广告效果测定	(160)

设计制作篇

第九章	广告表现	(181)
第十章	广告设计	(199)
第十一章	广告文稿写作	(215)
第十二章	广告摄影	(242)
第十三章	平面广告	(283)
第十四章	广播广告	(301)
第十五章	电视广告	(330)
第十六章	广告播音	(349)

经营管理篇

第十七章	广告业的体制	(369)
第十八章	广告业的经营管理	(398)
第十九章	广告人与广告教育	(425)
第二十章	广告的发展趋势	(444)

例2

关于《长恨歌》的创作意图及客观意义

目 录

一、引言

二、本论

(一)长期以来对《长恨歌》的评价

1."讽刺说"

2."爱情说"

3."讽刺兼爱情说"

(二)对《长恨歌》创作意图的研究

1. 作者的恋爱悲剧

2. 作者的经历与《长恨歌》创作的联系

3. 作者的创作意图与作品的客观意义

4. 结论

5. 附:主要参考书目

 例3

从《毛诗传笺》看郑玄的训诂成就

目 录

一、前言

二、本论

(一)指出古声

(二)大明假借之例

1. 用"读如"表明假借
2. 用"读为""读曰"表明假借
3. 用"之言""之为言"表明假借

(三) 指出古今字

(四) 校勘文字

三、结束语

用 NAA 与 XRF 测定清宫寿桃丸中微量元素的含量

目　录

一、摘要

二、关键词

三、引言

四、本论

(一) 测量过程

1. 用堆中子活化分析法测定该成药微量元素含量的过程

(1) 样品处理

(2) 标准

(3) 照射条件

(4) 测量

(5) 数据处理

2. 源激发 X 荧光分析法的测量过程

(1) 样品制备

(2) 测量及数据处理

(二) 讨论

（三）参考文献

关于科技档案信息进入技术市场的思考

目 录

一、绪论

二、理论依据

（一）科技档案具有真实性、准确性

（二）科技档案的重复使用、套用性

（三）科技档案信息具有商品属性

（四）科技档案的经济价值的递减律

三、需要重新认识的问题

（一）科技档案的收集、归档

1. 基层单位档案工作的指导思想及科技档案的收集、归档

2. 各省(市)科技成果档案馆、科技专业档案馆档案的收集

（二）科技档案的保密

1. 正确处理保密与开放的关系

2. "国家秘密"与"单位秘密"的关系

3. 保密与开放两者的重要性

（三）分清科技档案有偿服务和科技成果有偿转让

1. 科技档案的有偿服务

2. 科技成果的有偿转让

3. 科技档案提供利用时档案部门要区分对待

四、设想

（一）制定有关收费标准，注意利益分配问题

（二）对科技档案人员的要求
（三）开发科技档案信息资源的方式
（四）进入技术市场的途径和方法

第六章 学术论文的构成

第一节 摘　　要

摘要位于标题和前言之间,是文章主要内容的摘录,起报道和检索作用。过去,在撰写学术论文时无摘要一项,现在有些论文增加了摘要,但对撰写摘要的目的与要求还有待进一步研究。

一、摘要的定义

国家标准对论文的摘要做了如下规定:

摘要是报告、论文的内容不加注释和评论的简短陈述。摘要原意是"通知""转达""报告"。

二、摘要的特点

摘要撰写形式有三个特点:短、精、完整。

(一)短

摘要篇幅短小精悍。字数少,最短的十几个字,最长的也不过300字。

(二) 精

摘要内容精练,应筛选文章的精华。

(三) 完整

摘要可以独立成篇。有一种检索性刊物——文摘杂志,专门刊登摘要。

总之,摘要是对报告、论文内容的简短陈述。这说明摘要的对象主要是论文的内容,它是论文的缩影,是论文不加注释和评论的简短陈述。摘要的作用主要是让读者尽快地了解论文的主要内容和结论。

三、摘要的内容

摘要的语言虽然简短,但它的内容涵盖性却十分深广,基本内容是:

(1) 某项学术研究的缘由、目的、范围、价值等。即研究背景。(背景)

(2) 某项学术研究的对象、主要内容、实验过程,观察的新现象,取得的新成果。新成果中运用了哪些新方法,新方法新技术同老方法老技术在产量、规模、费用、性能方面的比较等。(方法)

(3) 主要结论及其价值。(结果)

四、摘要的作用

摘要的三个特点决定了它具有三种作用:①导向作用。②报道运用。③检索作用。下面我们分别进行阐述。

(一) 导向作用

我们所说的导向作用,也包含着倾向性。摘要,由于它所具有的特殊形式以及它所占据的特殊位置——文章的第一位置,其形式不仅受所缩编一次文献内容的影响,文摘具有结构固定、篇幅短小而信息密度高的特点,而且充满了指示性即导向性的影响,文摘的倾向性是显而易见的。摘要是文章内容的浓缩,因此,阅读了摘要,即可为读者提供了是否阅读全文的必要条件,使读者不阅读全文即可获得必要的信息,这就是它的导向性。当论文本身较长,只具有一般意义,但又包含某些令人感兴趣的部分时,人们有时只针对某一部分内容编写摘要,借以引起读者对论文上、下文中某些有限部分的注意。这样的摘要被认为是导向性摘要,也叫倾向性摘要。

还有另一种情况,即文摘的编写者可以从读者不同的情报需要出发,从不同的角度看待同一篇文章。我们以《食物的保藏和营养价值:常规方法和辐照》这篇论文为例。为这篇文章编写的摘要如果拟登在商业杂志上,摘要可能从有效性、长期性和消费者的要求等观点来比较食物冷藏或热处理的经济学与辐照技术;另一篇文摘是供生物化学工作者阅读的,它必定是侧重于有关辐照食物中的生化问题和营养变化,常有某些关于食物保藏常规方法的比较数据;还有一篇摘要则可能主要涉及有关辐照的公众健康问题,某些必要的实验数据以及保护人民安全的法规,等等。这种摘要也是倾向性摘要。所以,摘要的倾向性(或者是导向性)问题,正如物理学上的"摩擦"问题一样,既是在一般意义上应该尽量避免的,又是在特定情况下难于避免,有时甚至是读者所希望的。

(二) 报道作用

我们这里谈到的报道作用具有两个方面的涵盖:其一是指报道性摘要;其二是指摘要的报道作用。下面分别论述。

所谓报道性摘要,是指读者能从摘要中获取的情报量。报道性摘要是概述一次文献的主要论点、创造性内容,并给出所包含的重要定量数据的一种文献。

所谓报道作用,是指它能够把科学研究的新发现、新成果及时全面系统地报道出来。一本文摘性刊物,每期报道几百条乃至上千条的摘要。它内容单一,针对性强,为科研工作者了解学术动态,借鉴成功经验,制订写作计划和开展学术研究,提供了极大的方便。

(三) 检索作用

前面我们已经提到"摘要"一词,原意是"通知""报告""转达",就是向读者介绍原论文的主要内容。因此,摘要是对原文主要内容的语义相同、篇幅短小精悍而又尽可能完备的,不加评论和补充解释的陈述。实际上,摘要就是对原始文献的压缩,是在忠实于原始文献的基础上把原始文献的内容浓缩成一篇语义连贯的短文。

摘要的检索作用,是指它可以为读者提供查找所需文献的线索,在文献的大海洋中,比较容易发现和捕捉目标,从而节省大量的时间和精力。有人做过这样的估计,有关生物学营养食品方面的论文,估计一年发表1.3万篇,一个科学工作者以平均60分钟阅读一篇计算,需要3年时间才能读完。如果将每篇论文做成100~200字的摘要,只需15天就能读完,达到15天了解一年发表的全部论文概貌的目的。读者可以通过阅读文摘刊物所登的摘要,很快找到自己所需的论文题目,了解大致内容,并根据著录各项很快查到原文。

以上我们介绍了摘要的三个作用,即导向作用、报道作用和检索作用。由于论文研究内容、性质和报道目的的不同,摘要的形式和体裁也不尽相同,一般分为:报道性摘要、资料性摘录、题录式摘要。其中以报道性摘要居多。这里我们着重介绍这种摘要。

报道性摘要,其目的主要是向读者报道文章的论点,研究工作的目的和范围,研究工作的对象、实验方法和装置等研究过程及其实验结论。由于报道性摘要的内容比较完整,所以它可以部分地代表原文独立使用,凡是在内容上具有独创性和前沿性学术文章,如新理论的探讨、新材料的研制、新设备的发明、新工艺的采用等,均适于写成报道性摘要。下面是报道性摘要的几个例子。

题目：射频溅射超导铌膜的新方法（物理）

摘　　要

本文描述了射频溅射超导铌膜的一种新工艺方法。这种工艺方法和特点是采用了红外预热基片衬底，多次充氩"冲洗"溅射室，静氩状态下溅射和红外退火等一系列工艺流程，并且获得了较满意的效果。

题目：试论数学的特殊与一般（数学）

摘　　要

本文指出了数学中的特殊与一般是对立统一的，在一定条件下，特殊可以转化为一般，一般可以转化为特殊，利用了这种转化，就形成了数学中的两个基本方法：一般化和特殊化。文中详细地阐述了这两个方法在解题中的作用。

题目：丁酸钠对 M 期同步及非同步的 HeLa 细胞中 C_1 期阻断的可逆性（生物）

摘　　要

本文采用早熟染色体凝聚（PCC）和 ^{3}H-TdR 显微自显影技术，观察丁酸钠对同步及非同步的 HeLa 细胞早 G_1 期阻断的时间点发生在细胞进入 S 期前的 4.5h，发现早 G_1 期阻断后的恢复必须再经过中、晚 G_1 期然后才能进入 S 期。

题目：磷锑酸的制备及其离子交换性能的研究（化学）

摘　要

本文叙述了磷锑酸的制备方法，研究了其离子交换性能。结果表明，以 P/Sb＝1∶4，在 50℃干燥的样品对稀土元素铈有很好的离子选择性，具有相当高的交换容量，以 8mol/L HNO_2＋0.5mol/L $AgNO_3$ 为洗脱剂，可以得到良好的淋洗效果。此外还讨论了磷锑酸与 Ce^{3+} 离子交换机构。

题目：东亚夏季风异常的研究（地理）

摘　要

本文运用经验正交函数分析方法，对 $10°\sim65°N, 90°E\sim175°W$ 范围内近 30 年逐年 7 月和 8 月平均海平面气压场进行了分析研究。结果表明，第一、第三特征向量与东亚季风异常有关，第二特征向量与西风环流异常有关。讨论了东亚季风异常与大气环流的关系，以及季风异常对华北东部地面降水时空分布的影响。

题目：国外文件中心的分析与中国建立档案
　　　中心的探索（档案学）

摘　要

本文运用分析、综合和比较的方法，剖析了国外文件中心产生与发展的原因,它的特征、类型、管理方法及其成效,并以此为鉴探索了中国机关档案管理系统调整、改革方向和模式,提出了在中国建立低、中、高三种不同层次的档案中心的设想,从理论和实践的角度讨论了这一设想的可行性问题。

第二节 引 言

一、什么是引言

论文的引言,又称为绪论、前言、绪言、序言和导言。用在论文的开头,是论文的"先行官",是论文的有机组成部分。引言一般要概括地写出作者意图,说明选题的目的和意义,并指出论文写作的范围。引言的作用在于补充和强化主题,强调论文中某些观点、论据、论证方法和取得的成果。

二、怎样写引言

引言部分要求突出作者所要解释的内容,因此,引言一定要紧扣论文的课题,一般引言要做到言简意赅,有较强的吸引力。

引言短小精悍,但所容纳的内容却十分丰富,它要求包括如下几点:

(1) 选题的由来。
(2) 国内外对此选题研究的现状。
(3) 选题所要提出的问题、解决的问题以及解决的方法(论证、实验……)。

下面我们举几例引言,供参考。

《试谈诗歌语言的语法超常组合》（语言学）

前　　言

说理文总是以理服人,诗歌则以情动人。诗歌的感情是由语言唤起的。因此,我们研究诗歌也首先应该从语言入手。诗歌语言不同于日常口语和一般书面语,在于它不太使用直白的叙述、一般化的语句、四平八稳的结构方式和司空见惯的组合方式。诗歌为了达到凝练、集中、形象化等目的,在语法上往往采用超常组合的手段,给人一种新鲜感、奇异感。诗歌语言的这种语法超常组合是有规律可循的,并不完全脱离日常口语和一般书面语的轨道。本文就试图从词类活用、句法结构松动以及一种特殊的语句结构等方面,揭示诗歌语言语法超常组合的规律及其修辞效果。

《磁处理对不饱和聚酯树脂的影响》（物理学）

前　　言

磁场对水性质的影响,早在 18 世纪就已被炼丹士所注意。但是,物理学家和生物学家只在 20 世纪内才开始真正认识到这一现象的理论及应用价值。目前,各种磁处理水已在医学、生物学方面得到了广泛的应用。在工业生产上,人们也逐渐开发磁场处理技术的应用,使反应时间短,产率提高,节省能源等。已报道的有:在钢铁生产中,利用电磁搅拌,提高钢铁产量及质量;磁处理合成氨催化剂,使合成氨产率提高;燃料油经磁处理后,节省能源,燃烧充分技术等。这些都证明：磁场对某些化学反应确有很大影响。然而，关于磁场对化学反应的研究及理论工作报道较少，更由于实验技术手段的限制，使磁处理对化学反应影响的理论未能得到确定的解释。但总的感觉是：磁场对化学反应是有所作为的。本实验主要思想是想研究一下磁场对不饱和聚酯树脂合成及有关性能的影响。

《段玉裁校勘〈说文解字〉得失浅说》（语言学）

前　　言

段玉裁作《说文解字注》（以下简称《段注》），风行海内近200年，其对中国传统语言学的贡献有口皆碑。但段氏对《说文》的大量增删改补，却颇为后人所诟病，故《段注》出，遂有《订补》《拈误》《匡谬》诸书相继问世，对段氏校勘或以为是，或以为非，其说不一。本文试图对《段注》中的校勘进行较全面的剖析，选择典型校例，研究段氏校书方法科学与否，分析其得之途径，失之缘由，从而评价段氏校《说文》在中国传统语言学史上的地位和功过，同时从段氏校书的经验教训中吸取有价值的成分以为今用。

《〈世说新语〉句法结构试析》（古汉语）

前　　言

南朝宋临川王刘义庆的《世说新语》（以下简称《世说》）是反映魏晋时期语言面貌的一部重要著作。它形象记录了汉末、魏晋间士族阶层的遗闻逸事，其"文辞之美，简朴隽永，尤为人所称道"。更可贵的是,它记录保存了当时士族阶层的大量口语,这在反映当时口语的资料较为缺乏的情况下,对于窥探那时语言真貌的参考价值就显得愈加重要。

我们首先对组成《世说》语句的 14 种句法结构进行了初步分析,即"把各类词组作为一个整体在更大的词组里的分布情况",勾勒了《世语》的句法构架。在此基础上,又将其中 11 种变化较大的结构同秦汉时期进行比较,记录并试图分析其不同之处,对其从上古到中古的演变轨迹进行了初步探索。限于篇幅,这里叙述的只是"主谓""述宾""述补"三种基本结构与上古相比的差异部分。

第三节　论文的正文

中国有句俗话说:万事开头难。很多作者对如何动笔写初稿感到困难,亨利·悌琪博士在《有效的写作法》一书中指出,开头有困难是由于准备不充分,干扰过多,或错误的写作概念。

写作论文前的准备工作不可忽视,否则对要说什么,概念模糊,大纲过于潦草或简单就会对先写什么后写什么,踌躇不定。相反,作者准备工作做得认真,写作就会有信心,就会掌握要说什么,为什么要说,必须如何说。

一、要拟好写作提纲

根据大纲要求,放讲一些具体内容,既便于思考又不会遗漏。大纲是指导写作、帮助思考的有力工具,能帮助作者创造出一篇统一、连贯、流畅、结构均衡的论文。但是大纲也不是天经地义的。在写作时,可能出现新的思路,这些新思路如果有利于读者的理解,有利于表达,就不一定受大纲的限制,大纲可以边写边修改。

有些作者习惯于从第一页开始，一页页地写下去，直到大纲写完。但有时材料搜集的多少不一，遇到材料较少的部分，写起来比较困难，因此，写的顺序也可按作者对各节的准备情况而定，成熟的先写，不成熟的后写。摘要虽然在论文的开端部分，但是只有在论文结束时，才能写好。写作时还要集中时间，不宜时断时续，以免打断思路。有时，有些论据会由其他作者的论据或概念推导出来。使用他人的概念，要用你的论文中心思想和目的加以重新衡量，它们意味着什么，放在什么地方比较恰当，要进行加工处理，而不要抄录笔记中的论据和引证，把论文变成其他作者的论述。他人的论据如果在你的文章中没有恰当的位置，不要舍不得废弃，废弃一些材料也是很自然的现象，每一位写作者研究一个课题，他所占有的材料总要比他使用的多。

从总体上讲，学术论文的结构要围绕中心，语不离宗，富于逻辑，准确表达。在文字上要求简洁、清晰，在严谨中见变化，在周密中有曲折，朴实易懂、重点突出，使读者能自如地钻研你的论文中所涉及的内容。

二、什么是论文的正文

（一）正文是论文的主体

正文是容量、字数最长的部分。这一部分是作者科研成果的具体反映和表述。论文的正文应包括论点、论据、论证过程以及结论。正文的写法可以有各种方法，不拘一格，但正文的内容有基本的几个部分，这里按社会科学和自然科学论文来分，它们各自包括以下几个部分。

社会科学论文的主体部分包括以下内容：

（1）提出问题——论点（或论题）。

（2）分析问题——论据和论证。

(3) 解决问题——论证方法写步骤。

(4) 结论。

自然科学论文的主体部分包括以下内容：

(1) 理论分析，提出问题（或论题）。

(2) 试验装置和测试方法。

(3) 对试验结果的分析、讨论与理论计算结果的比较。

(4) 实物照片、图表的说明。

（二）正文的写作技法

论文的写作技法很多，几乎所有的写作方法都可以用于撰写论文。例如，说明的手法，像定义、定性、分类、比较、举例等；叙述的手法，像我们经常运用的顺叙、倒叙、插叙等；论证的手法，像例证、验证、引证等；分析的手法，像释义、分类、辨析正误等；推理的手法，像演绎推理，即"三段论"法：大前提、小前提、结论、归纳推鲤、类比推理等；反驳的手法，像反驳论点、反驳论据、反驳论证——反驳对方的论证方法等。还有其他一些手法，如注释法、插图法等。

社会科学和自然科学论文的写作通常先要拟写提纲，然后才开始正文的写作。写提纲，有两种常见的形式。一种是标题式提纲，一种为中心句式提纲。下面我们分别讲述这两种写法。

三、论文正文的写法之一——标题式写法

采用标题式写作正文的方法，就是要把所写内容在论文的总标题下分别设计出若干小标题，然后用搜集到的资料分别按小标题的意思归纳整理出文字，即成论文。

小标题可以是单词或短语，它们在语法上是平行的，属于同一层次。小标题越具体越好，这样能引起对论题的深入探讨。

构思小标题虽然不是写提纲，但是拟好的提纲往往是后来的小标题。构思小标题是作者对论文整体构思以及局部之间关系的全

盘考虑。而列写提纲是写作的步骤之一,写提纲的功夫是每个论文写作者必须锻炼的,这包括社会科学和自然科学的论文撰写者。拟写提纲是和积累的资料紧密相关,选材、拟写提纲都要服从论题的需要。因此,拟写提纲不是照搬几种固有的程式,如:"概述""提出问题""分析问题""解决问题""结论"等,而是要考虑以下几个涉及论文质量的重要问题。

第一,首先要考虑拟写提纲应能从最佳角度说明主题。

第二,要考虑文章的谋篇布局。在论文中,提出什么问题、分析什么问题、解决什么问题,怎么提出、怎么分析、怎么解决,中心论点是什么,围绕中心论点分几个部分展开、各占什么地位,哪些详写、哪些略写,怎样进行严格的论证、有步骤、有层次、有说服力地解决问题,怎样一环扣一环,层层进逼、触及核心,怎样删繁就简,突出重点,把中心问题分析得精辟入理,令人信服。同时,在写提纲过程中构思小标题。

第三,应考虑什么样的小标题可以最大限度地利用搜集到的资料。

什么样的小标题可以充分地利用搜集到的资料,这实际上也是作者写作的构思问题。

构思巧妙、立意新颖,写出来的论文说服力与吸引力就很强。有时候经常遇到这种情况:有的人占有许多资料,但写起论文来却感到十分吃力,论证的情况也不能令人满意;有的人占有的材料相对来说比较少,但他能充分地运用材料来说明主题,论文写得却比材料占有多者更令人信服。这种归纳、比较和对材料取舍的本领,是撰写学术论文的基本功之一。比如,要尽量使拟定的标题有利于揭示材料之间的内在联系,有利于揭示论证的内在本质属性,并能紧密围绕中心论题。

论文标题,是由序码和文字组成的逻辑图表。它的优点是有了论文标题,论文结构的全局就容易把握,从而使整个文章层次明晰,一目了然。

论文的标题,一般应包括以下几个部分:

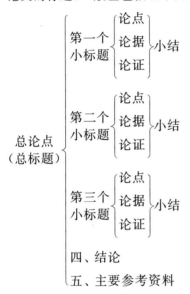

论文标题可以分为简单标题和详细标题。

简单标题具有概括性,只提示论文的要点,对如何展开则不必涉及。这种标题看似简单,实则是经过深思熟虑,严密思索构成的,使写作能顺利进行。没有这种充分的准备,边写边想,很难进行下去。

详细标题是十分周密的,它是把论文的主要论点和展开部分详细地列出来。如果在我们撰写论文前准备了详细标题,那么,动笔写作时,就会更加顺利。

下面我们以《仁学是儒家文艺思想的根本精神》为例,简单标题可以写成这样:

一、引言

二、本论

（一）仁学的出现

（二）仁心的呈现

（三）艺术人生

（四）生命精神

三、总结

下面我们还以《仁学是儒家文艺思想的根本精神》为例，详细标题应是这样写：

一、引言

（一）提出中心论点（略）

（二）点明写作意图（略）

二、本论

（一）仁学为一大因缘出现于世

（1）孔子一生想恢复周代礼乐的愿望。其精神实质乃是对和平安宁、厚德化生、天下有道的完美社会的一种憧憬，是对尚德而不尚力的社会的一种憧憬。

（2）孟子对于时代痛苦的感受，又比孔子更为触目惊心。

（3）原始儒学代表人物所真切感受到的时代生命体验，不仅仅是一己的个体生命体验。更具有一种"究天人之际，通古今之变"的历史文化大生命体验，由此可以论仁学中所融凝的历史精神含义。

（4）由此可以论知仁学的实质。仁学的实质，即由孔子"仁者爱人"，孟子"仁者，人也"两句话道出。即由宗教的神本的人，转而为人性的、主体的人。

（二）仁心的呈现即存在的充实

（1）仁学作为道德形而上学说，最大的特质即天人一体同仁。这是美学最为精湛的要义。

（2）最重要的一点就是充实的存在体验。存在体验是美学中一个最基本的问题。

（3）小结。

（三）合理近情的艺术人生

（1）人生为主位,艺术为次位。

（2）人性的艺术化,文质彬彬的人格。

（3）艺术的人格化,合理近情的艺术。

（四）行健不息的生命精神

（1）何为"行健不息的生命精神"?

（2）行健不息的生命精神的主要表现:

① 表现之一:不断精进而无止息的生命强力。

② 表现之二:"穷而后见君子"的生命韧性。

③ 表现之三:忧乐圆融的情感特质。这是儒家思想所熏陶的人格所特有的情感气质。

（五）总结

（1）殷商时代,"天"是外在于人的生命而存在,人所崇敬的畏惧的至高无上的实体。

（2）孔子说:"仁者人也",反复强调人,就是关于人的学说。"仁"字从二从人,人与人和谐相处就是"仁"。古人把"天""人"并列。仁学作为形上体验,不仅是中国儒家美学思想的基础,而且是贯流全体的根本精神。

（3）呼应开头的引言。

四、正文的写法之二——中心句式写法

什么叫中心句式开头?

所谓中心句式开头,就是在拟就提纲时,先根据论题与论据提炼出若干表达论文主要内容的句子,然后按照层次,即按论文展开

的逻辑,理顺和选择中心句,列出核心句子或写作提纲。通常,一个中心句可以展开为文章的一个段落,把与中心句有关的"细节"补充到段落中,也就是用各种细节支持中心句所表达的意思,即可写成论文。

中心句是一个完整的句子,它一般都放在每段的开头,表示一个全面完整的意思,它往往是论文的观点所在。

中心句的提炼要比设计标题更难一些,它是作者在论文中所要阐述的基本观点或主张。所以说,中心句的提炼,首先是思想的锤炼,然后才是语言的锤炼,虽然难写,但一旦拟就了中心句,文章也就容易展开了。这种写法近年来应用得很多。例如,1992年2月《文艺理论研究》上有一篇徐中玉先生的论文,题目是《略谈中国近代诗词理论的发展》,正文开头有这样一个中心句(中心句通常都在段落之首):"近代诗歌理论也应从龚自珍、魏源谈起。"紧接着的一大段话都是对这一中心句作进一步说明,即论证了中心句中提出的观点。

近代诗歌理论也应从龚自珍、魏源谈起。龚氏论诗,一如其论文,中心充满感慨、郁怒、悲欢,但客观上又不容他明白平易地抒写出来,以致不知其人其世者,动辄便责他奥奇、怪僻。身历其境,忧国伤时,使他论诗对豪情侠骨特别赞赏,鉴别细致。如论向被认为一味平淡、静穆的陶潜:

陶潜诗喜说荆轲,想见《停云》发浩歌。
吟到恩仇心事涌,江湖侠骨恐无多。
陶潜酷似卧龙豪,万古浔阴松菊高。
莫信诗人竟平淡,二分《梁甫》一分《骚》。

诗意略同鲁迅指出渊明存在"金刚怒目"的一面,且为龚氏所深喜。龚氏论诗,极重表现真实的内心:人以诗名。诗尤以人名。……诗与人为一,人外无诗,诗外无人,其面目也完。……何以谓之完也?海秋(其友,益阳人)心迹尽在是,所欲言者在是,所不欲言而卒不能不言在是,所不欲言而不竟不言,于是所不言求其言亦在是。要不肯寻扯他人之言以为己言,任举一篇,无论识与不识,曰:"此汤益阳之诗。"有骨气的人,又能把真心即使回回仍能和盘托出,使人理解,自然能为好诗。他论诗最重"真",尚有见于林昌彝之书的两则,是他亲自向林面述的:

诗欲其真,不欲其伪。最初为真,后起非真,信于己者为真,徇于人者非真;足于己者为真,袭于人者非真。是故读书有真种子,作文有真血脉,而作诗有真气骨。得其真,则一花、一木、一水、一石、一讴、一泳皆有天趣,足以移人;失其真,虽镂金错采、至牍连篇,吾不知其中何所有也。古今论诗有二:曰性情、曰格调。性情,真也,袭格调而丧其面目,伪矣。格调,亦真也,离性情而饰其衣冠,伪矣。此杜少陵所以有"别裁伪体"之说也。

诗至汉、魏古矣,而伪汉、魏何如真齐梁?三唐美矣,而伪三唐何如真两宋?初、盛唐高矣,而伪初、盛何如真中晚?推之伪李、杜,不若真元、白,伪王、孟不若真温,李。此其得失较然,不待后者而后知也。

这两段话,大可与上引相参,而更明白其意旨。林昌彝深知龚氏为学情况,说他"几经学、六书、子史,下至金石,钟鼎、古文,皆细心精究。"故其诗"奇境独辟,如千金骏马,不受羁绊。美人香草之辞,传遍万目,善倚声";还说何绍基谓其诗"为近代别开生面",是能赏识龚诗的"弦外弦、味外味"的知音。

中心句提炼得好,可以使读者在阅读论文时知道这些文字说明什么意思,帮助读者能够很快地理解这一段落的内涵。中心句的文字表达应有所变化,不一定都用直陈式的句子,以避免给读者造成重复、呆板的感觉。我们还是以《略谈中国近代诗词理论的发展》一文为例,第三段的起句(中心句)就是用的设问句式:

龚氏自己既然是这样为学、作诗的,所以当有人问他作诗有没有"原"时,他的回答是:"诗必有原"。什么是"原"?

……

中心句的提炼并不是很难的事,它要求作者要很清晰地掌握论文的论点,并且要很科学地决定论文的层次及论证方法(说理还是反证?计算还是实验?)。为了不致湮没中心句,每段的文字不宜过长,要交替使用图表、文字说明、例证等,应把中心句分成若干小中心句逐步进行阐述。总之,中心句在各段落中起着概括内容的作用,并引导读者掌握论文的要点。小的要点,可以组成段落要点,段落要点即是全篇的论点。

第四节　本论的结构形式

本论是学术论文的核心部分,是论文主要内容之所在。这部分论述的主要内容是作者的观点或主张。在这部分,要全面详细地阐明作者的某一研究成果。

本论部分,要求作者对论文提出的问题,从各个方面,各个角度进行分析、论证、阐述,并从这些问题的密切联系中阐明中心论点。

本论是正文的主体,它的任务是全面地阐述论文的主题。本论或正面论述论点,或反面批驳错误观点,或解决疑难问题,简言之,它用来全面而又详尽地论证论文中的全部思想观点。

本论是正文的重要组成部分,这部分篇幅较长,应占全文的2/3,因此,它一般用小标题的方式进行论证,有的论文用三个小标题,有的用四个、五个,不必太多。小标题的运用可以起到眉目清楚、纲举目张的作用。有些论文不用小标题,而用一、二、三……分部分论述。如:

(一)标题式论文这样标示:

《论中国古典武侠文学》

小标题:

1. 当代文学中一个引人注目的现象

2. 关于"侠"的起源

3. "侠"的社会根源与早期游侠作品的历史意义

4. 侠与侠文学的源流

5. 侠与古典武侠小说的堕落

(二)数字式论文这样标示:

《人民历史主动精神和文学问题》

1.

2.

3.

4.

一篇学术论文究竟应该有多长,主要应该依内容而定,当长则长,当短则短,不能一概而论。作为学位论文,应当考虑它的规范性。在中国,一般文科(理科)的学士论文应在1万字左右,硕士论文约3万字左右,博士论文约6万字左右。

学术论文的绪论部分的长短不能一概而论,需视论文的长短而定。本论部分应该有章的划分,当然,不标出章也可以。但章与章之间应该大体匀称,切忌畸轻畸重。章与章、节与节之间要注意内在的逻辑联系,切忌两章之间风马牛不相及;章与章之间还要互相补充,前后一致,不要相互矛盾,难以自圆其说,如果在绪论中,论点先后排列已定,在正文中就应该依次论证,不要随意颠倒。

下面列举两篇论文章次排列的顺序,供参考。

《系统论对艺术认识论的启迪》

本论部分分三个方面进行论述:
(一)系统观加深了对艺术本体的认识。
(二)系统理论改变了艺术认识论的逻辑结构。
(三)系统方法为艺术认识论提供了新的方法模型。

我们从这篇论文的本论标题中可以看到,这三个方面互相关联又逐步深入地分析了"系统理论与方法包含着一种新的智慧和思维方式,它对文艺理论批评的意义将会超出具体科学方法的移植这一层次""这篇文章从艺术认识论这一高度说明系统理论与方法对文艺理论批评的启迪"这一观点,本论完全是围绕论题展开的。

《细节在新闻报道中的重要作用》

本论部分分三个方面进行论述:
(一)细节使新闻具有立体感。
(二)细节使新闻"活"起来。
(三)细节是对主题有力的阐释。

我们从以上这篇论文中可以看到,"细节"在新闻报道中的重要作用。论文从新闻的主体化、生动性和思想性等三个方面探讨了"细节"在新闻报道中的重要地位。这篇文章的本论也是围绕选题层层展开的。

本论写作的成功与否,关键在于把论题主旨或中心论点说深说透。对于一个有意义的论题,研究透彻,理解全面,对其背景、本质、因果、过程、得失有了深入的把握,立论有了科学的根据,论文的内容自然就比较丰满,就会产生一定的学术价值。

本论的写法有很多,其结构方式主要有以下几种:

一、并列结构式

这是一种并列、平行的结构关系。每个小标题下阐述一个基本观点,三四个小标题之间都是一个平列的关系。从不同角度论证中心论点,从理论到事实,从具体到抽象,从个别到一般。分标题进行阐述论证,横向地反映了论文内在的逻辑关系。例如,张德林的《论圆形人物与扁形人物——小说艺术论》就是围绕着圆形人物与扁平人物、典型人物的比较展开论点的,本论讲了四个方面的问题:①圆形人物与扁平人物的审美内涵。②圆形人物、扁形人物与典型人物的比较。③与典型人物可画等号的圆形人物。④与典型人物不可画等号的圆形人物。

二、推进结构式

推进结构式,这是采取一种直线推动、层层深入的方式进行论述的。提出中心论点后,逐层深入,层层推进,最后得出结论。各个分论点呈现出一个纵向联系的结构关系。

对各个分论点要加以论证和分析。分析,这里是指把复杂事物分解为各个简单要素,并分别加以研究的方法。分析方法就在于深入事物内部,了解各要素的性质和特点,为全面认识事物本质和规律打基础。综合,是把分解开来的各要素进行组合,重新组织为统一整体的方法。它不是各要素的简单相加,而是在分析研究基础上,按照事物内部各要素的有机联系,从总体上全面把握事物的本质和规律。

例如,陶东风的论文《文学史研究的主题学方法》,论述了对主题学的非难,很大程度上是一种深刻的以误解为前提的问题。这一误解就是:主题=题材。如果说主题等于题材,而题材被界定为未经形式化的材料、素材,那么上述责难与冷落就是可以成立的。因此,为了挽救"主题学"的命运,最好还是让我们从概念的清理开始。这篇论文,第一步先介绍主题学及其困境;第二步介绍"主题"概念;第三步介绍主题学与语言学的关系;第四步介绍从语言到文化。它指出了主题现象首先是一种语言现象,语言是主题赖以存在的载体和土壤。但由于语言本身是一种文化现象,主题也就与文化紧密相连。作者指出,我们反对离开语言表述模式空谈主题,但同时也反对在封闭的狭隘的形式真空中谈主题。因此,重要的是通过语言,将主题与文化接通。从方法论上看,则是通过语言学将主题学与文化学接通。用具体实例阐述主题学与语言学、语言与文化的关系。这就是层层深入地论述,即推进式论述法。

三、并列和推进综合式

采用并列和推进综合式的写法,一般是篇幅较长的学术论文。学术论文就其本质而言,是作者运用敏锐的观察力,对客观事物观察的结果,论文的中心论点作为一种观念,反映了作者所要论述事物的一种理性认识。没有认识的飞跃和思想的升华,就不会形成富于思想性、学术性的中心论点。因此,中心论点的深刻程度,是与作者对事物的认识程度成正比的。那么,怎样把中心论点经过各种方法传播给读者呢?这就需要论证。

什么是论证?论证是学术论文中用论据证明论点的过程和方法。它是联结论点和论据的桥梁,解决的是用论据怎样证明论点的问题。

论证是学术论文写作中的重要环节。如果没有论证,不管论点多么鲜明,论据多么充分,它们之间都因缺乏内在的逻辑联系而彼此孤立,毫无意义。正因如此,这个环节才显得特别重要,并且比较难于掌握。不少论文撰写者在写作过程中有一个通病,就是根据论题的要求首先提出中心论点,接着罗列一大堆论据,最后用"综上所述"之类的话,重复一遍文章开头提出的中心论点作为结束语。这样的文章,虽然摆了大量的事实,但没有进行严密的逻辑论证,充分地讲道理,揭示论点和论据之间的必然联系,使观点和材料之间脱节,很难成为一篇好文章。

论文撰写者还应该清楚,论证还有一个不容忽视的问题,就是学术论文多是一种命题论文,题目一经确定,它要表达的思想和观点就大致有个趋向,选择什么样的论据来证明论点也大体上有个意向,这就给新学者造成一种错觉,以为学术论文就是给论点找注脚,只要掌握一个固定的模式去套写就行了。殊不知文无定论,一切结论产生于调查的末尾,而不是在它的先头。如前所述,写学术论文应先占有材料,根据材料命题和提炼观点(即论点)。然后,以论题、论点为指导,搜集论据、丰富论据,再选用恰当的方式进行论证。论证有若干种类型,包括事实论证和理论论证、正面论证和反面论证、直接论证和间接论证、归纳论证和演绎论证以及类比论证,等等。不同类型的论证是以不同的标准进行划分的。

本论安排的形式各异,上面谈到了并列式、推进式,事实上这一部分的安排和论证层次有严密的逻辑性。论点和论据的联系、论述的先后次序、文章的层层推理,这些都要根据事理的内在规律,并考虑论证效果来组织安排。因此,单纯运用并列式或推进式有时不能全面地论证中心论点,需要用并列、推进结合式才能奏效。下面我们举例加以说明。

我们以方胜的《论非奇不传》(载《文艺理论研究》1992年2期)这篇论文为例,进一步说明并列、推进综合式的运用在论证过程中的效用。

方胜的《论非奇不传》的本论部分在推进式中运用了并列式和推进综合式,对"非奇不传"说进行了深刻的分析和论证。下面我们画结构图如下:

推进式:

(一) → (二) → (三) → (四)

(一)"奇"是一个具有一定的美学意蕴的理论术语,它在中国古代小说理论史上出现很早。

(二)"非奇不传"说的代表人物是烟水散人徐震,他在《赛花铃题词》中说:予谓稗家小史,非奇不传。然所谓奇者,不奇于凭虚驾幻,谈天说鬼,而奇于笔端变化,跌宕波澜。故投桃报李,士女之恒情;折柳班荆,交友之常事。乃一经点勘,则一聚一散,波涛迭兴;或喜或悲,性情互见。乃夫点睛扼要,片言只字不为简;组词织景,长篇累牍不为繁。使诵其说者,眉掀颐解,恍如身历其境,斯为奇耳。

代表理论(并列式) { 1. 情节结构 2. 性格刻画 3. 语言技巧

(三)"非奇不传"之说的理论核心,是主张创造以"奇"为特征和标志的优秀小说的成功的艺术境界,这里从理论上总结了小说创作长期发展中成功与失败两方面艺术经验的成果,也是中国古代小说读者的审美情趣和审美愿望的特点的反映。

{ 理论核心 (推进式) (从客观条件之奇,到主观条件之奇; 从作品之奇,到作家之奇。) } 1. 强调有奇人始有奇事 → 2. 指出事虽奇,人虽奇,遇虽奇,不够;还必须以文章之奇,才能得传。这是小说创作的基本条件。→ 3. 说明奇文出于作家的奇笔、奇思。

（四）明清小说理论中的"非奇不传"之说，是中国古代小说理论财富中的重要内容之一，在小说理论发展史上具有一定的积极意义。

以上就《论非奇不传》这篇论文本论部分的整体而言，结论中是推进中有并列。作者运用这两种本论结合的形式，全面完满地表达了论述的内容，收到了良好的表达效果。

总体来说，上面论述的是学术论文本论部分安排的三种基本形式。形式是为内容服务的，本论部分究竟采用哪种形式好，主要根据论文内容的需要来决定，这不是刻板的，而需灵活掌握。

第五节　结　　论

一、什么是论文的结论

学术论文的结论，是学术论文正文的最后部分，即结尾部分，是本论部分分析论证的必然结果，它往往是本论部分的重点提示和强调，它的内容与绪论（或导言）有着密切的关系，应该与绪论相呼应。结论应该是对某些学术问题做综合概括，或提出解决问题的途径，或提出进一步应解决的问题。

从某种意义上说，学术论文的写作是为了说明一个或几个主要结论的，因此，学术论文的结尾就应该点明这些结论。有的论文根据内容或论题的要求，在结尾中既有说明，又有建议和结论。在推论式的论文中，结尾部分常常出现"建议"，在推论性不强，旨在阐述、介绍某些新兴学科知识的论文中，结尾部分往往是总结性文字，例如："综上所述……"

二、学术性论文结论的重要性

结论是论文的收束部分,学术论文的结尾十分重要,是论文最后的结局。它既不是全文简单的总结,又不是全文内容的复述,而是对论文起着概括、总结、强调和提高的作用。它具有举足轻重的意义,论文的价值和分量往往表现在结尾上,它反映了作者从通篇论文出发,经过概念、判断、推理所表达的总的观点和主张。

论文的结尾能够反映作者的文风与科学态度,要把论文的不足之处和悬而未决的问题如实地告诉读者。行文的结论应当措辞严谨、逻辑严密、说明具体、切忌浮夸,不要轻易写上"本课题已经达到世界先进水平""国内尚无同类研究文章"等不切实际的话语。

论文的结尾可以是一条或一组结论,也可以是讨论建议、说明或总结,有时也常兼而有之。这主要取决于论文的内容与性质。由于论文的结尾应该与论文的开头相呼应,所以,这部分的主要内容大致如下:

(1) 结论性结尾:这部分是作者对论文研究课题作出的答案。

(2) 探索性结尾:这部分是作者未经证实的结论,是一种展望或是理想。

(3) 设想性结尾:这部分是作者在研究和实验中的问题一时尚未解决,提出一种设想性意见,以引起当代或后代的兴趣,加强对这一课题的研究。

三、"敬语"或"致谢"也是文章的结尾

学术论文有时内容很长,有时又很短,对于某些内容比较单一、篇幅又不长的论文,结尾没有必要写出建议、说明、结论等。这时,就应该将结尾写成"结束敬语",以形成合乎情理的结束,这就像在台上演讲,结束后很有礼貌地说一声"再见""谢谢"一样。

"致谢"也是文章的结尾部分,旨在尊重与感谢那些对某项研究提供过重要指导与帮助的人。

四、"参考文献"也是论文的最后部分

学术论文的撰写者们应该注意,在论文的正文部分之后,要列出本篇论文在研究和写作中可参考或引证的主要文献资料。

列述参考文献的目的在于向读者提供充分、可靠的信息,使读者可以追踪溯源查到有关文献,同时也可以看出论文作者提出独到见解的依据,并使研究相同课题的同行从论题和参考文献中得到某种启示。因此,对于所列文献一定要提供线索,交代文献的著者、篇名、发表的书刊名称和卷页、发表的时间以及刊物或出版社的地址等项目。书写方式应按国家标准局颁布的《科技学术期刊编排规则》的有关规定进行。

列举参考文献的要求是:

(1) 所列举的参考文献应是正式出版物,以便读者考证。

(2) 所列举的参考文献,要标明序号、作者姓名、著作或文章的名称、出版单位、出版时间(或版次),章节与页码也都要标明。

(3) 所列举的参考文献应按文章参考或引证的文献资料的先后顺序,依次列出。不应以文献重要与否或名人名家、非名人非名家的顺序排列。

对参考文献标明的注解方法有四种:

(1) 夹注。

(2) 页下注。

(3) 章节注。

(4) 尾注。

下面分别解释各种方法的做法。

(1) 夹注:直接在正文中引用的内容后用括号注明。

(2)页下注:将同一页引用的文献,依次在本页下方注明,页下注也称"脚注"。

(3)章节注:在一章或一节后面注明。

(4)尾注:将全文引用的文献统一编号,然后依次排列于篇尾。

写学术论文多采用尾注,可以不列参考文献;写毕业论文必须列举参考文献,它便于导师的查阅和指导,这是毕业论文的必备条件。

综合本章所述,论文(包括社会科学和自然科学)虽然内容各异,但应包括的几个部分基本相同,仍然有共同的规律可循。下面,我们将论文写作的几个主要部分归纳如下:

(1)标题:学术论文的标题要求简洁、明确、醒目,恰到好处地概括出论文的中心内容。学术论文的标题分为主标题、副标题、分标题几种。在内容上有揭示论题的标题,也有揭示论点的标题。揭示论题的标题,如倪镇封先生的《关于当前繁体字使用问题》一文,就是论述了"语言文字的运用,是否合乎规范、标准,往往反映一个国家、一个民族的文化程度。因此,我们必须对繁体字滥用、错用现象进行有效的治理和整顿,进一步促进汉字的规范化和标准化"这样一个论题。再举一个揭示论点的标题,如袁晞《不能再错下去了!》一文,就揭示了"错别字、不规范用字等差错充斥着现在的出版物,难道'无错不成书'真的成了出版界的正常现象吗?"这样一个论点。

(2)目录:篇幅较长的学术论文应有目录,目录要展示全文的总标题以及各层次的主要内容,与全文的纲目相一致。列出纲目后,要逐一标明页码。文章的各项内容均应在目录中反映出来,不得遗漏。篇幅较短的论文可以不必列目录。

(3)摘要:摘要又名提要,论文摘要是论文作者应考虑的重要部分之一。摘要可以看作是论文的缩写,要求用简短、精炼的文字概括写出。摘要的主要用途如下:①帮助读者在检索文献时作出判断,使读者迅速而准确地鉴别文献的基本内容,以便其确定是否需要阅读全文。②摘要为编排二次出版物以及编制文献卡片等提供了方便。③摘要对报道及采用电子计算机作情报检索也有一定的价值。④在摘要中应该介绍研究工作的基本对象、范围和写作论文的理由;介绍研究的方法;介绍成果和结论,结论中可以涉及推荐、评价、应用、建议、新关系、采纳或摒弃的假设等。⑤摘要的重点应当放在研究成果的结论上,特别要强调与他人已发表成果的不同之处,究竟新在什么地方,要求标新立异。

(4) 关键词或主题词:关键词是从文献的题名、摘要、正文中抽取出来的,是对表述文献的中心内容有实质意义的词汇。它是用作标引文献内容特征的语言。关键词是文献中的现成词汇,是论文作者所用的语言,因此它是未经规范化或只经过少量规范化处理的自然语言。它是为适应计算机自动编制各种文献的关键词索引的需要而产生的。关键词在检索文献的过程中起了关键性的作用,并因此而得名。每篇科技论文应当选取 3~8 个词作为关键词。关键词应当以显著的字符排在摘要的左下方,另起一行。相应的外文关键词应当排在外文摘要的左下方。

主题词又称为叙词,它是经过规范化的词,在标引中用以表达文献的中心内容即主题的,在检索中用它构成提问式,以表达检索的请求。

主题词的选定过程是,首先要对文献进行主题分析,即依据文献的题名、前言、目录、简介、摘要、图表、结论、参考文献等,必要时根据全文来确定论文的主题,将分析出的有关主题因素的概念,依照标引规则和组配规则转换成词表中的主题词。选出的主题词必须要能直接、客观地反映出文献所述的事物、研究的对象及问题。而且,一般必须是词表中规定使用的正式主题词。主题词的书写形式必须与词表中的词形一致。目前,常用的主题词表有三种:①科学技术文献出版社出版的《汉语主题词表》。②美国工程索引编辑部修订增补的《美国工程索引主题词表》。③《医学主题词表》。

（5）序言：又称引言、前言或绪论等。它是论文的开头部分，可以看作是对研究工作的附加按语，一般要提出写作论文的意图、说明选题的缘由和意义、背景、编写体例、概括出论文的研究范围、工作中得到的资助和协作经过等，也可以评述和对相关问题发表的一些看法和见解。

（6）正文：引言或绪论后面是正文。正文是文章的核心部分，占其主要篇幅。

自然科学论文的正文包括以下内容：①理论叙述和分析。②试验的仪器、设备和原材料，调查的对象和观测方法。③实验或调查获得的资料、数据和结果，经过加工整理的图表，得出的论点和导出的结论等。④充分地、准确地、客观地概括出新的理论、方法和成果。

社会科学论文的主体部分包括以下内容：①立论（或驳论）及其依据。②理论分析。③论证方法与步骤。

（7）结论：正文的最后一般是"结论"或"讨论"。"结论"是在理论分析或实验结果的基础上，经过逻辑推理而得出的结论，是对文章全面性的总结。得出的结论要求明确、精当、完整、准确，不能含糊其词、模棱两可。

研究工作若得不出应有的结论时，也可以不写"结论"而写成"讨论"，还可以对下一步工作提出建议、设想以及提出亟待解决的问题等。

（8）致谢：在撰写论文完成之后，对于本项科研给予过支持、帮助、指导或参加过审阅、修改稿件的单位或个人表示谢意。致谢的对象可以是资助研究工作的奖学金、基金会、国家科学基金、合同单位、给予资助的或支持的企业、组织或个人，文中引用的资料、图表、文献、研究思想和设想的版权所有者以及其他需要感谢的组织和个人。

（9）参考文献：列于主体部分结尾的参考文献应当是作者亲自阅读了的、最重要的、最新的文献，包括各类书籍、杂志、报纸及有关资料，它既是作者进行工作的科学依据，又是作者推荐给读者参考的文献题录。

下面我们列举了15条各种不同类型的结论、小结、讨论等，以供读者参考。

伊贝母种子后熟过程的解剖学研究（生物例文）

小结与讨论

（一）伊贝母种子采收后，需要较长时间才能萌发，其中一个很重要的原因就是胚未成长。当果实成熟开裂时，伊贝母的种胚仅在原胚阶段，随后如果给予合适的条件，胚就可以逐步生长分化。胚胎的这个后熟过程实际上就是子叶、胚芽、下胚轴及胚根的分化过程。伊贝母种胚胎后熟分化完成后，此仅为形态上成熟的标志，并达到生理上的成熟，因而还需要经过一个阶段的低温处理，才能打破休眠期。因为低温能降低休眠种子的生长抑制剂。这种生长抑制剂最好存在于外种皮和胚乳里，可在冷处理期间消失。伊贝母种子虽然有较长时间的胚胎成长过程，但是胚芽原基的分化是比较早的，在冷处理一定的时间以后，在胚内可能有促进生长的物质累积。从胚胎后熟过程看，后期仅是子叶的伸长，当胚芽原形成以后，有可能提早进行低温处理，使休眠期缩短，从而达到缩短整个种子萌发过程的目的。

（二）根据实验观察，伊贝母的原胚是一团未分化的原生组织，在最佳温度（10℃）条件下，培养10天以后，首先在近株孔端500～700mm处，在棒状胚体的一侧逐渐形成凹形，即为侧生的胚芽原基腔，其基部进一步形成下胚轴和胚根，远基端形成顶生的子叶。在种胚生长分化的中期（50～70天），主要是胚芽原基的产生。后期（70天以后）是子叶部分的伸长，而胚芽原基被子叶的鞘状基部所包被。

（三）伊贝母种胚分化的初期与小麦胚的分化很相似，在胚体靠近基部一侧形成凹陷，并进一步出现胚芽原基。但在发育中期，小麦出现了胚芽鞘及胚根鞘，在后期又出现了第一片营养叶的原基，而伊贝母在胚胎阶段并不分化出营养叶原基，其子叶就具备了营养叶的功能，萌发后即为一龄苗唯一的营养叶，这些特点都与小麦有所不同。

（四）伊贝母胚后熟过程中，子叶的发生属于"顶生性"，这和同科植物洋葱以及泽泻科的慈姑都属于同一类型，但和单子叶植物的水车前属以及眼子菜科的印度眼子菜、水鳖科的 Halophila ovata、天南星科的大藻的子叶"侧生性"完全不同。上述这些种类茎端的发生很像双子叶植物的胚，是由顶端发生的，而后来由于单个子叶早期的迅猛生长"变位"到了一边。由此可见，单子叶植物胚的子叶发生的位置是不稳定的。

例2

鼢鼠属 Eospalax 亚属的系统发育关系及其物种形成和起源中心的研究（生物例文）

四、结　论

（一）依据性状分析，建立了此亚属系统发育分支图解。从此图中可以看出中华鼢鼠在第一次物种分化时就形成了,而斯氏鼢鼠和罗式鼢鼠是在第二次物种分化时形成的。

(二)两次物种分化过程中,由于生活环境的改变,竞争有利的生活环境是促使物种分化的原因。

(三)此亚属鼢鼠的起源中心在秦巴山区。

用 NAA 与 XRF 测定清宫寿桃丸中微量元素的含量(物理例文)

二、讨 论

在人体内长期的物质代谢过程中,弱键均裂,单电子氧化还原反应、高能辐射及光分解,都可以产生自由基,而体内的一些生理或病理过程,往往与自由基有关。自由基也是一种反衰老的起因。Zn、Cu、Mn、Se 是超氧阴离子自由基歧化酶和 GSH-胱甘肽还原酶分子中重要的微量元素,适当地补充这类元素,有利于促进消除自由基酶类的活性,这方面的问题,今后还将进一步研究。

其他元素如 Fe 是人体必需元素,为血红蛋白所需,是肌红蛋白细胞色素氧化酶、琥珀酸脱氧酶等的组成部分。与呼吸和细胞内的生物氧化作用有密切关系。Ca、Ba 是人体骨骼的主要成分,老年人头发中 Sr 的含量明显低于青年人,发色由黑变白也与 Sr 含量降低有关;一些具有抗癌作用的海生药物(如昆布、海藻)中 Sr 含量都很高,可见 Sr 在抗衰老和防癌中的作用不可忽视。此外,研究还发现尿毒症患者的血和尿中 Br、Rb 的含量降低。

星际 HⅡ/H_2O 脉冲的一种激发机制（物理、天文例文）

三、讨 论

迄今所发现的强星际水脉冲源,不是与 HⅡ 区成协就是与红外源成协。我们认为这两类源的抽运机制很可能不尽相同。很自然的结论是,除碰撞抽运外,在 HⅡ 区的脉冲主要由紫外光子抽运;与红外成协的脉冲中,红外光子的抽运将是重要的。

本文提出了紫外预离解机制,并用它解释了水脉冲能级的布居反转原因,预言了一系列水脉冲跃迁的存在,说明了它与天文条件的自洽,利用这个机制,也可解释星际水脉冲常与 OH 脉冲成协这一事实,因此紫外预离解机制可以成为星际水脉冲的激发机制之一。

相对论和超光速——Ⅰ运动学部分（天文例文）

七、结 论

（一）狭义相对论不能否定超光速运动存在的可能性。

（二）基于相对性原理和光速不变原理可以建立起一个既包含狭义相对论全部运动学内容又容纳超光速运动的运动学理论。

（三）当用光线作为基本观测手段时,超光速运动的基本特征是时序的相对性,如果人们不了解鉴别时序的必要性,一个超光速运动的粒子可能被说为是一个具有某种反常特征的亚光速粒子。

（四）对偶速度的合成可能是鉴别超光速粒子的有效方法。

例6

磷锑酸的制备及其离子交换性能的研究(化学例文)

六、结 论

磷锑酸是一种性能良好的无机离子交换剂,机械性能强,水力学性能好。此交换剂对某种离子的选择性取决于制备条件和磷、锑比,以磷、锑重量比为 1∶4 的样品对 Ce^{3+} 亲和力大,选择性高,吸附交换容量大。以 8mol/L HNO_3 与 0.5mol/L $AgNO_3$ 的混合液为淋洗剂,可得到良好的淋洗效果,为进一步研究从裂变废液中分离回收 ^{144}Ce 提供了依据。

 例7

丁酸钠对 M 期同步及非同步的 HeLa 细胞早期阻断的可逆性(生物例文)

三、讨 论

Fallon 和 Cox 用 5mmol 丁酸纳处理非同步的 HeLa 细胞 48h,释放后立即有 49% 的细胞进入 S 期,因此他们认为,其可逆性是立即发生的,并由此得出结论认为,丁酸内作用的阻断点是在晚 G_1 或早 S 期,这一结论首先与薛绍白和 Rao 的早 G_1 期阻断相矛盾。其次,我们采用 ^{3}H-TdR 参入放射自显射影的方法,也证明了洗脱组的恢复时间点均在洗脱药物作用后的 4.5~5.5h,这使我们有理由解释为因丁酸纳的阻断点是在早 G_1,所以至少需要经过 4.5~5.5h 中、晚期的时间,才能进入 S 期而被 ^{3}H-TdR 所标记。再者,从 PCC 角度来观察,其结果也表明了药物洗脱后早 G_1－PCC 立即下降,同时中、晚 $G_1+S-PCC$ 上升。这看来可以支持 Fallon 的药物理脱后阻断可立即恢复的理论。但是,正因为 PCC 的结果也是在洗脱后 4h 晚 $G_1+S-PCC$ 达 45% 的峰值,由于晚 G_1-PCC 与早 $S-PCC$ 不大好分辨,所以我们将此两时相细胞合并计算。因此,我们认为先前薛绍白等早 G_1 期阻断的结论是正确的。而且三组实验(PCC,M 期同步与非同步细胞放射自显影)的结果又如此雷同,增一致表明在阻断释放后必须经过大约 4~5.5h 后才有晚 $G_1+S-PCC$ 和 hI 的增高,那么,这一段时间可以认为是细胞在进入 S 期之前必须经过中、晚 G_1 的一段时间。宋平根等最近用流式细胞光度术的工作已证实,5mmol 丁酸钠阻断 Heha 细胞是在有丝分裂相后的 4.4h,这就更进一步为原先早 G_1 阻断找出精确的阻断时间点。由于 Heha 细胞的 G_1 期长度为 10.4h,因此在通过 4.4h 的阻断点以后,还必须经过这一段中、晚 G_1 期的时间才能完成 G_1 期的各项生化事件,最终进入下一时相。联系到 Ingram 用丁酸钠作用 Heha 细胞,发现其 DNA 合成率下降到正常水平的 10%,在洗脱丁酸钠以后,立即导致大部分核心组蛋白的去乙酰化。但是,在它们的 DNA 合成开始上升,直到达正常水平之前则需要 7h,从而说明我们上述的实验结论是可以成立的。

射频溅射超导铌膜的新方法(物理例文)

讨 论

(一)动氩溅射的一个重要根据是在溅射时可以把靶面释放出来的杂质和有害气体抽出溅射室外,但为了顾及氩压的稳定,又只能小流量地供氩和适量地抽出。这样二者都难保证增加氩气出口固然对溅射室氩压稳定性有好处,但不能根本改变氩压分布不均的状况。这就直接影响到溅射膜的质量。相比之下,我们采用高纯材料靶和施行溅射制膜前大流量的动氩空放以及随后的静压溅射这套工艺在消除杂质和有害气体以及稳定氩压的均匀分布方面要优越得多。尤其是静压溅射切断了真空系统和溅射室的道路,在这个关键时刻彻底防了泵油蒸汽对溅射室的玷污,这是动氩溅射无法比拟的。

(二)多次抽空和多次充氩"冲洗"溅射室的工艺类似于在低温液He实验中,用大气"冲洗"杜瓦夹层残余渗He的方法。

(三)由于我们各种测试检验手段尚不齐备,不能得到有关的确切数据,有些工艺只限于定性的分析对比。这方面的工艺有待进一步深化。

王安石以文逆志论与创作技巧论(文艺理论例文)

三、结　论

王安石评论文章之观点比较注重实用,尤其注重文章与政教之关系,但在此重大原则之外,王安石在文学方面还有另外一些见解,王安石认为写作的目的在言志,故读者必定可以透过文章以意逆志,即文如其人,文与人具一致性。同时,王安石颇讲究诗文的写作技巧。他除了要求作者适应文体本身之要求外,也注意奇丽工巧之重要性。这一点很值得注意。王安石之诗实开江西诗风之先河,他的文学思想含有颇多技巧论,此中不乏蛛丝马迹可寻。

汉语同源字(词)意义关系研究(语言研究例文)

四、结　论

同源字是语音上符合一定的音近音转规律,意义上具有相同或相关核义素的字。

同源意义是成系统有规律的,它反映了人对客观世界的把握状况,传统的同源字研究着眼于笼统的义位间的关系,这是同源字无力进展的根本原因,同源意义关系实质上是义素关系,支配同源意义流别的是核义素的同异及其关系,同源意义关系的研究表明,语言意义的研究必须突破表层现象,在广阔的历史文化背景中探索其深层结构。

钱玄同汉字简化理论初探(文字改革例文)

结　语

综上所述,钱玄同关于汉字简化的一系列观点是系统的、科学的,同时也是进步的、现实的,已经达到了理论水平。可以这样说,从汉字起源到钱玄同提议简省汉字笔画,提倡简体字,其间四五千年,虽然有汉字简化的实践,却没有文字记载的汉字简化的理论,就连有关汉字简化的点滴观点也罕见。到了钱玄同发表较有系统而且被实践证明基本正确的观点,才算有了关于汉字简化的理论。钱玄同的汉字简化理论总结了前人汉字简化的经验,从中找出规律,使之升华到理论的高度;同时又能见前人所未见,发前人所未发,给同时以及后来从事汉字改革工作的人们以启发、指导,在汉字简化史上具有划时代的意义,是我们汉字不多的简化理论中非常宝贵的一笔。

1992年诺贝尔物理奖获得者及其贡献(物理学例文)

小　结

这些都表明,一个科学家要想获得诺贝尔物理奖,除了个人高深的学术水平、活跃的学术思想、严谨的治学态度,还必须有先进的科学设备和良好的工作环境,具备以上条件,科研人员才能充分发挥才能,作出突出贡献,才有获得诺贝尔奖的可能。

这启示我们,自1901年诺贝尔物理奖颁布以来,中国人对这项大奖无人问津。究其原因,一是中国的科研人员生活条件尚难以保障,更不用说先进科技设施的使用;二是传统的思维方式束缚了中国科研人员的思想,使其缺乏开创性。但是,只要积极创造环境,确保科研人员的生活、工作条件,科研人员自身突破观念与因循的治学态度结合,相信不久的将来中国人自会与诺贝尔奖结缘的。

试述科举制的沿革及其影响(历史学例文)

结　论

综上所述,科举制产生于中国封建社会,并与封建社会相始终,完成了其自身的发展历程。它不仅直接影响了中国古代知识阶层的命运,促进了社会学术、文化、教育的发展,更重要的是,它通过考试的形式把更多的人吸引到统治核心的周围,极大地维护了封建社会的稳定与久长。尽管这种制度自身存在诸多弊病,但它在中国封建社会中曾起过正面的积极的影响,仍是不容忽视与否定的。这种制度所首创的平等竞争的精神以及公开考试的形式为西方国家所借鉴,最终形成西方的现代公务员制度,这项制度也因此成为人类文明的共同成果,使中国古代的选官制具有了世界性。中国现阶段正在进行人事制度的改革,在此过程中,我们要借鉴西方公务员制度的精华之处,更要汲取中国古代人事制度成果和新中国成立几十年来人事工作的经验,最终建立起中国自己的公务员制度。这个过程不仅是中外结合,也是传统与现代的结合。只有如此,我们才能在历史文明的基础上,建立起全新的、具有传统立体感的、现代化的中国。

中国应用文写作问题的思考(写作学例文)

结　语

(一)存在的问题

1. 应用写作理论和实际脱节,理论落后。它的明显标志是,目前自成理论体系的应用写作教材和专著只是凤毛麟角,现在的应用写作书籍在阐述理论时,所做的大量阐述只是一般的写作常识和理论知识,阐述理论时,往往采用简单的例证法,支离破碎的理论加上互不相连的例证,使理论陷于孤立的境地。

2. 对应用写作的总体研究不够,缺少对应用写作的规律性探讨。局部研究多于总体研究,具体说明多于理论阐述,积累借鉴多于对科学本身的分析,使它处于低层次阶段。因此,迄今为止的大学毕业生,其应用写作能力与社会需求往往不相适应。学理工的写不好实验报告;学医的写不好会诊病历;学财经的写不好经济应用文;学商业的写不好商品说明与市场分析;搞研究的写不好科研论文。这类现象,比比皆是,屡见不鲜。

3. 应用写作理论在吸收国外相关学科的成果和新方法存在着夹生饭的问题。例如:写作学科不区分研究写作思维与表达的内部结构问题,而是向读者讲解思维和材料的关系,这是风马牛不相及的事情。借鉴古代及外国的理论,不是吸收它的精华,而是生搬硬套,搞成了令人难以理解、难以捉摸的东西。

(二)解决的办法

1. 要加速应用写作学科体系的研究,确定学科的研究对象和范围。

2. 要努力引进国内外相关学科的研究成果,融会贯通地引进到应用写作中来,以丰富本学科的理论基础。

3. 集中力量,分工协作搞出一批有深度的研究专论。要研究应用写作的自身特点,把握它的实质,揭示出应用写作的自身规律。我们知道,传统的应用写作理论正面临着新的挑战,面对这种挑战,采取虚无主义的态度,视而不见、听而不闻,或者畏之如洪水猛兽,拒之千里之外,都不可行,我们应发扬鲁迅先生的"拿来"精神!

例15

论科技档案提供利用方式在新的历史时期的新特点(档案学例文)

结 束 语

从某种意义上说,在任何一个历史时期,档案提供利用工作相关的一切都会被那个时期赋予特定的色彩，都可被看作特点。但特点也有大、小、主、次之别，本文试图抓住时代的脉搏，从社会主要矛盾入手，来分析改革开放以来中国档案提供利用工作的突出变化。

　　社会发展需要信息交流作保障。现代社会的生存和发展取决于获取信息的质量和速度，这就要求信息服务部门适应客观需求，努力做到广开门路，畅通渠道，给利用者以充分方便的条件。档案有偿服务是适应社会档案信息需求的增长、档案工作改革等客观需要而出现的一种新的档案利用服务方式，这是对传统性档案利用服务方式的拓展与深化，而不是商品经济的反映。

　　档案提供利用工作面临着严峻的考验与挑战，然而传统的观念和方式方法束缚了它的发展，此时如果档案部门不作出相应的反应解决问题、发展自身，那么，它将失去存在的意义，被时代所抛弃，为其他类似的机构所取代。档案工作者唯一的出路就在于突破传统，无论在服务观念、服务范围还是服务手段上都要有相应的变革，跟上时代的步伐，搞活档案服务工作，在提供利用方式上不断出新，以强化服务功能，求得生存和发展。有偿服务和主动服务凝聚着档案工作者的聪明和智慧，他们作为主力军，将在传统服务方式的紧密配合下赢得这场时代提供的挑战。

第七章　学术论文的语言

语言是交流思想的工具,而思想是人类大脑思维的成果,语言与思想是密切相关的。思想要靠语言来表达,语言也受思想的制约和支配。没有对事物的明确认识,没有对概念的准确理解,就不可能有准确、清楚的语言表达。思维混乱、思想糊涂的人写出来的文章也必然是杂乱无章的。

第一节　语言和思维

语言和思维有着密切的联系,但两者并不是一回事儿。语言从它的表现形式可以分为内部语言和外部语言,思考问题时使用内部语言,表达思想时使用外部语言。当人们在沉思默想时使用的是内部语言,这种语言与表达思想时使用的外部语言存在很大区别。大体说来,内部语言具有断续性和跳跃性,可以满足快速思维的需要,但它比较粗糙,缺乏连贯性。外部语言比较严密,富于条理性。从内部语言到外部语言需要一个转化过程。能否把所想的东西用外部语言准确、严密地表达出来,取决于作者的语言运用能力。一个心细的作者都会注意到这样一个事实,当你头脑里有了一些创造性的思考,形成了一种想法,想要写出来或说出来时,常常会发现在表达时,会对原来的想法进行一些补充、修改,有时会否定原来的想法。这说明从内部语言向外部语言转化的过程,也是一个整理、加工内部语言和思维的过程。语言运用能力强,就可以把比较粗糙的、缺乏连贯性和条理性的内部语言整理加工成严密的、富有条理性的外部语言,把头脑中不太完整的想法整理成完整的思想。语言运用能力差,就不能把内部语言转化成恰当的外部语言,其思想也必然是混乱的。外部语言中,说和写也是有区别的。一个人的口头表达能力和他的书面表达能力也不总是对等的。一个口若悬河、滔滔不绝的人,不一定就是一个善于写作的人。从口头表达到书面表达也有一个转化过程。那种认为"想"得好就能"说"得好,"说得好"就能"写得好"的想法是不合实际且错误的。要想写好论文,既要训练思维,又要训练语言表达能力,尤其是书面语言的表达能力。

随着现代科技日新月异的发展,学术论文的发表数量也与日俱增。据统计,20世纪80年代初,世界图书年出版量为64万种,其中科技图书为16万种,占总量的1/4。世界每年大约有400万～500万篇论文发表,有100万件以上的专利说明书公布。目前,世界上75个国家出版的期刊总数为139 300种,其中科技刊物为45 000种,也占1/4强。其他科技文件也多得不可胜数。这些学术论文是科技工作的记录和总结,是人类的宝贵财富,对于科学技术的发展和人类文明的推进有不可估量的巨大作用。显然,作为一个科技工作者必须具备科技写作能力,写作离不开语言,而对学术论文语言风格的研究,就成为论文写作者的一项新课题。

第二节 学术论文的语言风格

学术论文包括人文科学和自然科学两类,以专业科技工作者为读者对象,以提高科技信息的传播速度和推动生产的发展、科学技术的进步为写作目的。它与其他文章语体不同的写作内容、对象、目的和功用,决定了它必定形成特有的语体风格,主要体现在语言运用上的简明性、准确性和严谨性。

一、简明性

简明就是简单明白,即用经济的字句去表现容量较大的内容,切忌空泛冗长。文约而事丰,用一句话能说明的问题就不用两句话,能不用的语句,尽量不用。专业科研工作者阅读学术论文,不是为了艺术享受,而是要迅速吸取科技信息。尤其是现代科技事业,要求学术论文以尽可能简明扼要的文字负载尽可能多的信息,简明性成了学术论文的显著特点。

以论文的正文为例。有的论文句子不简练,有的句子长达上百字,读起来很费劲。还有的用总结式的语言来写论文。例如,"我们发扬了百折不挠、坚韧不拔的精神,经过几十昼夜的连续奋战,进行了几百次实验,终于弄清了下面一系列的问题:"可以改为"试验结果表明:"由 48 个字变为 6 个字,节省 42 个字。

随着现代化步伐的加快,人们的工作节奏比原来快很多,对学术论文的要求是短小而精悍。因此,整篇文章在充分传达科技信息的前提下更是以简为上。现在社会科学论文在万字以上的虽然不少,但很多科技论文都是 3000~5000 字。中国科学院主办的《中国科学》要求"每篇论文(包括图表)不得超过 8000 字";《科学通报》要求"'研究简报'包括图表在内,每篇不得超过3000字;'研究通讯'每一篇字数限制在700字以内"。各种技术研究报告,虽然叙述、说明、论证都较论文详尽,但语言简洁明了。

在叙述事实和介绍情况时要用概括的语言,不宜铺陈或做过细的渲染、描绘,以不失科研论文的特点为准。切忌口语化,如"就是说"应该用"即";"谈谈"应该用"介绍"或"叙述";"像上面所说"应该用"如上所述"等。

当然,任何作品的语言都应该简洁,但这种简洁不等于简明。无论是政论作品还是文艺作品,为了酣畅淋漓地表达思想,一唱三叹地抒发感情,细致入微地叙事状物,常常都要用到铺陈、排比、反复、重叠之类的手法,这是表情达意的需要,同语言的简洁不相违背。

反复是指某些词语或句子的重复使用。重复,本是语言表达上的一种忌讳,因为它会造成冗长、累赘、呆板等语病,但是在一定的题旨和情景之下,这种重复又是必要的,特别是文艺作品中经常使用。下面我们以《木兰诗》为例,加以说明:

爷娘闻女来,出郭相扶将。阿姊闻妹来,当户理红妆。小弟闻姊来,磨刀霍霍向猪羊。

这首诗中重复了"闻……来",渲染出木兰从军归来时全家欢乐的气氛。

再比如,陆游《钗头凤》词:

红酥手,黄藤酒,满城春色宫墙柳。东风恶,欢情薄,一杯愁绪,几年离索。错!错!错!(离索:离别。)

这里重复了三个"错"字,表达了作者的悔恨之情。

论文写作不是文艺作品,它主要运用消极修辞手段。所谓消极修辞,以说明事物的条理而令人理解为目的的修辞,它主要是概念的、抽象的、理性的表达方式,属于逻辑思维的语言表现,侧重于说明问题的性质、意义等,使当时要表达的表达得更明白,没有丝毫模糊,也没有丝毫歧解。而对双关、排比、反复、夸张等修辞手法很少使用,甚至不用。

科技语言随着科学技术的产生而出现,也随着科学技术的发展而不断丰富。科技语言主要是指反映科学技术领域内所专门使用的术语,它包含着比较稳定的概念,并且有文学语言所不能具有的特殊表现形式。

术语性是科技语言的重要特点。大量的、专门的、概念稳定的科技术语,显示出科学技术的严谨文体风格和科学技术的不同类别。另外,科技文体的句式简明而少变化,使用句型不多。我们以化学方面的概念为例,看看它的语言风格。

胺磺酸更普通的叫法是氨基磺酸。它是白色不吸水晶体(菱形),在 478K 熔融,同时分解。X 射线研究证明是两性离子结构,$NH_3^+ SO_3^-$,它的几何排布是畸变的四面体形(见下图),整个晶态物质中都存在着 H—键。

$$S-N=173pm$$
$$S-O(1)=149pm$$
$$S-O(2)=147pm$$
$$S-O(3)=148pm$$

它溶于水,也溶于甲醇、乙醇或液氨,但难溶于醚,实际不溶于 $70\% \sim 80\% H_2SO_4$。在水溶液中它慢慢水解为 H_2SO_4 和 NH_4HSO_4,在升高温度时反应加速。它是还原剂,特别是在煮沸的水溶液中。氯、溴和氯酸盐即使在冷时也可使它转化为 H_2SO_4,但高锰酸盐和铬酸对它无影响。在亚硝酸盐存在时,氨基硫酸全量地转化为 H_2SO_4:

$$HSO_3NH_2 + NHO_2 =\!=\!= HZSO_4 + N_2 + H_2O$$

按相似反应，HNO_3 生成氧化亚氮。许多这样的反应也是氨基硫酸盐的特征。对 K 盐的 X 射线证明氨基磺酸根离子的结构，像 SO_4^{2-} 离子的结构，在稍微畸变了的四面体中，$-NH_2$ 取代了一个 O 原子。

从以上这一部分中可见一斑。科技术语概念的稳定，主要是指其概念的内容不出现多义，其概念范围以某项科学技术类别为主。上面一部分从语言角度来说，句式严谨、简明，十分"庄重"，句型趋于单一。

二、准确性

什么是学术论文语言的准确性呢？准确性即科学性。科学性是学术论文的生命。所谓科学性，其实就是对所反映的事物及其规律表述的准确性。准确程度愈高，科学程度也就愈高。这种准确性，归根结底是由通过实践而获得的认识的深度所决定的，但也要求语言运用上的准确和判断。

什是判断？在学术论文写作中，从命题到整个论证过程，直至最后的结论，总要涉及一系列对客观事物的属性和事物之间关系的认识，这就需要作者予以鉴别分析。不论是客观世界的任何事物或者事物之间的关系，总是存在着认识上的真伪之分，这就需要作者进行判断。形式逻辑中所研究的判断，就是对客观事物有所肯定或否定的思维形式。

什么是概念？一般学者认为，反映事物的特有属性的思维形式就是概念。用来反映概念的工具则是语言。进行学术论文写作，语言是基本的建筑材料，学术论文写作的语言，除了一般陈述性的自然语言外，还涉及更多的专业术语。这些语言从逻辑学的角度来研究，就是思维形式中的概念。逻辑学所研究的概念，对学术论文写作能起到准确的概括和限制作用。

例1

亚属鼢鼠是一个自然类群

通过对鼢鼠属形态特征综合分析,我们发现 Eospalax 亚属鼢鼠是一个自然类群,与分布在中国东北及新疆阿尔泰地区的 Myospalax 亚属相比,存在共同特征:

(一)头骨后端在人字脊处不形成截切面,而是枕骨向后斜伸一段再转向下方;

(二)头骨宽明显大于高;

(三)眶前孔在腹面不窄,呈椭圆形;

(四)人字脊与颧弓间切迹非常浅;

(五)门齿孔约一半在前颌骨包围之中,或被前颌骨两侧下伸形成小舌包围。

这些共同的特征,以及连续的地理分布,地史演化上为凸枕鼢鼠类的唯一代表,证明此亚属鼢鼠具有共同祖先,是一个自然类群。

以上这段可见一斑。术语性是科技语言的重要特点。学术论文所涉及的术语,如概念,特别讲求稳定、可靠。有人曾经打比方说,学术论文写作中的每一个术语或概念都要像法律条文一样准确无误。因此,没有专业术语的准确性就没有学术论文写作的规范性。

我们说学术论文的准确性,就是要求用准确的概念、判断来表达社会科学和自然科学的科学性。

三、严谨性

学术论文语言的严谨性,在概念的明确性上表现得尤为鲜明。

概念是反映事物的本质和全体的思维形式,它有内涵和外延两个方面。概念的内涵,就是概念所反映事物的本质属性,即概念的含义;概念的外延,就是概念所反映的事物的全体,即概念所适用的范围。例如,"地震"这一概念的内涵就是"由于地球内部的某种运动引起的地壳震动",它的外延包括:火山地震、构造地震和陷落地震。两个同类的概念相比较,内涵有多少,外延有大小。概念的内涵增多,外延就缩小;反之,内涵减少,外延就扩大。

　　我们说学术论文的严谨性,主要表现在概念的明确性上。如果一篇论文没有明确的概念,那么就不能迅速而有效地向读者传递信息,也就没有达到撰写论文的目的。因此,论文所阐述的概念一定要明确,只有这样,论文的语言才能体现出严谨、准确的特点。

　　一百多年前,美国的希尔根据文章的性质、写作目的、写作对象和思考类型将文章分为四个基本型,即说明文、描写文、记叙文、议论文。它们体现了四种表达方式,即说明、描写、记叙和论证。

　　学术论文也离不开这四种表达方式,只是因其内容不同、目的的不同而有自身的特点罢了。在学术论文写作过程中,说明的应用比其他三种表达方式都多。

　　说明的方法是多种多样的,常用的有:定义和解释、举例和引文、数字和图表、比较和对照、归类和划分。因为这一节我们着重研究论文语言的严谨性,所以我们只就"定义和解释"这一方法来加以说明。

　　定义,也叫"界说",它是用言简意明的文字揭示某种事物本质特征的一种说明方法,也是确定某一事物范围和界限的严谨而科学的说明方法。

　　定义的语句都比较概括、简明,严谨而又周密。有的是用一句或几句话,也有的是用成篇文章给某一事物下定义。

　　定义,一般分为专业术语定义或通俗易懂定义。为了便于读者

理解,下定义时必须顾及读者的知识水平,同一术语可以因读者对象不同而采用不同的写法。例如,什么是类星体?有两种定义法:

类星体是类似星状的天体,经常是射电源,所有类星体都具有最大的红移,小的光学直径,以及大的射电直径。

这个定义适合于专业读者,一般读者无法理解。而下面的定义却通俗易懂,适合于一般的读者。

例2

在晴朗无月的夜晚,可以看到天穹上有一条明亮的光带,这就是银河。银河里布满了许许多多的恒星,足有1000亿颗以上,天文学把这样密集的恒星集团称为星系。像我们银河系这样的星系在宇宙中有成千上万个。但是自从1963年以来,在我们的观察能达到的最遥远的地方,发现了一些奇怪的天体,它们不像恒星,也不像星系,它们特别明亮,其亮度是顶得上100个星系的总和。但是它们却比我们银河系小100万倍,这样既小又亮且非常遥远的天体,天文学家称之为类星体。

这个例子避开了"射电源""红移""光学直径"等一连串的专业术语,而代之以通俗的说明,从而使读者更易读懂。

无论是专业术语定义法,还是通俗易懂定义法,它们在阐释定义的时候都运用了简明、精确的语言,严密地揭示了事物的本质特征,严谨性正是学术论文语言的主要特点之一。

要注意对语法、修辞、逻辑的运用,使语言通顺、明白,使语义生动,具有一定文采;使全文严谨,具有强烈的说服力,这些正是论文撰写者们在撰写论文时应该掌握的语言风格。也正因如此,我们才能写出既具创新精神又富于文采的学术论文来。

第八章　学术论文的修改和定稿

第一节　论文修改的必要性

　　论文修改是完成学术论文的最后一个环节,一篇有价值、有分量的论文不可能一次定稿,必须认真修改。修改的过程,既是作者思维、认识深化的过程,也是论文充实、完善、提高的过程。初稿写成后,除自己认真审查、修改外,最好还要请有关专家、老师或同行阅读、指正,征求他人的意见。

　　论文的修改工作常常令初学者忽视,有些作者论文刚写完,便认为大功告成,可以松一口气,不大愿意再改;有的人觉得修改论文比写初稿还难,没有必要再在修改上劳神费力。实际上修改论文是一项极为重要的工作,它是论文写作的重要环节,是对读者负责的表现,通过修改论文,可以不断地提高自己的写作水平。

　　下面我们讲一讲修改文章的重要性、必要性。

一、论文的修改是写作的重要环节

　　修改这个环节,不同的作者、不同类型的文章,经过往往是不同的。这和作者的经历、习惯有关,也与他们的个人修养分不开。有的人论文自始至终一改再改,只要有机会,总不忘修改。

我们知道,文章的写作都有一个过程:准备阶段、写作阶段和修改阶段。修改阶段就是从初稿完成到定稿阶段。从某种意义上说,修改工作并不只是初稿完成后才开始,而且应当贯穿在写作始终。例如,在提炼主题、选择材料、谋篇布局、遣词造句这一系列工作中,不免有种种改变,并都带着修改的性质,虽然我们平时不把这一过程叫修改文章,但实际上不也是在修改吗?还有我们常常说的"构思""打腹稿",这里恐怕反复斟酌的地方也不少,那不是修改又是什么?

论文为什么必须修改呢?

因为人的认识不可能一次完成。它是在实践、认识,再实践、再认识的过程中完成的。对选题的论证总有一个从不大清楚到比较清楚,由不是很深刻到比较深刻的认识过程,选择论文的结构形态,也是一个从不太恰当到比较恰当的过程。文章只有经过反复推敲、修改,才能发现问题,去除毛病,使其臻于完美。

在中国古代,修改文章被传为美谈的故事很多,尤其是诗人们,很重视锤炼语言的功夫。

相传贾岛赴京师时,在驴背上得到两句好诗:"鸟宿池中树,僧敲月下门。"又想把"敲"字改为"推"字,他正在吟诵不定时,撞到了迎面而来的韩愈的车骑。贾岛被拥至马前,韩愈问明原委后,不仅没有怪罪他,反帮他斟酌字句。许久后说:"敲"字佳。这就是有名的"推敲"的故事,是可资学习和借鉴的,从这可以看出古人对修改文章的重视。

二、论文的修改是对读者负责的表现

一篇论文的写作,从拟稿到定稿,从内容到形式无一不是在向读者进行宣传。论文是精神产品,并面向读者,使读者看了以后能够获益，因此，每一位论文作者都应该对读者负责。我们献给读者的作品应该是一个精品，至少是一个没有"疵点"的作品。这是对读者负责。如果作者具有对读者高度负责的精神，认真进行修改，那么，即使写作水平不很高，也可以写出比较好的作品。对修改论文是否重视，反映了作者的学风和文风。有些人写论文只图一挥而就，不做修改，甚至连看一遍也不愿意，这些人虽然也有写好论文的初衷，但是他们付出的劳动同自己的愿望极不相称。他们写出的文章势必质量低劣，甚至错误百出。

古人云："语不惊人死不休。"修改、反复地修改才能做到出语惊人。修改，历来被一些大作家、大文豪所重视。据文字记载，马克思写《资本论》，从计划到初稿完成，曾改过多次，而第一卷写完后，又做了一次文字上的修饰后才出版。托尔斯泰的《战争与和平》，据说前后改过七遍。它成为一部世界的不朽名著，当然有诸多因素，修改也是其中一个重要因素。艺术上的精益求精，值得我们学习。

三、修改论文可以不断地提高写作水平

论文的修改涉及各个方面，从内容到形式都是修改的范围，有时需要打破原来的构思，一篇文章被改得面目皆非。因此，修改文章是在学习写作。修改文章的过程，就是一次重新写作的过程，这对提高写作水平，无疑是大有裨益的。

鲁迅先生曾经提倡青年到大作家的手稿、未定稿中去学习"不应该那么写"。因为，大作家的完成品，说明着应该"这么写"，而"不应该那么写"，却能从同一作品的未定稿里学得。我们从对照之中，可以明白修改的好处，悟出写作的方法和门径。

四、初稿论文中常存在不少弊病

论文写作中常见的弊病有：观点不明确、论据不充分、推理不严

密、分析不客观、题目不恰当、结构不合理、语言不精练、评价不恰当等。由于初稿论文写作中经常出现上述一些毛病,所以修改初次完成的论文十分必要。

以上我们从主、客观两方面谈了论文修改的必要性。

第二节 论文修改的范围

修改论文是整个写作过程的一个重要环节,它也和写作一样,要从内容与形式两个方面着眼。我们进行修改时,要围绕主题、材料、结构、语言等几个方面去考虑,看文章是否恰当地反映了客观现实。

修改论文并没有固定的程式,大体不外乎"增、删、改、调"四个字。即修改论文是增加、删去、改换、调动这四项工作。我们进行修改时,要围绕主题、材料、结构、语言等几个方面进行。具体常见的毛病有:

一、论点与论据脱节

有的论文洋洋万言,作者既想说明这个问题,又想说明那个问题,结果哪个问题都没有说清,使人看后不得要领,不知作者究竟想说明什么问题,即文章论点不明确。有的论文,论点与论据脱节,论据说明不了论点,论点统率不了论据。很多材料,看似生动,但与论点毫无关系。

二、论据不充分

论据是说明论点、产生结论的基础,对论文来说至关重要。论文,只摆观点讲道理是不够的,需要以事实做证明,如果缺乏充分的论据,立论也就缺少了支柱,也不能令人信服。所以,这种论文要增补论据,在原有论据的基础上,再补充新论据,以增强论文的说服力。

三、推理不严密

有的论文缺乏严密的推理,或者没有充分的已知条件就做出了新判断;或者虽有已知条件,但判断含糊其词,不够准确,或因果关系不明。

(一)没有充分的已知条件就做出判断

比如,有的文章,在论述中国历史的基本规律时说:

一部中国历史始终贯穿着"清官"和"贪官"的斗争,因而,这种斗争就成为中国历史的主要规律。

这个论断究竟对不对?首先看前提,中国历史存不存在这种斗争,如果存在,那么已知的条件都有哪些?既然已知的条件不充分,就做出这样的判断,也难以令人信服。

(二)因果关系不明

因果关系,有一定的规律可循,但不是绝对的,不能把因果关系绝对化了,绝对化了得出的结论就不会正确。例如:

文学是"社会学",是研究社会的,所以要把社会作为主体。

这里说的道理也对,也不对。说它对,是因为文学的确是研究社会的;说它不对,是因为研究社会的不仅是"文学",还有人文学、伦理学、历史学、哲学。这就是只说了它的普遍性而忽略了它的个性因素。

四、语言含糊不清

语言是思维的载体,是人类信息交流的重要工具,也是文章的基本结构元素。古人云:"夫人之立言,因字而生句,积句而成章,积章而成篇。"要写好一篇论文,确定论题、论点固然非常重要,炼字、炼句也不能等闲视之。不少学术论文之所以读来平庸或者含混,与其文辞不精、词句模糊有直接关系。由于学术论文的科学性和逻辑性及其对定性、定量描述的要求,其遣词造句特别强调精确、明了、简洁。由此而形成学术论文汉语的修辞和语法特点。

通常人们把"准确性""鲜明性""生动性""简洁性"这四点看成是对一切文章用语的共同要求。既然科技语体与文学语体有着不同的表达功能和特点,那么对这两种语体的要求是不是也应有所区别呢?区别在哪里?下面我们对科技语体与文学语体的不同要求做一些阐述。

(一) 准确性

学术性论文,特别是科技论文的写作不能不讲求语言。科技语体的准确性与科技作品内容的科学性、思维的逻辑性以及反映客观事物的真实性紧密相连,而文学语体的准确性则要求与形象塑造、情感抒发互为表里。我们以著名的法国作家巴尔扎克为例,他的名作《欧也妮·葛朗台》在最初出版时,描写老葛朗台打着白领带,而以后(1839年)再版时,作者把葛朗台的领带由白的改成黑的。这一改,从塑造形象角度来说,更加准确了,因为黑领带比白领带更适合表现老葛朗台悭吝性格和阴暗心理。但是,在科技论文中,倘若把本来是白的东西写成了黑的,那就是严重失实,违背了科学性。

(二) 鲜明性

科技语体对语言的鲜明性有极高的要求,它最忌吞吞吐吐、含糊不清。应该做到精确中求明白,严密中显清晰。这与科技作品要求观点明确、文风朴实相一致。而文学作品则要求作家的思想倾向最好从情节和场面中自然地流露出来,不必特别地指出。因而文学语体对鲜明性的要求则与作品所表现的形象、情节、场面和情感相统一。也就是说,科技语体用语的鲜明则是为了更有力地阐明事理,反映客观世界;文学语体用语的鲜明性则是为了更成功地塑造形象,抒发感情。阐明事理,需要一针见血、一语破的;塑造形象则要注意形象的描绘,不宜一泄无余。

(三) 生动性

高尔基说过:"艺术作品不是叙述,而是用形象、图画来描写现实。"文学语言的生动性往往是通过塑造形象的艺术手段和修辞手法来达到目的。比较来说,科技论文的语体对生动性的要求不如文学语言那么严格。科技论文主要采用逻辑的方式、冷静的态度来剖析事物、阐明事理、描述现实。如果说它在用语上要求生动的话,这个生动却不靠艺术的修辞手段来获得,它主要表现在运笔灵活得体、流畅自然,善于根据不同的表达对象和需要恰当地选择与之相适应的词语、句式等方面。有时作者为了使自己的表达更加深入浅出、通俗易懂,从而提高读者的阅读兴趣,常常借用一些生动的文学语言和表现手法,用形象、图画来描写现实。这样的语言我们把它看成是从文学语体中借用来的,因为它不是科技语体中心不可少的要素。严格来说,科技语体内部对生动性的要求和表现也不一样。

为了了解学术论文的修辞和语法特点,我们先看几则例句。

(1) 在我的后园,可以看到墙外有两株树:一株是枣树;还有一株也是枣树。　　　　　　　　　　　　(文学作品语句)

我们在两棵枣树上进行了嫁接野山梨的试验。

(科技论文语句)

(2) 校园里玫瑰花、蔷薇花常开不败,一片万紫千红。

(文学作品语句)

蔷薇科的花期较长,约有 120～150 天,品种以红色为多。

(科技论文语句)

(3) 北京日化一厂,到处都在冒烟跑汽,多少宝贵的能量就这样白白浪费,化为乌有了。 （新闻报道语句）

北京日化一厂可资利用的余热,据统计每年约有相当于2000吨标准煤的热量。 （科技论文语句）

从以上三组例句,可以看出科技论文的修辞与句法、语法与其他文体的作品很不相同。例如:在科技论文中,专业性的科技名词(科技专业术语)经常出现,像"剪枝""嫁接""余热"等。又如:在科技论文中,很少采用形象的词汇和语句,也很少采用模糊的词汇和语句。像"白白浪费""化为乌有""到处""常开不败""一株是枣树",还有一株也是枣树"等。

在科技论文中,经常采用数词或数量词,以加强论文的定量概念与准确性。像"20厘米""两棵""2000吨"等。

（四）简洁性

同样由于表达对象和目的的不同,科技语体的简洁与文学语体的简洁也有不同的含义。例如,鲁迅先生的散文《秋夜》中的开头写的一段话:"在我的后园,可以看到墙外有两株枣树:一株是枣树;还有一株也是枣树。"

试想,如果把例句(1)中的科技论文句改写成"我们在两棵树上进行了嫁接野山梨的试验,一棵是枣树,还有一棵也是枣树",那就令人啼笑皆非了。然而在文学作品中,这段话恰如其分地衬托出作者当时"荷戟独彷徨"的矛盾心境以及他那大无畏的战斗精神,把孤独冷寂的气氛无声地传达给读者,却省了不少笔墨,可谓"文有尽而意无穷"。从文学的角度看,这段话极其简洁,然而,若将这段话写入科技论文就显得不够简洁明了。科技语体的简洁讲究干脆利落,要用尽量少的语言表达尽量多的思想内容,能用一个词说清楚的,决不用两个词;能用一句话语表达完的,决不用两句话。以上我们所讲的就是论文修改的范围。

第三节　论文修改的方法

论文初稿写成,是论文成功的第一步。论文修改是完成学术论文最后的一个环节,一篇有价值、有分量的论文不可能一次完成、定稿,必须认真修改。论文初稿写成后,还要反复推敲。

著名文学家欧阳修写成文章后,常常要修改十几遍,甚至几十遍,定稿和初稿比较,有时几乎面目皆非。修改文章,正确的方法主要包括以下几个方面:

一、从全篇着眼,从局部着手

修改论文如同写文章一样,古人云"文无定法",既然写文章没有固定的程式,那么修改文章也没有固定的方法。修改的目标是一致的,而达到目标的途径却因人而异。尽管每个人的习惯不同,但修改论文的方法都可以学习和借鉴。

我们认为,要从文章的全局出发,通盘考虑各部分内容及其表达方法,对于大大小小的修改,都要从是否有利于更正确、更有力地去表现文章的主题去衡量。从大局着眼,从局部着手,看全局是否合理,论点是否准确,论据是否真实、典型、充分,论证是否严密,文题是否相符,评价是否恰如其分等,这就是"谋篇布局"的问题。

先通过"谋篇布局",然后考虑局部问题,即一个小标题一个小标题地推敲、修改,看局部是否围绕着一个论题去论述。

注意调整论文结构。加强对论文形式方面的修改,主要是审定结构层次是否合理、严谨、统一。这里主要是审查论文结构层次的逻辑性,如中心论点与各分论点之间的逻辑关系,论证步骤、顺序,段落之间的衔接、过渡等。总之，调整结构层次，在于使论文进一步条理化、系统化，更好地突出主题。

二、从修改着眼，从学习再研究着手

人们在修改文章过程中，常常发现有些问题没有表达清楚，或论点不鲜明，或论据不足，或有疑点，要深入到每个具体论点、论据和论证过程，要多问几个为什么，这些都需要再学习，进行再调查、再分析。有些问题还需要重复某些试验，补充事实和数据。因为文章是客观事物的反映，而事物是纷繁复杂的，必须反复研究，经过实践—理论—再实践—再理论的过程，才能得出正确的结论。从修改着眼，再从学习研究着手，两者有机地结合是写好文章的经验。许多优秀论文的发表，无一不是经过反复修改，甚至经过多次失败的教训和成功的经验综合，最后才使论文达到炉火纯青的地步。

三、从看两遍着眼，从搁一搁再修改着手

我们每位论文撰写者在写完论文后，都有一种说不出的欣喜感，但在愉悦之后，还有一个修改的问题。从某种意义上说，写论文不易，但修改更难。修改论文的工作虽难，但是十分重要，因为文章是修改出来的。修改的方法是：先看两遍，搁一搁再修改。原来的思路留在脑子里印象很深，一时跳不出原先构思的圈子，那么放一放再修改，实际上有一个重新认识问题的过程，原来的思路淡薄了，如果有了新启发，就会发现新问题，该修改哪些地方，准确无误地找到它。改一改，放一放；再改一改，再放一放，这是人们认识事物的一个规律，它有助于论文写作水平的提高。

中国古代和现代有名的文学家，他们取得成就的原因之一，得益于文章的修改。

欧阳修是宋代有名的文章大家，是北宋诗文革新运动的领袖。

他反对宋初浮艳晦涩的文风,提倡效法韩愈,在散文、诗、词等各方面都有很高的成就,对当时的文学革新运动,做出了卓越的贡献。欧阳修的文章写得非常好,提起他的《朋党论》《秋声赋》,特别是《醉翁亭记》,大家一定都很熟悉!他之所以成为文章大家,这主要得益于他对文章修改所下的功夫。在何薳的《春渚记闻》中,有这样的记载:"欧阳文忠公作文既毕,贴之墙壁,坐卧观之,改正尽善,方出以示人。"

这里所说的"贴之墙壁""坐卧观之",就是他修改的方法了。这种方法,首先说明了欧阳修修改文章的认真精神,为了表意准确,不厌反复琢磨。还不仅如此,贴之墙壁,坐卧、出入都要来研究它,在多次与之接触中,发现不妥之处,是有道理的。通过认真地揣摩,反复地思索,就能把文章改好,这是古人修改文章的好经验,值得我们借鉴。

鲁迅先生是现代大文豪,他写文章的经验是:"写完后至少看两遍,竭力将可有可无的字、句、段删去,毫不可惜。"又说:"我做完之后,总要看两遍,自己觉得拗口的,就增删几字,一定要它读得顺口。"这里是讲他自己修改文章的经验,反映了鲁迅先生认真负责的精神,同时,也反映了他对修改工作的重视。

第四节 论文的定稿

一、论文定稿的规范

论文经过多次修改以后,并请有关专家或教师审阅,就可以誊清定稿了,誊清抄写要符合如下几点要求:

(1)文字书写要规范、工整、美观,字迹清楚,文面干净。

（2）要注意行款格式的规范，行文中条目清晰，要正确使用标点符号，引文转行时，所有的逗号、引号、句号、括号、冒号、书名号的后一部分，都不能用在一行的开头，如有这种情况，都要写在一行的末尾。省略号、破折号不可分写在两行。有关注释要统一。如需装订封面、封底，要按统一规格装订。

（3）按统一规定使用标点符号，一个标点符号占一格。

二、学术论文的格式

（一）自然科学论文的格式

1. 标题

2. 作者及工作单位

3. 目录

4. 内容摘要

5. 引言

6. 正文

（1）实验用原料或材料

（2）实验经过及测试方法

（3）实验结果及其分析

7. 结论

8. 致谢

9. 参考文献

10. 附录

（二）社会科学论文的格式

1. 标题

2. 署名

3. 目录

4. 摘要

5. 绪论
6. 本论
7. 结论
8. 谢词
9. 参考文献

(三) 毕业论文的格式

1. 标题
2. 目录
3. 内容提要
4. 正文
5. 参考资料

第九章　学术论文的答辩

为了适应"四化"建设的需要,迎接新的技术革命、社会主义市场经济的挑战,尽快实现人才素质的转变已是当今教育领域的当务之急,刻不容缓。

预测科学技术上的突破领域,培养具有相应知识结构的人才,并安排其到突破领域中工作,这是对一个国家的科学技术发展具有重大意义的战略措施。我们不仅要根据当前事业的发展需要来培养人才,还要根据新的技术革命的突破领域,如信息、生物工程等,培养具有相应专业知识的人才,组织力量进行攻关。

在科学技术发展的新时代,人才的培养要有个大的目标,要克服过去的传统观念、做法,大力提倡培养又红又专具有广博专业知识的专家。他们必须具备三个特点:世界观的科学化、知识的综合化和职能的多面化。

当前,科学技术发展的新时代具有一个重要特点,那就是科学与技术发展几乎是同步的。科学问题与技术问题往往是共通的。科学与技术的高度结合大大缩短了基础研究到实际应用的周期,这就要求高等院校与产业部门高度结合。这种结合越紧密,科学技术发展的能力越强。

下面我们用一个国外的实例做说明。

美国的斯坦福大学工学院,在教授特曼的主持下成为硅谷电子工业发展的源泉。特曼教授积极主张,大学不应该成为仅仅教授书本知识,关门搞科研的象牙塔,学生应把在实习和实验室里产生的科研成果及时有效地运用于工业生产实践中,为社会创造财富。在他的支持下,他的两名学生休立特和帕卡德创办了休立特·帕卡德电脑公司。两名在校读书的大学生,竟成了"硅谷"的创业者,发人深思。

根据上面的例证,我们可以得出一个正确的结论,我们要从国家实际出发,积极改革我们的教育体制,把高等学校真正办成教育中心兼科研中心。学术论文就是科学研究成果的记录,即科学研究的结晶。一个科研工作者或一个大学生撰写了一篇学术论文(或毕业论文)以后,究竟应该怎么办呢?这里就存在一个评价的问题,如果是一篇优秀论文,它就应该发表,学术论文只有发表了,才能使学术研究和科技成果成为人类的共同财富,才能对后续的科学研究起到桥梁作用,才能逐步使科研成果变为生产力。

那么,究竟什么样的学术论文才是一篇优秀论文,换句话说,应该怎样评价一篇学术论文?这个问题是每一位论文撰写者都十分关注的问题,也是有关专家、学者、教师需要认真研究的问题。弄清这一问题对指导论文写作、提高论文写作水平都具有十分重要的意义。

第一节 论文答辩的意义

一、评价学术论文的标准

科学理论是从科学实践中抽象出来的,为科学实践所证实,反映客观事物本质和规律的概括性知识体系。评判一篇论文的理论水平,主要考察论文是否站在科学理论的高度研究问题、分析问题,以及作者在构造新的科学理论方面所做的努力。

考察一篇学术论文的优与劣,具体应包括如下一些内容:

(1)学术论文是否采用了最新科学理论的基本原理。

(2)学术论文是否采用了最新科学理论的基本概念。

(3)学术论文是否在学科理论研究上有新的突破;能否解决国内外一个尚未解决的问题。

(4)学术论文是否采用了新观点、新材料、新方法。

(5)学术论文是否构造了新的术语或概念。

(6)学术论文是否有独立的科学推论。

(7)学术论文是否有定量研究,量化程度如何。

上述理论只不过是概括了某些评判标准。任何论文不可能、也没有必要同时满足这些标准,一般说来,一篇学术论文只要满足其中一二条,就可称得上具有一定的理论水平了。

二、学术论文答辩的意义

(1)答辩是一种有效的竞争形式

在科学领域中,不同学派和学术观点之间的争论是经常发生的,有时是两家之争,有时是多家之争。这种争论对学术论文的评价十分必要,争论到一定阶段就需答辩。

答辩是一种有效的竞争形式,通过答辩,可以发现人才,推动科学技术的向前发展。

中外科学发展史的事实进一步证明了这点。中国春秋战国时期诸子百家的争鸣、古希腊各学派之间的自由辩论、天文学中哥白尼的日心说与托罗密的地心说之争、地质学中赫顿的火成派与魏格纳的火成派之争、生物学中林耐的物种不变与达尔文的进化论之争,每一次争论(辩论、答辩)的结果都有一批优秀的科学论文问世,每一次答辩、论争,都使科学技术大大地向前跨进了一步。

(2) 答辩是评价论文的一种重要手段

公开答辩是论文评价的一种重要形式和手段。什么叫答辩?简言之:有"问",有"答",为自己论文中的论点做解答、做辩说。

学术论文的答辩,主要是指答辩委员会可以就论文中阐述不清楚、不详细、不确切、不完善之处在答辩会上提出问题,作者当场回答或略做准备之后做出回答,可以进一步考察作者对所述的问题是否有完备的知识基础,有否有创造性的见解,有否有充分扎实的理由。作者可以在答辩中临场发挥自己平时所学的专业知识,随机应变地应答专家提问,做出正确而灵活的反应。在答辩中可以进一步评价论文的水平。

(3) 学术论文答辩是实现人才知识更新、提高人才素质的有效途径

随着中国改革开放的深入发展,学术论文的答辩,不同时期会有不同的水平。

据调查,一个人的知识只有10%是靠正规学校教育给予的,90%的知识是在以后的工作实践和专业学习中获得的,每一个科研人员都必须进行继续教育,实行终身教育。美国、法国以及其他一些发展中国家,如墨西哥、巴西、印度,都已经确定把继续教育、终身教育作为整个教育的组成部分,成为保证竞争胜利的一个手段。国外一些国家的正副部长和大厂矿的经理,每5年必须进修一次。当今是"知识爆炸"的时代,一方面,是知识量的迅猛增加;另一方面,是已有的知识逐渐老化。国外有统计材料表明,发达国家1976年的大学毕业生,5年以后掌握的知识有50%变得陈旧。80年代知识的陈旧率比40年代加快一倍。这就要求科研工作者、当代大学生能尽快地阅读新近问世的书报杂志,因为它贮存、传递着世界的最新信息,而反映科研成果的论文,正是新信息、新科技的最好载体之一。

当代,学术论文的答辩是实现人才知识更新、提高人才素质的有效途径之一。

现代,学术会议是科学论文答辩讨论的场所,是最新科研成果和各种学派交流的园地。特别是近年来,各国学术会议盛行。专家、学者们应尽量利用各种学术会议公开答辩自己的学术论文,争取倾听最新的研究成果,使自己的论文得到补益。论文价值的大小、论题的新旧,都可以在学术会议上得到公正的评价。

(4)答辩是学术论文进一步修改、充实、提高质量的过程

我们知道,学术论文的构思,要依据有条理的思路,按照一定的逻辑顺序展开。提出问题、分析问题、解决问题,是学术论文构思的基本模式。学术论文属于议论文的范畴,它运用抽象思维的形式,以概念、判断、推理等为手段,揭示客观事物的本质规律。但是就质、就量而论,学术论文都应列为议论文的高级形态,在论点的精确、新颖,论据的真实确凿,论证的周密和逻辑性等方面,学术论文比一般议论文有着更为严格的要求。

一个科学工作者按照上面的要求撰写出一篇学术论文,这篇论文的质量如何,应该怎样进一步修改、充实、提高质量?这一系列问题,可以经过专家审阅、同行讨论、实践检验、公开答辩等方法去考察,而公开的答辩法是其中较好的方法之一。

公开答辩是学术论文评价工作中的重要一环,也是整个科研计划的重要组成部分,通过答辩可以发现论文中论点、论据、论证三要素的正确与否,使论文在答辩中经受考验,如需修改,应及时进行。因此,我们说,公开答辩是学术论文进一步修改、充实、提高质量的过程,最后,使学术论文臻于完善,达到能够公开发表的水平。

学术论文公开发表以后，读者不仅要从中获得科技知识，应用实验结果，而且必然借鉴相关方法与研究思路。好的论文会产生好的经济效益和社会效益。

（5）答辩是培养流利口才的重要环节

一个人的成才，既需要知识又需要能力。能力是在智力发展基础上，掌握知识、应用知识的本领。一个科研工作者，究竟应该侧重培养自己的哪些能力呢？特别是在当代，由于所攻专业的方向不同、志向不同，所需能力也不尽相同。

今天，社会已进入信息时代，信息主要靠三种方式传递：口语、文字、图表。概括起来就是表达能力。表达能力是进行信息联系和表达自身思想、观点、情感、思维内容的一种基本能力。

口语是最常用、最方便的传递方式。因此，没有口才，没有答辩演讲能力将很难适应现代化建设的需要，答辩是检验论文优劣的重要一环，口头表达能力应该是衡量人才特别是创造型人才的重要标准。

科研工作者，无论是从事社会科学还是自然科学的人，都应该努力培养自己的表达能力，并着重在表达的准确性、鲜明性和生动性上下功夫。

公开答辩这种形式本身，对于学生来说，也是一个再学习和培养能力的重要环节。通过答辩，不仅可以使学生的口头表达能力、演讲能力、思维能力、应变能力得到提高，而且还可以帮助作者对整个论文写作的经验教训进行认真的总结。一方面，通过论文答辩，明确自己在掌握独立进行科学研究的能力和方法上所取得的进步和存在的问题，供今后研究其他问题时参考；另一方面，还可以从答辩专家对这篇论文所提的问题出发，做进一步深层次的研究，求得纵深发展，取得更大的成绩。

第二节　论文答辩的准备

一、答辩申请

作者(包括科研工作者、大学本科生、研究生、自学青年)完成论文以后,把论文连同论文材料(包括提纲、草稿以及修改稿)装入论文袋中,送交有关专家或教师审阅,待指导教师写好评语并签字后,由有关工作人员在答辩前10天送交论文答辩委员会,申请答辩。有关人员应在答辩前3天将答辩时间、地点通知作者。

二、答辩准备（程序）

（一）作者要写一份"论文内容概要"

（1）选题的缘由,选题的价值。

（2）论文的要点,如论点、论据、论证。

（3）写作方法。

（4）写作过程。

（5）本人对论文的评价：好在哪里,有何不足。

（6）答辩提纲字数在2500～3000字,事先要做好准备,最好不要照稿子念,时间不超过30分钟。

（7）做好回答问题的准备。

（二）答辩时的态度

答辩时要认真听取答辩委员会提出的问题,沉着应答,冷静对待,准备回答专家学者的提问。

第三节 论文答辩的方式

学术论文答辩是把事先的准备付诸实践,它是取得良好答辩成绩的关键环节。答辩得好,会使文章生辉。

论文答辩方式有如下内容:

(1) 主持答辩的专家或教师,在仔细阅读论文以后,拟定三至四个题目,经答辩委员会或答辩小组讨论之后,分条写在答辩纸上,并撰写出参考答案。题目和答案对作者暂时保密。

(2) 论文答辩开始。由答辩委员会主任或答辩小组长宣读答辩考场纪律。答辩主持人宣布答辩作者姓名、论文题目。

(3) 答辩作者做30分钟的"论文概说"。要求重点突出,简明扼要。下一步是主持答辩专家或教师出示3~4个事先写好的问题条目,作者接到后可做5分钟左右的思考,当场回答,时间可限在50分钟。

答辩场上,答辩作者要仔细推敲专家提出问题的要害,抓住问题的本质,根据平时材料的积累,依照拟好的提纲,满怀信心地回答。对于答不出的问题,要坦率承认,切莫不懂装懂,更不能强词夺理。对于超出范围的问题,可以做些说明,不予回答,但是要诚恳温厚。所提问题,应在论文所涉及的学科范围内。

(4) 如果是有关学位论文的答辩,应针对作者申请学位的性质,对论文的学术水平有相应的要求,提问应有一定的深度和广度,尤其要重视学科学术问题范畴内带有基本性质的问题或作者应具备的基础知识。

(5) 总结。根据学术论文本身的质量和答辩的情况,主持答辩的专家给予肯定、补充、修改或指出错误与不足之处。对于负责答辩的专家或教师指出的问题,作者要虚心接受,仔细修改。当场应对主持答辩的专家或教师表示谢意,方可退席。

第四节 论文成绩的评定及其标准

一、如何确定论文评价的标准

对论文的评价是一项比较繁复的工作。我们说的论文,包括社会科学和自然科学在内的全部学术论文。

社会科学论文包括语言、文学、史学、哲学、政治、法律、经济学;自然科学论文包括理、工、农、医、林等学科,每一个学科又分为若干专业,各专业的研究对象、手段和方法又各不相同。有的学科以实验为研究手段,利用实验发现新现象,寻找新规律,验证某种理论和假说。这类学科是以实验结果作为自己的主要成果,如农、林、医等。有的学科是先提出假说,然后进行逻辑推理,借助数学等手段进行研究。这类学科的理论要依靠实验结果来检验,它的研究又以实验结果为前提,如化学、物理等。有的学科如数学是理论的研究,而不需要实验。

无论是社会科学论文,还是自然科学论文,我们把它们通称为学术论文。对于学术论文的评价问题,前面我们在本章第一节中已经提到了评价一篇学术论文的标准,主要是看它学术价值的大小、写作水平的高低,我们可以用一句话来概括这篇论文是否提出了新观点,是否采用了新材料,是否运用了新的论证方法。

学术论文的选题一般是由论点、论据、论证三个要素构成,而观点、材料、方法恰是论文三个要素的具体反映,因此,我们应该把构成论题三要素的论点、论据、论证的好坏作为评价学术论文的标准。一篇优秀的论文就是论点、论据、论证三要素完美结合的统一体。这些就是我们确定评价论文标准的基础。

二、学术论文成绩评定的具体标准

（一）三新类（一类）

论文的观点、材料和方法全是新的。

具体标准是：

（1）所选论题具有一定的现实意义或学术价值。

（2）论点全新、论证有独到见解，在科学研究领域有某些新突破，对民生有重大意义。

（3）行文流畅，写作水平高。

（4）答辩中思路清晰，回答问题正确，具有相当的应变能力。

（二）部分创新类（二类）

论文的观点、材料和方法其中有一部分是创新的。

具体标准是：

（1）所选论题有一定的学术或经济价值。

（2）论点、论据和论证中有部分创新，在科学研究领域有较高的学术水平，论证基本到位，但部分有缺陷。

（3）行文通畅，符合写作论文的基本要求。

（4）答辩中思路尚清楚，能正确回答问题。

（三）三旧类（三类）

论文的观点、材料和方法全部采用他人原有的。

具体标准是：

（1）所选论题基本没有学术或经济价值。

（2）论点没有创新，论据照搬他人原有的，论证没有到位，论文只解决了一个一般问题,论文是"三旧类":旧观点、旧材料和旧方法。

(3) 行文欠通顺,写作上有错误。

(4) 答辩中思路不够清楚,回答问题有错误。

第十章　学术论文的标点符号

标点符号是书面语言不可缺少的辅助工具,是随着文字记录语言的需要而产生和发展的。从历史角度来看,它的名称、形式、行款、作用,有过不断改进、不断丰富、不断变化、不断增加的过程。名称因概念的准确而改进;形式因符号的增加而丰富;行款因书写的方便而变化;作用因表达的需要而增加。

标点符号对于一篇论文来说,绝非可有可无、无关紧要的。它可以帮助读者分清句子结构,辨明语气,准确了解文意。

1951年9月,中央人民政府出版总署公布了《标点符号用法》,同年10月政务院下达指示,要求全国遵照使用。三十多年来,文字的书写排印已由直行改为横行,标点符号用法也有某些发展变化,因此需要进行修改。修订的内容主要有以下几方面:原列14种符号,现为16种,增加了连接号和间隔号;简化了说明;更换了例句;针对书写排印改为横行,某些说法也做了相应的改动。

根据国家语言文字工作委员会和中华人民共和国新闻出版总署1990年3月修订发布的《标点符号用法》,现行标点符号共16种,下面举例说明。

一、句号（。）

句号表示一句话完了之后的停顿。主要用于陈述句,有时也用于语气缓和的祈使句。

例如:

(1) 语言是文化的载体。(陈述语气,陈述句)

(2) 亚洲地域广阔,跨寒、温、热三带,又因各地地形和距离海洋远近不同,气候复杂多样。(陈述句用来说明事实的)

(3) 请您稍等一下。(祈使句用来要求听话人做某事)

(4)《红楼梦》中的主要环境是大观园。

二、问号（？）

问号表示一句问话完了之后的停顿。疑问句有三种情况:有疑而问、半信半疑、无疑而问。

例如:

(1) 月球上到底有没有生物呢?(疑问句)

(2) 月球上的环形山到底是火山口,还是巨大的陨石撞击的结果?(选择问句)

(3) 这难道只是祥林嫂的不幸吗?迫死祥林嫂,只简单地找出元凶就成了吗?四条绳索只套了一个祥林嫂吗?(设问句)

(4) 你不觉得我们的战士是可爱的吗?你不为我们的祖国有这样的英雄而自豪吗?(反问句)

(5) 这究竟是怎么回事啊,同志们?(疑问句,有呼语)

三、叹号（！）

表示感叹句末尾的停顿。感叹句和感情强烈的反问句、祈使句末尾要用叹号。

例如：

(1) 这是个多么伟大的民族啊！（感叹句）

(2) 参观桂林芦笛岩后，人们异口同声地说："这些真像活的！"（感叹句）

(3) 祥林嫂，你放着吧！（祈使句）

(4) 世界上哪有不包含矛盾的事物！（反问句）

四、逗号（，）

逗号表示一句话中间的停顿。逗号所表示的停顿，要跟句子的结构相适应。需要停顿的地方，一般也是结构上可以断开的地方。逗号用法比较复杂，下面分项说明。

（一）用在主语之后

例如：

(1) 北京，是我们伟大祖国的首都。

(2) 一切道德高尚的人，都是能够严于律己的人。

（二）用在充当宾语的较长的主谓词组之间

例如：

大家知道，意志是人们自觉地调整行动去克服困难，以实现预定目的的心理过程。

（三）用在句首的状语之后

例如：

从心理学角度看，个人心理品质主要是指一个人的情感、兴趣、意志与气质、性格等。

（四）用在并列词组之间

例如：

胜不骄，败不馁，是衡量一个人能否经得住成功与失败考验的尺度。

（五）用在独立句之前或之后

例如：

(1) 当然,作为大学生,学习本身就是一种脑力劳动。

(2) 年轻的朋友们,为了有一个健康的身体,为了延缓衰老,应该多多用脑！

（六）用在倒装句成分之间

例如：

(1) 多好呵,这万象回春的大地！

(2) 荷塘四面,长着许多树,蓊蓊郁郁的。

(3) 台湾,我们一定要解放！

(4) 永远活在我们心中,雷锋！

（七）用在分句之间

例如：

一个社会的文明,包括物质文明和精神文明。如果说,物质文明的程度往往综合反映在国力上,那么,精神文明的程度则每每集中体现于民气中。

（八）用在关联词语后面

例如：

所以,一位科技工作者首先应端正写作目的,致力于研究工作并落实于著作,以便造福后代,贡献人类。

五、顿号（、）

顿号表示句子内部并列词语之间的停顿。

例如：

(1) 亚马孙河、尼罗河、密西西比河和长江是世界四大河流。

(2)正方形是四边相等、四角均为直角的四边形。

(3)有人谦虚、自尊、自信、严于律己,这是有利于成才的优良品德。

六、分号(;)

分号表示复句内部并列分句之间的停顿。它的主要作用是分清层次。

例如:

(1)著名科学家竺可桢、高士其;数学家姜立夫、赵访熊;物理学家周培源、钱三强;化学家张子高、杨石先;建筑家庄俟、梁思成;力学家钱伟长、吴仲华;土木水利学家施嘉炀、陶葆楷;文学艺术家洪深、闻一多;哲学家金岳霖;语言学家王力;经济学家陈岱孙等,都是清华大学当年的学生。

(2)在长江上游,瞿塘峡像一道闸门,峡口险阻;巫峡像一条迂回曲折的画廊,每一曲、每一折,都像一幅绝好的风景画,神奇秀美;西陵峡水势险恶,处处是急流,处处是险滩。

七、冒号(:)

冒号表示提示性话语之后的停顿,它有提起下文或总结上文的作用。

例如:

(1)鲁迅先生说:"如果要创作,第一要观察。"(指明下面鲁迅先生所说的话)

(2)实践证明:许多重大发现、发明都是在丰富的想象力的作用下诞生的。(先总括后说明)

(3)应大家的要求,徐虎欣然写下对大学生们的祝愿:愿你们成为祖国的栋梁。(指明下面徐虎的祝愿)

（4）张华考上了北京大学,在化学系学习;李萍进了中等技术学校,读机械制造专业;我在百货店当销售员;我们都有光明的前途。(在总括性话语之前也可以用冒号,以总结上文)

八、引号（""）

引号标明行文中直接引用的话。

例如:

（1）人们常说:"时间就是生命。"

（2）"道德"是一个含义比较广泛的概念。

（3）人们常说学好数理化,走遍天下都不怕;又说"一招鲜,吃遍天"。

行文中直接引用的话一般要用引号标明,为的是和作者自己的话区别开来。要注意引文末尾标点的使用:凡是把引用的话独立来用,末尾的标点放在引号的里边,如例（1）;凡是引用的话作为作者自己的话的一部分,末尾不用标点,如例（2）和例（3）。例（3）末尾的句号属于全句,不属于引文部分。

引号里面还要用引号时,外面一层用双引号,里面一层用单引号。

例如:

他站起来问:"老师,'有条不紊'的'紊'是什么意思?"

九、括号（　　）

括号标明行文中注释性的话。

例如:

（1）中国猿人(全名为"中国猿人北京种",或简称"北京人")在中国的发现,是对古人类学的一个重大贡献。(括号里的话起注释作用,注释前面的词语"中国猿人")

(2) 有人用氢气还原氧化铜制得 5 克铜,求有多少克氢气参加了反应,这些氢气在标准状态下占多大体积?(氢气的密度是 0.09 克/升)(括号里的话是注释整个句子的,这种括号叫句外括号,句外括号是放在句末的标点之后,如例(2))。

括号除了最常用的圆括号之外,还有(〔　〕)、六角括号(〔　〕)、方头括号(【　】)等几种。

十、破折号（——）

破折号标明行文中解释说明的语句。破折号和括号用法不同:破折号引出的解释说明是正文的一部分,括号里的解释说明不是正文,只是注释。

破折号中的"破"是点破、注明的意思,"折"是中断、转折的意思。在所有标点符号中,破折号的任务最繁重,是一种最难用的标点符号,许多意义、情态和声音变化都可以用它来表示。破折号的用法很多,大致分为这样几类:①表示注释;②标明话题的突然转变;③表示声音的延长;④表示事项的列举分成。

下面分类举例说明。

（一）表示注释

例如:

(1) 等待着他们的,是一个美丽而晴朗的早晨——一个让他们一生也不会忘记的早晨!

(2) 每一个写作者都是通过自己的知识组合,运用个人的思维方式和方法勾画出写作蓝图,创造出个人脑力劳动的结晶——文章。

（二）标明话题的突然转折和中断

(1) "好香的干菜——听到风声了么?"赵七爷站在七斤的后面、

七斤嫂的对面说。

（2）很白亮的一堆洋钱！而且是他的——现在不见了。

（3）鲁侍萍（向鲁贵）我走的时候嘱咐过你，这两年写信的时候也总不断地提醒你，我不愿意我的女儿叫人家使唤。你偏——（忽然觉得这不是谈家事的地方，回头向四凤）你哥哥呢？

（三）表示声音的延长

例如：

（1）风拥着浪花不断向堤上猛扑，"唰——"扑上来，"哗——"退回去。

（2）远处，时不时地响着伐木工人放倒树木的呼声："顺山倒——""横山倒——"

（四）表示事项的列举分成

例如：

根据研究对象的不同，环境物理学分为以下五个分支学科：

——环境声学；

——环境热学；

——环境光学；

——环境电磁学；

——环境空气动力学。

十一、省略号（……）

省略号标明行文中省略了的话。

省略号标明的省略常见的有两种：一种是引文的省略；一种是列举的省略。

例如：

（1）她轻轻地哼起了《摇篮曲》："月儿明，风儿静，树叶儿遮窗棂啊……"

（2）在广州的花市上，牡丹、吊钟、水仙、大丽、梅花、菊花、山茶、墨兰……春秋冬三季的鲜花都挤在一起啦！

省略号有着明显的修辞作用。以上举的两例的省略号虽然主要表示的是省略，但也都能引起读者的联想，收到言未尽而意无穷的修辞效果。有的省略号还可以表示说话人的情念和神气。

例如：

（1）"……大伙儿……大伙儿都指望着今年的梨呀！"老寿说到这里，心里像是插上了一把刀，他捶胸顿足地干嚎了起来。

（2）"是呀！"我说，"船冲走了，河里水很大。可是我们一定要今天过河。……"

十二、着重号（．）

着重号标明要求读者特别注意的字、词、句。

例如：

（1）数量词有时也能充任 M 定语，后面一般用"的"。如"我要一条三斤的鱼""四十岁的中年人""一桌子的菜"。

（2）人类社群的语言，与该社群的历史和所处的社会环境有着密切的关系。

十三、连接号（—）与连字符（-）

连接号的作用是把意义密切相关的词语连成一个整体。

例如：

（1）表示地点等的起止：北京—上海的特快列车徐徐地驶进了车站。

（2）尽管二化石点所在的盆地和地层都是早—中古新世断陷盆地，红色黏土质沉积物中，但两个盆地所在的地区，当时的自然条件,如温度、雨量、水土条件……恐怕不尽完全相同。

(3) H—O—H(表示化学键)

(4) 本文根据 1959—1984 年降水记录,讨论了陕北及鄂尔多斯地区沙漠化和草场退化的主要原因。

(5) 近期湖泊面积也在不断缩小,如苛池和烂泥池 1963—1965 年的面积分别为 $12.0 km^2$ 和 $3.50 km^2$,而 1977 年的统计资料分别为 $4.43 km^2$ 和 $0.51 km^2$。

连字符(-)又称对开划或半字线,表示把几个以上不同的事物联结成一体,如化合物系、合金系、金属牌号、设备型号。写时连于字间,占半格。如:生物-生态学,WK12-05(钢号),Fe-Mn-C 系合金,EC-1020 电子计算机等。

中外文之间不用连接号,例如:"X 射线"不写成"X-射线","a 铁"不写成"a-铁"。

连接号还有另外一种形式,即一个浪纹"～",一般用来连接相关的数字。

例如:

天津新港地区种植的小站稻今年已进入丰产期,亩产 1 200～1 800 斤。

十四、间隔号(·)

间隔号表示外国人或某些少数民族人名各部分的分界。

例如:

爱新觉罗·努尔哈赤

列奥纳多·达芬奇

间隔号还可以用来表示书名与篇(章、卷)名之间的分界。

例如:

《中国大百科全书·语言文字》

《三国志·蜀志·诸葛亮传》

十五、书名号（《 》）

书名号标明书名、篇名、报刊名等。

例如：

《红楼梦》（书名）

《阿Q正传》（篇名）

《光明日报》（报纸名）

《语文研究》（刊物名）

《〈人民日报〉海外版》（书名号中用书名号）

十六、专名号（___）

专名号表明人名、地名、朝代名等。

例如：

司马相如者，汉蜀郡成都人也，字长卿。

"司马相如""长卿"是人名；"汉"是朝代名；"蜀郡""成都"是地名。

专名号只用在古籍或某些文史著作里面。为了和专名号配合，这类著作里的书名号可以用浪线（～～～）。

例如：

屈原放逐，乃赋离骚；左丘失明，厥有国语。

第二部分 优秀学术论文选编

文选一

一个类似于多元许定理的结果
（数学）
杨文礼

摘　要：

本文考虑了如下的一般多元线性模型

$$\begin{cases} Y_{N\times p} = X_1 B X'_2 + E, \\ E = (\varepsilon_1, \cdots, \varepsilon_N)' \text{ 的 } N \text{ 个行向量是独立、同分布的随机向量,满足} \\ E\varepsilon_i = 0, E\varepsilon_i\varepsilon'_i = \Sigma, E(\varepsilon_i \otimes \varepsilon'_i) = \Phi, \\ E(\varepsilon_i\varepsilon'_i \otimes \varepsilon_i\varepsilon'_i) = \Psi(\text{存在、有限}), i=1,\cdots,N \end{cases}$$

中未知参数阵 B 与 Σ 的线性函数 $\text{tr}(D'B) + \text{tr}(C\Sigma)$ 的联立估计问题,给出了 $\text{tr}(D'B^*) + \text{tr}(C\Sigma^*)$ 是其期望值的一致最小方差不变二次加线性无偏估计（UMVIQLUE）的充要条件,这是一个类似于多元许定理的结果,其中 B^* 与 Σ^* 分别是 B 与 Σ 的在一定意义下的最小二乘估计.

关键词： 多元许定理　多元线性模型　线性无偏估计

一、引言与记号

考虑如下的一般多元线性回归模型

$$Y = X_1 B X'_2 + E \tag{1}$$

其中 X_1 与 X_2 分别是 $N\times k$ 与 $p\times l$ 阶已知矩阵；Y 与 E 均是 $N\times p$ 阶随机矩阵；$E = (\varepsilon_1, \cdots, \varepsilon_N)'$ 的 N 个行向量是独立、同分布的 p 维

随机向量,满足

$$E\varepsilon_i = 0, E\varepsilon_i\varepsilon'_i = \Sigma, E(\varepsilon_i \otimes \varepsilon'_i) = \Phi$$
$$\Sigma(\varepsilon_i\varepsilon'_i \otimes \varepsilon_i\varepsilon'_i) = \Psi(存在、有限), i = 1, \cdots, N。$$

B 与 Σ 的通常估计量分别为

$$B^* = (X'_1 X_1)^+ X'_1 Y X_2 (X'_2 X_2)^+ = X_1^+ Y X_1^{+'}$$

$$\Sigma^* = \begin{cases} \dfrac{1}{N} M_2 Y' Y M_2, & 当 M_1 = 0 时 \\[1ex] \dfrac{1}{N} M_2 Y' Y M_2 + \dfrac{1}{N-r} Y' M_1 Y \\[1ex] \quad - \dfrac{1}{N-r} M_2 Y' M_1 Y M_2, & 当 M_1 \neq 0 时 \end{cases}$$

这里 X_i^+ 为 X_i 的加号广义逆,$M_i = I - X_i X_i^+$,$(i = 1, 2)$,$r = \mathrm{rank}(X_1)$。

[1]在 $X_2 = I$(单位阵)的情况下,给出了多元许定理,并研究了 B 与 Σ 的线性函数 $\mathrm{tr}(D'B) + \mathrm{tr}(C\Sigma)$ 的联立估计问题,给出了 $\mathrm{tr}(D'B^*) + \mathrm{tr}(C\Sigma^*)$ 是其期望值的一致最小方差不变二次加线性无偏估计(UMVIQLUE)的充要条件,其中 D 与 $C = C'$ 分别是 $k \times l$ 与 $p \times p$ 阶任给定的矩阵。本文考虑了一般多元线性回归模型(1)中 B 与 Σ 的线性函数的联立(同时)估计问题,得到了 $\mathrm{tr}(D'B^*) + \mathrm{tr}(C\Sigma^*)$ 是其期望值的 UMVIQLUE 的充要条件,它包括了[1]中的定理2。本文沿用[1]的主要记号,如 $W \square \Psi, (W \uparrow \Phi), (w|\Phi)$,$\mathrm{Diag}(D_i), \mathrm{col}(D_i)$ 等。

二、主要结果

若记 $Y = (y_1, \cdots, y_N)', y = (y'_1, \cdots, y'_N)' \triangleq \vec{Y}$,则 y 服从如下的线性模型

$$\begin{cases} y = (X_1 \otimes X_2)\beta + \varepsilon \triangleq X\beta + \varepsilon, \\ E\varepsilon = O, E\varepsilon\varepsilon' = I \otimes \Sigma. \end{cases}$$

其中
$$\beta = \vec{B}, \varepsilon = \vec{\mathcal{E}}$$

我们希望用 y 的二次加线性函数 $a'y + y'Ay \triangleq \hat{\gamma}$ 去估计未知参数 B 与 Σ 的线性函数

$$\gamma = \mathrm{tr}(D'B) + \mathrm{tr}(C\Sigma) = d'\beta + \mathrm{tr}(C\Sigma)$$

其中
$$d = \vec{D}, C = C'。$$

已知 Kleffe 在 [4] 中指出二次加线性不变估计函数类为 $\mathscr{D} = \{a'y + y'Ay : X'a = d, A = A', A = MAM\}$。其中 $M = I - XX^+ = I - X_1 X_1^+ \otimes X_2 X_2^+ \triangleq I - P_1 \otimes P_2$。

在上面的说明与记号下,本文的主要结果如下:

定理 1. 若 $M_2 = 0$,即若 X_2 为行满秩阵,则

1) 当 $M_1 \neq 0$, $\mathrm{tr}(D'B^*) + \mathrm{tr}(C\Sigma^*)$ 是其期望值的 UMVIQLUE 的充要条件为

i) $d \in \mathrm{im}(X')$,与 ii) $C = O$,且存在 p 维向量 $t = (t_1, \cdots, t_p)'$ 使 $(M_1 \times M_1) X_1^{+'} D X_2^+ = mt'$;或

i)$'$ $d \in \mathrm{im}(X')$,与 ii)$'$ $M_1 m = 0$,且存在实数 λ 及实向量 $t = (t_1, \cdots, t_p)'$ 使 $(M_1 \times M_1) m = \lambda m$, $(M_1 \times M_1) X_1^{+'} D X_2^+ = mt'$。

2) 当 $M_1 = 0$ 时,$\mathrm{tr}(D'B^*) + \mathrm{tr}(C\Sigma^*) = \mathrm{tr}(D'B^*)$ 是其期望值的 UMVIQLUE 的充要条件为 $d \in \mathrm{im}(X')$,其中 "$*$" 表示矩阵的 Hadamard 乘积,$\mathrm{im}(\cdot)$ 表示矩阵变元的象空间。$m = (M_1 \times M_1) \mathbf{1}$,$\mathbf{1} = (1, \cdots, 1)'$,显然,[1] 中的定理 2 正是本定理在情况 1) 下 $X_2 = I$ 时的特例。

定理 2. 若 $M_2 \neq 0$,则

1) 当 $M_1 \neq 0$(且 $M_1 \neq I$)时,$\mathrm{tr}(D'B^*) + \mathrm{tr}(C\Sigma^*)$ 是其期望值的 UMVIQLUE 的充要条件是 $D = 0 = C$。

2) 当 $M_1 = 0$ 时,$\mathrm{tr}(D'B^*) + \mathrm{tr}(C^*)$ 是其期望值的 UMVIQLUE 的充要条件为 $D = 0 = M_2 C M_2$。

三、主要结果的证明

为完成主要结果的证明,先给出几个引理。

引理 1. 设 $B=B'$,则 $A\Sigma B=0, \forall \Sigma \geqslant 0 \Leftrightarrow A=0$,或 $B=0$。

引理 2. $M_2(M_2CM_2 \uparrow \Phi)=0, \forall \Phi \Leftrightarrow M_2CM_2=0$。

证. 充分性显然,往证必要性。

$\forall \Sigma \geqslant 0$,取 $=\Sigma^{1/2}\delta$,其中 $\delta=(\delta_1,\cdots,\delta_p)'$ 的诸分量独立,$E\delta_i=0$,$E\delta_i^2=1, E\delta_i^3=\mu_i, E\delta_i^4=\gamma_i, i=1,\cdots,p$。

则有 $(M_2CM_2 \uparrow \Phi)=\Sigma^{1/2}[\mathrm{Diag}(\Sigma^{1/2}M_2CM_2\Sigma^{1/2})]\mu$

$$\mu=(\mu_1,\cdots,\mu_\varphi)'$$

于是由 $\qquad M_2(M_2CM_2 \uparrow \Phi) \equiv 0$

得 $\qquad M_2\Sigma[\mathrm{Diag}(\Sigma M_2CM_2\Sigma)]=0, \forall \Sigma \geqslant 0$

从而 $\qquad M_2\Sigma[\mathrm{Diag}(\Sigma M_2CM_2\Sigma)]\Sigma M_2=O. \forall \Sigma \geqslant 0$

由此依 [3] 之引理 3 知 $M_2CM_2=0$

引理 3. 设 $a'y+y'Ay \in \mathcal{D}$,则 $a'y+y'Ay$ 是其期望值的 UMVIQLUE 的充要条件为:存在 $V(\Sigma,\varphi,\Psi) \triangleq V=V'$ 使

$$2M(I\otimes\Sigma)A(I\otimes\Sigma)M+M\mathrm{Diag}(\tilde{D}_i)M=M(I\otimes V)M$$

且 $\qquad M\mathrm{col}((A_{ii} \uparrow \Phi)+\Sigma a_i)=0$

其中 $\tilde{D}_i=D_i+(a_i|\Phi); D_i=A_{ii}\square\Psi-2\Sigma A_{ii}\Sigma-\mathrm{tr}(A_{ii}\Sigma)\Sigma$;

$$A_{ii}=E'_iAE_i, E_i=(e_i\otimes I); a_i=E'_ia。$$

证明类似于 [1] 为引理 1。

引理 4. 设 D_i 为 $p\times p$ 阶对称阵,$i=1,\cdots,N. M=I-P_1\otimes P_2$,$P_i=X_iX_i^*, i=1,2.$ 则

$$M\mathrm{Diag}(D_i)M=0 \Leftrightarrow \begin{cases} [(M_1\times M_1)\otimes I]\mathrm{col}(D_i)=0 & (1) \\ [(M_1\times P_1)\otimes M_2]\mathrm{col}(D_i)=0 & (2) \\ [(P_1\times P_1)\otimes M_2]\mathrm{col}(D_i)M_2=0 & (3) \end{cases}$$

特别,当 $M_2=0$ 时,有
$$(M_1\otimes I)\mathrm{Diag}(D_i)(M_1\otimes I)=0$$
$$\Leftrightarrow [(M_1\times M_1)\otimes I]\mathrm{col}(D_i)=0$$

证. 易见 $M\mathrm{Diag}(D_i)M=0 \Leftrightarrow \mathrm{tr}[M\mathrm{Diag}(D_i)M\mathrm{Diag}(D_i)]=0$。
注意到 $M=M_1\otimes I+P_1\otimes M_2$,$\mathrm{Diag}(D_i)=\sum_{i=1}^{N}(E_{ii}\otimes D_i)$,$E_{ii}=e_i e'_i$,
$\mathrm{tr}(A\otimes B)=\mathrm{tr}A\mathrm{tr}B$。故
$$\mathrm{tr}[M\mathrm{Diag}(D_i)M\mathrm{Diag}(D_i)]$$
$$=\mathrm{tr}[F(M_1\times M_1)]+2\mathrm{tr}[G(M_i*P_1)]+\mathrm{tr}[H(P_1*P_1)]$$

其中 $F=(\mathrm{tr}(D_i D_j))$;
$\quad\quad\quad G=(\mathrm{tr}(D_i M_2 D_j))$;
$\quad\quad\quad H=(\mathrm{tr}(M_2 D_i M_2 D_j))$。

再注意到 $F\geqslant 0, G\geqslant 0, H\geqslant 0$. 进而 $M_1*M_1\geqslant 0, M_1*P_1\geqslant 0$, $P_1\times P_1\geqslant 0$。故

$$M\mathrm{Diag}(D_i)M=0\Leftrightarrow\begin{cases}\mathrm{tr}[F(M_1\times M_1)]=0 & (1)\\ \mathrm{tr}[G(M_1\times P_1)]=0 & (2)\\ \mathrm{tr}[H(P_1\times P_1)]=0 & (3)\end{cases}$$

而 $\mathrm{tr}[F(M_1\times M_1)]=0 \Leftrightarrow \mathrm{tr}[F(_1\times M_1)^2]=0$
$$\Leftrightarrow [(M_1\times M_1)\otimes I]\mathrm{col}(D_i)=0 \quad (1)$$
$\mathrm{tr}[G(M_1\times P_1)]=0 \Leftrightarrow \mathrm{tr}[G(M_1\times P_1)^2]=0$
$$\Leftrightarrow [(M_1\times P_1)\otimes M_2]\mathrm{col}(D_i)=0 \quad (2)$$
$\mathrm{tr}[H(P_1\times P_1)]=0 \Leftrightarrow \mathrm{tr}[H(P_1\times P_1)^2]=0$
$$\Leftrightarrow [(P_1\times P_1)\otimes M_2]\mathrm{col}(D_i)M_2=0 \quad (3)$$

作为例子,往证上述(3)之充要条件。易见
$[(P_1\times P_1)\otimes M_2]\mathrm{col}(D_i)M_2=0$, 即 $[(P_1\times P_1)\otimes M_2]\times$
$\begin{bmatrix}D_1 M_2\\ \vdots\\ D_N M_2\end{bmatrix}=0$. 这等价于

$$\mathrm{tr}\left\{(M_2 D'_1, \cdots, M_2 D'_N)[(P_1 \times P_1)^2 \otimes M_2]\begin{bmatrix} D_1 M_2 \\ \vdots \\ D_N M_2 \end{bmatrix}\right\} = 0$$

即
$$\mathrm{tr}[H(P_1 \times P_1)^2] = 0$$

这又等价于 $\mathrm{tr}[H(P_1 \times P_1)] = 0$。[证毕]

引理 5. 存在 $V = V'$ 使 $(M_1 \otimes I)\mathrm{Diag}(a_i^* | \Phi)(M_1 \otimes I) = M_1 \otimes V$ 在立的充要条件为：存在 $t = (t_1, \cdots, t_p)'$ 使 $(M_1 \times M_1)X_1^{+'}DX_2^+ = mt'$。其中 $m = (M_1 * M_1)1$, $a_i^* = E'_i a^*$, $a^* = X^{+'}d$。

证. 易见 $(M_1 \otimes I)\mathrm{Diag}(A_i^* | \Phi)(M_1 \otimes I) = M_1 \otimes V$

即
$$(M_1 \otimes I)\mathrm{Diag}((a_i^* | \Phi) - V)(M_1 \otimes I) = 0$$

由引理 4 知，这等价于
$$[(M_1 \times M_1) \otimes I]\mathrm{col}((a_i^* | \Phi) - V) = 0,$$

即
$$[(M_1 \times M_1) \otimes I\mathrm{col}]\left(\sum_s e'_s a_i^* \Phi_s\right) = m \otimes V,$$
$$(\text{这里 } m = (M_1 \times M_1)1),$$
$$\sum_{j=1}^k [(M_1 \times M_1)]X^{+'}e_j \otimes (X_2^{+'}d_j | \Phi) = m \otimes V.$$

若上式对任 Φ 成立，特别取 $\varepsilon = \Sigma^{1/2}\delta$，其中 $\Sigma = I$, $\delta = (\delta_1, \cdots, \delta_p)'$ 的诸分量独立，且 $E\delta_i = 0, E\delta_i^2 = 1, E\delta_i^3 = \mu_i, E\delta_i^4 = \gamma_i, i = 1, \cdots, p$。则对与此相应的 Φ 有

$$(X_2^{+'}d_j | \Phi) = \Sigma^{1/2}[\mathrm{Diag}(\Sigma^{1/2}X_2^{+'}d_j\mu')]\Sigma^{1/2}$$
$$= \mathrm{Diag}(X_2^{X'}d_j\mu')$$

于是有
$$\sum_{j=1}^k (I \otimes e'_r)[(M_1 \times M_1)X_i^{+'}e_j \otimes$$

$$(X_2^{+\prime}d_j|\Phi)](I\otimes e_r)=me_r',\mathrm{Ve}\triangleq mt_r$$

即
$$\sum_{j=1}^{k}(M_1\times M_1)X_1^{+\prime}e_je_r'X_2^{+\prime}d_j\mu'e_r=mt_r$$

取 $\mu=(1,\cdots,1)'$,则有 $\mu'e_r=1, \forall r\in\{1,\cdots,p\}$。从而有

$$\sum_{j=1}^{k}(M_1\times M_1)X_1^{+\prime}e_je_r'X_2^{+\prime}d_j=mt_r$$

即
$$\sum_{j=1}^{k}(M_1\times M_1)X_1^{+\prime}e_jd_r'X_2^{+\prime}e_r=mt_r$$

$$(M_1\times M_1)X_1^{+\prime}\left(\sum_{j=1}^{k}e_jd_j'\right)X_2^{+\prime}e_r=mt_r$$

$$(M_1\times M_1)X_1^{+\prime}DX_2^{+}e_r=mt_r$$

故存在 p 维向量 $t=(t_1,\cdots,t_p)'$ 使 $(M_1*M_1)X_1^{+\prime}DX_2^{+}=mt'$。

反之,若存在 $t=(t_1,\cdots,t_p)'$ 使上式成立,则

$$\sum_{j=1}^{k}[e_i'(M1\times M_1)X_1^{+\prime}e_j\otimes(X_2^{+\prime}d_j|\Phi)]$$

$$=\sum_{j=1}^{k}e_i'(M_1\times M_1)X_1^{+\prime}e_j\sum_s e_s'X_2^{+\prime}d_j\Phi_s$$

$$=\sum_s\sum_j e_i'(M_1\times M_1)X_1^{+\prime}e_jd_j'X_2^{+}e_s\Phi_s$$

$$=\sum_s e_i'(M_1\times M_1)X_1^{+\prime}DX_2^{+}e_s\Phi_s$$

$$=\sum_s m_{ii}t_s\Phi_s$$

$$=m_{ii}\sum_s t_s\Phi_s\triangleq m_{ii}V$$

其中 $m_{ii}=e_i'm$。

故存在 $V=V'$ 使 $\sum_{j=1}^{k}[(M_1\times M_1)X_1^{+\prime}e_j\otimes(X_2^{+\prime}d_j|\Phi)]=m\otimes V$

即 $(M_1\otimes I)\mathrm{Diag}(a_i^*)|\Phi(M_1\otimes I)=M_1\otimes V$

有了以上的准备,我们就可以得到 $\mathrm{tr}(D'B^*)+\mathrm{tr}(C\Sigma^*)$ 是其期望值的 UMVIQLUE 的充要条件,下面分几种情况进行讨论。

1) $M_2=0$,即 X_2 为行满秩的情况

此时若 $M_1=0$,则 $\Sigma^*=0$。而由引理 3 知,任 $a'y+y'Ay\in\mathscr{D}$ 都是其数学期望的 UMVIQLUE。故当且仅当 $d\in\text{im}(X')$ 时,$\text{tr}(D'B^*)+\text{tr}(C\Sigma^*)=\text{tr}(D'B^*)=d'X^+y\triangleq a^{*\prime}y$ 是其期望值的 UMVIQLUE。

而若 $M_1\neq 0$,则 $\text{tr}(D'B^*)+\text{tr}(C\Sigma^*)=a^{*\prime}y+y'A^*y$,这里 $a^*=X^{+\prime}d,A^*=(1/(N-r))(M_1\otimes C)$,由引理 3 知,若 $a^{*\prime}y+y'A^*y\in\mathscr{D}$,即若 $X'a^*=d$,亦即若 $d\in\text{im}(X')$,则 $a^{*\prime}y+y'A^*y$ 是其期望值的 UMVIQLUE 的充要条件为:存在 $V=V'$ 使

$$2M(I\otimes\Sigma)A^*(I\otimes\Sigma)M+M\text{Ding}(\widetilde{D}_i^*)M$$
$$=M(I\otimes V)M \qquad (1)$$

且
$$M\text{col}(A_{ii}^*\uparrow\Phi)+\Sigma a_i^*=0 \qquad (2)$$

其中 $\widetilde{D}_i^*=D_i^*+(a_i^*|\Phi);D_i^*=A_{ii}^*\square\Psi-2\Sigma A_{ii}^*\Sigma-\text{tr}(A_{ii}^*\Sigma)\Sigma$;
$$A_{ii}^*=E_i'A^*E_i,a_i^*=E_i'a^*,E_i=(e_i\otimes I)。$$

(1) 等价于:$\exists V_i=V'_i, i=1,2,3$,使

$$\begin{cases} M(I\otimes\Sigma)A^*(I\otimes\Sigma)M=M(I\otimes V_1)M \\ M\text{Diag}(D_i^*)M=M(I\otimes V_2)M \\ M\text{Diag}(a_i^*|\Phi)M=M(I\otimes V_3)M \end{cases}$$

(参见[3]§3 情形 1 之讨论). 即存在 $V_i=V'_i, i=1,2,3$,使

$$\begin{cases} M_1\otimes\Sigma C\Sigma=M_1\otimes V_1 & (1.1) \\ [M_1\text{Diag}(M_1)M_1]\otimes C=M_1\otimes V_2 & (1.2) \\ (M_1\otimes I)\text{Diag}(a_i^*|\Phi)(M_1\otimes I)=M_1\otimes V_3 & (1.3) \end{cases}$$

显然存在 $V_1=V'_1$ 使(1.1)成立、而存在 $V_2=V'_2$ 使(1.2)成立的充要条件为:$C=0$,或存在实数 λ 使 $M_1\text{Diag}(M_1)=\lambda M_1$。后者又等价于存在实数 λ 使 $(M_1*M_1)m=\lambda m$。其中 $m=(M_1*M_1)1, 1=(1,\cdots,1)'$。

由引理 5 知,存在 $V_3=V'_3$ 使式(1.3)成立的充要条件为:存在 p 维向量 $t=(t_1,\cdots,t_p)'$ 使 $(M_1*M_1)X_1^{+1}DX_2^+ = mt'$

(2) 等价于
$$\begin{cases} M\mathrm{col}(A_{ii}^* \uparrow \Phi)=0 & (2.1) \\ M\mathrm{col}(\Sigma a_i^*)=0 & (2.2) \end{cases}$$

式(2.2)即 $M(I\otimes\Sigma)a^*=0$,

亦即 $(M_1X_1^{+'}\otimes\Sigma X_2^{+'})d=0$。

注意到 $M_1X_1^{+'}=0$,故上式自然被满足。

式(2.1)即 $M\mathrm{col}[1/(N-r)]m_{ii}C\uparrow\Phi=0$

亦即 $M_1m\otimes(C\uparrow\Phi)=0$

这等价于 $M_1m=0$,或 $C=0$.

总结以上所述,就证得定理 1。

2) $M_2\neq 0$ 的情况

此时若 $M_1=0$,则 $\Sigma^*=\dfrac{1}{N}M_2Y'YM_2$, $\mathrm{tr}(D'B^*)+\mathrm{tr}(C\Sigma^*)=a^{*'}y+y'A^*y$,其中

$$a^*=X^{+'}d, A^*=\frac{1}{N}(I\otimes M_2CM_2)$$

如前,若 $a^{*'}y+y'A^*y\in\mathscr{D}$,即若 $d\in\mathrm{im}(X')$,则 $a^{*'}y+y'A^Yy$ 是其期望值的 UMVIQLUE 的充要条件为:$\exists V_i=V'_i, i=1,2,3$ 使式(1.1),式(1.2),式(1.3)同时成立,且式(2.1),式(2.2)同时成立。注意到此时式(1.1)与式(1.2),即

$$\begin{cases} I\otimes M_2\Sigma M_0CM_2\Sigma M_2 = I\otimes M_2V_1M_2 \\ I\otimes M_2 S_{M_2CM_2}(\Sigma,\Psi)M_2 = I\otimes M_2V_2M_2 \end{cases}$$

其中

$$S_{M_2CM_2}(\Sigma,\Psi)=(M_2CM_2)\square\Psi-\Sigma M_2CM_2\Sigma-\mathrm{tr}(M_2CM_2)\Sigma$$

易见,自然存在 $V_i=V'_i, i=1,2$ 使上两式同时成立.

而式(2.2)即 $M(I\otimes\Sigma)a^*=0$,亦即 $X_1^{+'}DX_2^+\Sigma M_2=0$。由引理1知,这等价于 $X_1^{+'}DX_2^+=0$,(注意此时 $M_2\neq 0$)。这又等价于 $X^{+'}d=0$,即 $d=0$,亦即 $D=0$。(注意 $d\in\text{im}(X')$)从而 $a^*=X^{+'}d=0$。这时自然存在 $V_3=V'_3$ 使式(1.3)成立又式(2.1)即 $M\text{col}((1/N)M_2CM_2\uparrow\Phi)=0$,亦即 $1\otimes M_2(M_2CM_2\uparrow\Phi)=0$。由引理2知,这等价于 $M_2CM_2=0$。

综上所述,我们已证得:若 $M_2\neq 0, M_1=0$,则 $\text{tr}(D'B^*)+\text{tr}(C\Sigma^*)$ 是其期望值的 UMVIQLUE 的充要条件为: $D=0$,且 $M_2CM_2=0$。

采用类似的方法,可以证得:若 $M_2\neq 0, M_1\neq 0$,(且 $M_1\neq I$),则 $\text{tr}(D'B^*)+\text{tr}(C\Sigma^*)$ 是其期望值的 UMVIQLUE 的充要条件为: $D=0=C$。这样,我们又完成了定理2的证明。

参 考 文 献

[1] Kleffe J. Journal of Multivariate Analysis[J]. 1979(9):422.

[2] 徐承彝、杨文礼. 数学年刊[J]. 1983,4(5):607.

[3] 杨文、徐承彝. 数学年刊[J]. 1985,6(4):525.

[4] Kelffe J. Math, Operationsforsch, Statist, Ser. Statist[J]. 1978,9(3):443.

文选二

计算机界面技术
（物理）
吴 俊

论 文 提 要

本文讨论的是计算机界面技术。通过对用 Quick BASIC 制作的模型进行讨论，初步讨论了界面技术。本文简单介绍了我所制作的界面模型的特点和该界面运行的方式，以及讨论了一些该模型所用的界面制作技巧。在本文结尾讨论了界面技术的意义，并指出好的界面是好软件所必需的。

序 言

在我们制作的一些物理教学的软件中，我们遇到了一些问题：怎样制作出好的界面。如：

1. 在教学软件运行时，对于不同用户如何选择不同的内容，例如，一个高一学生和一个高二学生将会选择不同册的书；同一册书，不同的人也将会选择不同的章、节；而且还有课文和练习的选择。因此，界面首先要解决的就是上述的选择问题。

2. 在教学软件运行时，该程序应如何运用，对于用户、程序应提供适当的帮助信息，使用户可以运用自如？这又是一个要解决的问题：提供帮助信息，提供适当的操作手段。对于一篇较长的课文，屏幕可能无法容纳，因此，需要翻页、换行等，如果连续滚动，用户将无法阅读。对于习题，一般情况下，对用户选择的习题答案，计算机应能给予正误判断。

从以上问题出发,我用 Quick BASIC 制作了一个界面的模型,在本文中作为我讨论界面技术中一些具体问题的出发点。程序名为 WUJUN.BAS。

一、程序的特点

在此先介绍一下本程序的特点,来程序有以下特点:

(一)采用四级菜单,分别为"主菜单"("册"的菜单),"章"菜单为下拉式,"课"与"课文—练习"菜单为弹出式。各级菜单可逐级打开,亦可逐级关闭,并能随时调用各级帮助菜单,通过系列菜单及帮助菜单,使用户操作方便,易于掌握。

(二)各级菜单的图形由其他程序用图形方式制作并以二进制文件的形式,存入磁盘。这些二进制文件以"GRH"为扩展名,并采用图形方式。图形方式的优点是菜单内容可以丰富多彩,处理方式灵活,调用方便;其缺点为占用字节太多。本程序采用一段 SUB 过程 subb 专门用以调用该类文件。

(三)本程序作为模型,通过一些改动可以成为真正可用的软件界面。

可做以下改动:

在选择菜单同时,对四个变量赋值 Book, Chopter Lesson. Text $。如:Book=1, Chapter=3, Lesson=1, Text $ ="E"。

在情况语句中,对以上四个变量进行判断,或用控制转移,on-GOTO,控制转子 on-Gosub,调用相应的章节的课文或练习。如各变量已赋值如上,则调用第一册第三章第一课的练习。

因此,界面与课文习题的内容可以各自独立完成,在各部课文—练习完成后,界面可以使用了。

(四)在操作控制方面,本程序主要采用三种方法:①运用箭头控制光标进行选择,通用回车键选定。②运用特殊字符法,即通过特殊字符一次击键,完成执行内容。③运用功能键进行控制,实现特定功能。这些方面与其他软件相似。

二、程序运行过程

通过对程序运行过程进行一些介绍,来反映编程的构想及程序所解决的一些问题。

程序运行时通过逐级打开相应菜单,从而选择相应章节的课文或习题以供用户使用。通过一些键实施控制,从而使用户体验更灵活方便,并以帮助菜单,提供帮助。

运行本程序,屏幕显示主菜单,最上一行为白底黑字"MAIN MENU";其第二行为"Book one""Book two""Book three""Help"等字样,其中"o""t""r"及"H"以特殊方式显示,提示用户击该键打开相应的菜单;屏幕最底行提示为"F1 得到帮助,F2 返回主菜单,F3 出口";即 F1 键用以打开帮助菜单,在任何情况下,用 F1 键可得到即时的帮助信息,帮助菜单用 Esc 键或 Enter 键取消;F2 键为在程序运行时,用户打算放弃当前工作而重新开始时使用,击 F2 键,屏幕重新出现主菜单,重新开始。击 F3 键,程序结束。Esc 键用以取消当前菜单(不包括主菜单),如当前菜单为"课"菜单,此时击 Esc 键,则"课"菜单消失返回"章"菜单。

在主菜单下去,击"o""t""r"打开第一、二、三册各章菜单,"章"菜单打开后,可用"↑""↓"选择相应的章,并有条形光标,作为提示。此时,用户依然可用"o""t""r"键或"→""←"键选择其他册的内容。

相应的章被选定,用回车键确定,同时打开"课"菜单。"课"菜单也用方向键控制条形光标选择。此时还可用 Esc 键取消,返回

"章"菜单,重新选择。因此,用户可以有多次选择的手段,对其他各级的菜单亦可如此取消,返回上一级菜单。同样选择了"课"之后,打开"课文—练习"菜单。

在"课文—练习"菜单下,可用"Tab"键或"←"键、"→"键选择课文或练习。

在选择课文时,用 Enter 键选定后,屏幕上部内容被清除,而保留最底行提示。上部出现课文,阅读课文可通过上、下翻页"PgDn/"及"Pgup"键实现翻页,从而可以阅读全文。在课文结束时有"Do exercises?(Y/N)"的提示,击"Y"键则进行练习,击"N"键则返回主菜单。

在选定练习后,或是阅读课文后做习题。同样清除屏幕上部,而保留末行关于功能键的提示。在做习题时,采用选择题形式,选择答案,计算机将进行正误判断,之后提示"Donext?(Y/N)"提示,击"Y"键则继续下一题,"N"键则返回主菜单。

在程序运行中,击下 F1 键则打开相应的帮助菜单,提示对应的帮助信息。

三、程序所应用的一些技术

以下谈的是我在编程过程中的一些心得。

(一)在程序中,各级菜单采用图形方式。并通过打开二进制文件得到相应图形。通过一些其他独立程序如 MIDONE、BAS 及 HELPGRH1、BAS 等生成(见所附程序清单)。在这些程序中,通过图形和文字的组合,得适当的菜单图样后,用以下程序段生成相应的图形二进制文件。

···GET(x,y)—(x₂,y₂),b

DEF SEG=VARSEG(b(1))

BSAVE "HELPl.GRH",VARPTRb(1),2700

DEF SEG

其中 b 为 DIM b(1 TO 3000)所定义数组。

这些被生成的以 GRH 为扩展名的文件通过调用,可得各种菜单图形。

(二)下面介绍程序所用的三个 SUB 过程。

本程序所用的三个 SUB 过程为 SUB suba、SUB subb、SUB Help。

suba 通过传递 y!,o!,p!,q!,k$ 及 e! 数组,实现 chapter,lesson 菜单中的条形光标的上、下移动,移动通过方向键向上"↑"和向下"↓"控制,k$ 传递内容即判断依据。其中 y!,o!,p!,q! 传递坐标位置。e! 数组则是光标的图形。

subb 的参数是 kk$ 及 d!1)数组。其内容为:

DEF SEG=VARSEG (d(1))

BLOAD KK$,VARPTR(b(1))

DEF SEG

因此,只须通过 OALL 语句调用 subb 过程,即可实现二进制文件的打开,kk$ 为文件名 d( )! 传递文件内容。

SUB help 的参数为 level!,其意义为帮助级别。SUB help 的内容有几部分。

1. 赋值语句 a$="help"+RZGHT$(STR$(level),1)+"grh",运用函数 STR$ 及 RIGHT$ 和字符串的办法,运算得出 a$ 的值,即对应帮助级别的帮助菜单内容的二进制文件名。

2. 通过调用 subb 打开帮助菜单内容的二进制文件。

3. 通过判断是否取消帮助菜单。

因此,通过 CALL help(level)可调用 help 得到相应帮助级别的帮助菜单,并能在控制下取消。

SUB 过程的使用减少了程序中的繁琐、重复,使得程序结构更清晰明朗、更有可读性。

(三)在程序中多次出现类似 Do:K$=INKEY$:LOOP WHILE K$=""的语句,这里运用了一个函数 INKEY$,它是一种特殊输入操作。NKEY$ 从标准输入设备上读字符,不管键盘缓冲区有多少字符,INKEY$ 总是返回一个字节或两个字节的字符串。具体来说函数值是含有 0、1 或 2 个字节的字符串,其中:

空字符串(长度为 0)表示没有在键盘上输入字体;

一个字节的字符串是从键盘上读的实际字符;

两个字节的字符串表示一个专用扩展代码,其中第一字节是 OOH。

利用 INKEY$ 函数,程序可以随时对键盘进行搜索,以确定用户有没有打入什么东西,从而执行相应操作。

(四)本程序中大量使用的还有情况语句,其格式如下:

SELECT CASE 测试表达式

CASE 表达式表 1

[语句块 1]

CASE…

…

CASE ELSE

[语句块 n]

END SELECT

情况语句有很多优点,通过大量的情况语句的判断,大大提高了程序运行的灵活性和可操作性,使用户使用更方便。在程序中,也使程序易于阅读,结构清晰。

（五）通过 KEY（1），178 等对 F1,F2,F3 等功能键的定义，并配合 INEY＄及情况语句的使用，基本上得到与适时打开、关闭的事件陷阱相似的功能键的作用。

（六）菜单的打开与取消。在制作菜单时，采用除白底及可见边框外还有一部分看不见的黑框，在打开时黑框使菜单更清晰。为了使各级叠在一起的菜单，在取消最后一级之后能够恢复原样，本程序采用下述方法：在打开该级菜单时，

CASE CHR＄(B)

GET（x_1,y_1）—（x_2,y_2），b 先取出原样（该菜单占用处）

CALL subb(a＄,bb())调用图形文件

PUT（x_1,y_1），bb，PSET 打开菜单

…

（取消菜单）

CASE CHR＄(B)

PNT（x_1,y_1），b，PSET 使恢复原样

通过这样的程序段可以使程序调用和取消各菜单时方便而不留痕迹。在各种情况下，如阅读课文做习题时，调用帮助菜单不受影响。

（七）GET 与 PUT 语句的使用。在菜单的打开与取消时，采用了 GET 与 PUT 语句从而实现上述功能。在程序其他部分亦采用 GET 与 PUT 语句，如条形光标随方向键移动。

PUT 语句有五种操作方式（缺少时为 XOR 方式），其五种方式为：PSET、PRESET、OR、AND、XOR。本程序采用两种方式，PSET：按存入数组的像素信息原样显示，如菜单的打开与取消；XOR：把存入数组的像素信息与屏幕上的像素信息"按位加"后显示，如章节菜单中的条形光标，还有 Text-exercises 菜单中的小矩形光标均用 XOR 方式。

（八）清屏。在从主菜单进入课文或习题时,需要清屏,但又需要保留最底行的提示信息。程序采用一个小技巧,运用LINE(0,0)—(639,188),O,BF进行清屏,然后执行LOCATEI,使光标恢复到屏幕顶端。通过这样的清屏,既保留了最底行提示,也避免了可能造成的闪动。

（九）通过特殊字符实施的控制。在清屏之后,课文须通过"PgDn"键和"PgUp"键控制而实现上下翻页,以及前面所运用的方向键,"PgUp"键、"PgDn"键及方向键都是一种特殊字符。阅读前面谈到的INKEY＄函数可知,有时INKEY＄函数返回两个字节的字符串,而这种两个字节的字符串表示一个专用扩展代码,其串第一个字节的代码为OOH。

因而"PgDn"键、"PgUp"键及方向键即是这种字符。它们的第一个字节的ASCII代码为0,因此该字节可用CHR＄（0）表示。第二个字节的代码称为扫描码,如"PgDn"键的扫描为81,则可用CHR＄(0)＋CHR＄(81)表示"PgDn"键。"PgUp"键的扫描码为73。当击"PgDn"键时,通过INKEY＄赋值给K＄,则K＄＝CHR＄(0)＋CHR＄(81),因此,可以通过情况语句控制翻页。如:

```
1000   DO:K＄＝INKEY＄＝LOOP WHILE K＄＝…
       SELECT CASE K＄
       CASE CHR＄（0）＋CHR＄(81)
       …(向下翻页)
       CASE CHR＄(0)＋CHR＄（73）
       …(向下翻页)
       CASE…
       …
       END SELECT:GOTO 1000
```

同样,经查阅资料,或运用我编制的ASCL.BAS的程序可以得知方向键的扫描码,可以实现方向键的控制。

以上通过本程序讨论了一些界面制作时可能运用到的一些技巧。

四、讨论界面技术的意义

一个好的软件需要一个好的界面。它能起到用户的助手的作用,方便用户的使用,从而也提高了软件的使用率。教学软件尤其需要好的界面,从而方便学生学习使用,提高学生的学习兴趣,这样才能便于软件的普及推广,发展计算机教学。因此,我们要重视并研究界面技术。

文选三

"喜达克"营养液抗衰老作用评价
（生物）

赵 红

摘 要：本次实验依据衰老的"脑中心学说"和衰老的"自由基学说"理论，以15月龄BALB/C小鼠为实验材料，采用灌胃方法定量给药，并对与上述理论相关的生化指标进行测定，从而对"喜达克"营养液进行抗衰老功效的评价。结果表明：与对照组相比，"喜达克"营养液可以使全脑的MAO-B，心肌脂褐素显著降低，可明显地提高肝脏SOD的活性，同时对肝脏的MAO-B无显著的抑制作用，保持肝脏正常的解毒功能。以上的结果提示，"喜达克"营养液具有较好的抗衰老效果，可作为一种较为理想的抗衰老功能食品加以推广。

关键词："喜达克"营养液 衰老 MAO-B SOD 心肌脂褐素

前 言

香菇，又名香草、香菌、冬菇，中国主要产地是浙江、福建、江西、广东、广西、台湾、安徽等省。它不仅香气浓郁、味道鲜美、营养丰富，而且还有一定的药用价值，素有"蘑菇皇后"的美名。[30]

香菇在营养成分上，除具有食用菌高蛋白、低脂肪的特点外，所含的氨基酸种类多达18种，人体所必需的8种氨基酸，香菇中就有7种，是人体补充氨基酸的首选食品。香菇中含有多种维生素，此外还含有30多种酶,对于克服人体某些酶的缺乏,协调和帮助消化,具有一定的作用。[29]香菇中的有效成分 Eritadenine 可降低所有血浆脂质,包括胆甾醇、甘油三酯和磷脂。近年来对香菇多糖的研究愈加深入,愈认为香菇多糖能够显著地提高机体的免疫力,从而达到抗病毒、抗癌的作用。综上所述,香菇能有效地调节机体内环境的平衡,从而起到延缓衰老的作用。

"喜达克"是一种天然的,由香菇真菌发酵而成的营养液,它内含蛋白质、氨基酸、不饱和脂肪酸纤维素,维生素 A、B1、B2、C、E 和胡萝卜素,微量元素钙、磷、铜、铁、锰、锌及菌类多糖,是一种较理想的高级营养液。

一、实验原理

(一) 衰老的自由基学说

衰老的自由基学说从1955年 Harman 教授提出至今已有三十几年的历史了,随着实验技术和手段的发展与改善,大量实验证据的积累,使之越来越受到人们的广泛重视。[1]

衰老的自由基学说认为:在生物体内,不仅由于某些药物、污染物和辐射作用于生物体会使之产生一些自由基,更重要的是无处不在的自由基反应被人体正常的酶促和非酶促反应在全身细胞和组织中不断地起动和蔓延,这种自由基的连锁反应能产生较大量的氧自由基,它包括超氧负离子、氢氧自由基和过氧化氢。[4]生理条件下,机体所产生的少量氧自由基可迅速被体内酶系统,如超氧化物歧化酶(SOD)、过氧化氢酶(Catalarc)和谷胱甘肽过氧化物酶(Glutathione Peroxidase)都可以消除自由基,不会使之对机体产生损伤作用。[5]但在异常情况下,如自由基水平上升等,使正常的自由基代谢失去平衡,大量自由基在体内积蓄,使脂质发生氧化,破坏细胞膜的生物功能;自由基还可与蛋白质中的肽键,氨基酸残基以及巯基反应,从而改变蛋白质的结构、性质和酶活性、损伤细胞结构,这种损伤不断积累,导致细胞功能的衰退,进而使机体发生退行性变化而致衰老。

自由基对脂类的损害是巨大的,可以形成过氧化脂质和生成心肌脂褐素。在脂质过氧化作用中,自由基首先作用于多价不饱和脂肪酸形成烯丙基多不饱和脂肪酸自由基,之后在 O_2 的作用下生成脂类过氧化自由基,在链式传播的作用下生成脂类氢过氧化物,干扰生物膜磷脂双分子层上镶嵌的多种酶的空间构型,使膜的通透性改变,功能发生退行性变化。[5]因而过氧化脂质的多少在一定程度上也反映了自由基的多寡。心肌脂褐素也是一种与自由基损伤致衰老有关的物质。生物膜的磷脂分子中的多不饱和脂肪酸发生氧化作用的同时分解产生丙二醛,丙二醛可与含有游离氨基的蛋白质、磷脂酰乙醇胺等形成 Schiff 碱,而使生物分子之间发生交联,交联多次的结果是生成由异常的连接的比原来大许多倍的大分子,这些大分子进入溶酶体后不能被其中的水解酶类消化,随着年龄的增长而蓄积于其中成为黑色的脂褐素。脂褐素积累在细胞中,使细胞无法行使正常的功能,从而造成衰老。所以,心肌脂褐素的含量的多少也反映了机体的衰老程度。

在体内能有效地清除自由基的酶系统中,SOD 是机体唯一能直接地、特异性地淬灭超氧自由基的抗氧化酶,在抗自由基中毒中起着非常重要的作用,它能将 O_2^- 自由基歧化为过氧化氢和氧,使 O_2^- 维持在一个低水平上,起到了对抗生物分子氧化降解的防护作用。[27]能有效地清除自由基的破坏作用,从而延缓衰老过程。但是动物各脏器,人体各器官组织的 SOD 活性是随龄下降的,因此,提高机体中 SOD 的水平和活性,是抵抗生命衰老的有效手段。

（二）衰老的脑中心学说

衰老的脑中心学说认为：衰老是一个复杂的生理过程，在这个过程中，机体的适应能力和贮备能力的下降、细胞的死亡、各器官功能的减退都是由于神经内分泌的变化引起的，因此认为在脑中存在一个调节中枢，控制着机体衰老的进程。经过多年的研究，Finch等学者们发现在脑内确实存在这样一个衰老的控制中心，即下丘脑——垂体内分泌轴，并被称为"脑中央衰老钟"。机体衰老这种内环境平衡的瓦解并非由于内分泌腺本身功能的恶化，而是由于下丘脑对垂体失去控制，而垂体又对全身内分泌腺失去控制的缘故。

生化学者们经研究发现，改变机体中某些神经递质的比例，可以阻止或逆转动物的衰老过程，进一步的研究认为脑内单胺类神经递质的含量和比例的变化是控制这个"衰老钟"运行的发条。

单胺类神经递质包括 5-羟色胺（5-HT）、去甲肾上腺素（NE）和多巴胺（DA）。在机体中，单胺氧化酶（MAO）的水平和活性的高低能改变单胺类神经递质的含量和比例，使脑的生理功能发生改变。因此，MAO的水平成为脑中心衰老学说中衡量衰老的一个重要指标。

单胺氧化酶是一种催化芳香族、脂肪族单胺类氧化脱氨基反应的酶，它广泛地存在于动物和人体的不同器官和组织，可以催化各种不同类型的单胺类物质进行氧化脱氨作用。它是一种多功能酶，与一般胺的解毒及活性胺的处理有关。在神经系统中，MAO主要作用是处理多余胺，调节单胺类神经递质的含量。

根据底物的亲和力和对抑制剂敏感度的不同，将MAO分为A、B两种类型。MAO-A存在于神经元中，而MAO-B存在于神经胶质细胞内。1971年，Robinson等发表了关于MAO与衰老的第一篇报告。Nies等的研究表明人脑中MAO活性在45岁后随增龄而急剧增加，由于脑内MAO可间接反映生物体的老化程度，所以它又被称为老化相关酶。大量的研究还表明,在许多脑区,MAO-B 的活性是显著地随龄增高的,而 MAO-A 的活性是否有随龄变化的趋势许多文献各说不一,还处于探讨之中。

正常生理状态下,在脑的衰老过程中,神经元不断丧失,胶质细胞不断补偿其空缺的位置。由于 MAO-B 主要存于胶质细胞中,因此 MAO-B 发生了随龄增高的变化。[23]由于衰老过程中神经元的丧失和神经胶质细胞的补偿作用,使得神经元与靶细胞间往往不能形成直接的突触联系,因此,许多神经递质只能通过扩散作用到达靶细胞未发挥作用。但存在于神经胶质细胞中的 MAO-B 催化了处于扩散状态的单胺类神经递质发生氧化脱氨,从而致使 DA、5-HT、NE 三者比例的失调,使脑的生理功能发生紊乱,导致衰老。MAO-B 水平在脑中的随龄增高还可以引起某些老年精神性疾病,如抑郁症、阿尔采默氏症以及帕金森氏症。[19]因此,减少脑中 MAO-B 的含量或降低其活性,可以成为延缓衰老、预防一些老年疾病的有效手段。

在多年来的临床实践和研究中,人们发现约 140 种 MAO 的抑制剂,从抗衰老的角度来看,使用适当的 MAOI 来改善中老年人脑中单胺能系统的功能,改善某些功能和行为,是完全可能的,但大多数 MAOI 都有较严重的副作用。因此,寻找各种天然物质利用其功能因子来抑制 MAO-B 的活性,从而延缓衰老,是当今抗衰老研究的方向之一。

二、实验材料和方法

(一)实验材料

15 月龄 BALB/C 小鼠,由北京医科大学动物实验科学部提供。

(二)实验方法

按体重随机分为两组,雌雄兼用,体重经 t 检验后无显著性差异。

"喜达克"实验组:每日定量灌胃"喜达克"营养液 1ml。

白水对照组:每日定量灌胃白水 1ml。

两组分别灌胃 60 天后,断头处死,对各项抗衰老指标进行测定:

1. 全脑 MAO-B 比活性:紫外吸收法

   (Mc Ewen C;"Monoamine Oxidare In method in Enzymology"Vol. 17,1971)

2. 肝脏 MAO-B 比活性:紫外吸收法

   同 1。

3. 心肌脂褐素含量:荧光法

   [田清莱等:《某些天然食物和中草药对小鼠心肌脂褐素影响》,《老年学杂志》,1986,6(4):50~51]

4. 肝脏 SOD 比活性:邻苯三酚自氧化法

   [邹国林等:《一种 SOD 的测定方法——邻苯三酚自氧化法的改进》,《生物化学与生物物理进展》,1986,(4):71~73]

(三)实验仪器和试剂:

1. 752 型紫外光栅分光光度计
2. 721 型分光光度计
3. 930 型荧光光度计
4. 考马斯亮蓝 G250:Fluka 公司产品
5. 其余试剂均为国产分析纯试剂

三、实验结果

"喜达克"营养液对 15 月龄 BALB/C 小鼠,各项抗衰老指标的影响($x \pm s$)如表 1 所示。

表 1

组别 / 指标	n	对照组	实验组	t 检验
全脑单胺氧化酶比活性（$\times 10^{-3}$ OD/mgpro）	14	22.237 ± 2.799	15.989 ± 4.007	$P<0.01$**
肝脏单胺氧化酶比活性（$\times 10^{-3}$ OD/mgpro）	12	35.70 ± 5.93	35.06 ± 8.76	$P>0.05$
心肌脂褐素（μg 荧光物质/g 心肌）	15	4.147 ± 0.7326	29.62 ± 0.6338	$P<0.01$**
肝脏超氧化物歧化酶（$\times 10^3$ V/mgpro）	12	3.252 ± 0.337	3.599 ± 0.326	$P<0.05$*

注：*：显著性差异；**：极其显著性差异

"喜达克"营养液对 15 月龄 BALB/C 小鼠，各项衰老指标的影响比例示意见图 1。（以对照组测定数值为 100％）

从图中可以看出：

（1）"喜达克"营养液使 15 月龄 BALB/C 小鼠的全脑 B 型单胺氧化酶（MAO-B）活性下降了 28.097％。具有极显著的抑制作用（$P<0.01$），而对肝脏 MAO-B 的作用不明显（$P>0.05$）。

由于"喜达克"营养液能显著地抑制全脑的 MAO-B，因此它可以有效地起到抗衰老的作用。同时，由于肝脏是动物的主要解毒器官，且 MAO-B 为一种多功能酶，在肝内起到对胺的解毒作用。"喜达克"营养液对肝 MAO-B 活性无明显的抑制作用，则保证了肝脏的正常解毒功能。

（2）"喜达克"营养液能够显著地提高 15 月龄 BALB/C 小鼠肝脏 SOD 的比活性，可使其比正常值提高 10.67％（$P<0.05$）。SOD 比活性的提高，能够非常有效地清除体内具有损伤作用的自由基，

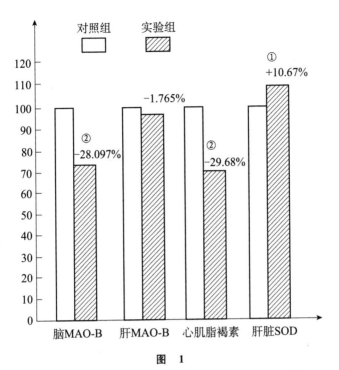

图 1

注：①表示实验-对照组测定结果二者该项衰老指标有显著性差异（$P<0.05$）

②表示差异极为显著（$P<0.01$）

使体内各组织器官免受损伤，从而延缓衰老过程。

(3)"喜达克"营养液可使15月龄BALB/C小鼠心肌脂褐素含量下降29.68%，具有显著地抑制脂褐素在细胞内沉积的作用（$P<0.01$）。

综上所述，无论是从"衰老的自由基学说"的角度，还是从"衰老的脑中心学说"的角度评价，"喜达克"营养液都是一种非常有效的抗衰老的功能食品。

四、附录

(一) 关于实验动物的选择

在研究抗衰老的时候,首先要考虑选择适当的实验动物,一般用作衰老研究的实验动物应具备以下条件:

1. 在相当稳定的条件下,具有较稳定的寿命
2. 对传染病和流行病有一定的抵抗能力
3. 在生理学和病理学方面与人类相似
4. 食性及营养条件类似于人类
5. 能施行多项衰老指标的检测
6. 生存曲线类似于人类
7. 实验结果容易外推到人
8. 价格便宜,饲养管理简便

鉴于以上这些要求,我们选择了BALB/C小鼠作为本次毕业论文的实验动物。纯种BALB/C小鼠具有其独特的优点:BALB/C小鼠是近交品系,是在兄妹或亲子之间交配20代以上,其基因的纯合程度可达98.6%,具有个体之间在遗传上一致的特性,且易于进行重复和定量比较实验。BALB/C小鼠使用范围广,生长各项性能良好,因此选用BALB/C小鼠作为实验动物是非常合适的。

(二) 实验动物的给药方法及剂量

为了保证给药量的准确,在本次实验动物的喂养中,我们采用了定量灌胃的方法,为了保证条件的一致性,对照空白组也采取定量灌胃的方法,剂量确定方法如下:

小鼠的给药量/g＝成年人(60kg)的给药量/g×10"喜达克"营养液:

保健者:每日两次,每次50～80ml,即每日服用的总剂量为

100~160ml。

小鼠(30g±):每日应服用的剂量(max)为0.8ml。

由以上的结果可知,每日灌胃量为1ml是适合剂量。

(三)饲养期间实验动物体重的变化

在本次实验中,我们对动物的体重变化进行了跟踪测定,以期从中了解实验动物的健康状况,保证实验结果的科学性和可信性。

本实验中动物体重变化见图2。

从体重曲线中,我们得到以下的结果:

1. 从体重变化来看,实验组的体重波动要小于空白对照组,这表明实验组要比对照组具有更强的对环境的适应能力,说明"喜达

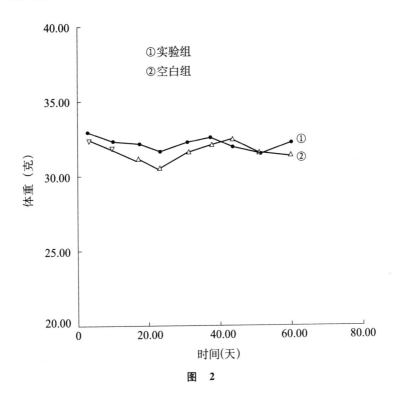

图 2

克"营养液具有一定的功效。

2. 从两条体重曲线中可以看出,实验组与对照组体重变化的趋势大体是一致的。由于动物饲养条件的不断变化,特别是在饲养20天左右时,由于动物房停电等原因,使动物房的温度不能保证在 $20℃±3℃$,最低时甚至降到 $12℃$,因此在这期间动物的体重发生了下降,但其中实验组体重的降低($-1g$)要低于空白组体重的降低($-2g$),据此,我们认为这时"喜达克"营养液已开始发挥功效,使实验组动物的体重相对波动较小。

3. "喜达克"实验组的体重在开始阶段处于下降的趋势,这是由于开始灌胃"喜达克"营养液时动物受到人为的刺激和损伤,但一段时间后,当实验动物适应了这种刺激后,体重便开始回升。

4. 当灌胃饲养近60天时,由于天气骤热,气温急剧升高,动物房的温度、湿度和气味都严重影响了小鼠的生长,动物体重有所下降。从图中可以看到,对照空白组15月龄BALB/C小鼠体重不断明显下降,而"喜达克"营养液组体重下降后又回升了。因此,从一个侧面,我们可以看到"喜达克"营养液确实具有其功效。

(四) 全脑MAO-B的测定原理及方法

1. 原理

MAO是一类可催化各种不同类型单胺类氧化脱氨的酶:

$$R·CH_2·NH_2+O_2+H_2O \xrightarrow{MAO} R-CHO+NH_3+H_2O_2$$

本方法采用MAO-B的特异性底物苄胺为反应底物,使其与MAO-B反应一定时间后测定反应产物苄醛的含量,从而确定MAO-B的比活性。

2. 试剂

1) 0.2M pH7.4 磷酸缓冲液

2) 60%高氯酸

3）8mM 盐酸苄胺溶液

4）环己烷

5）考马斯亮蓝

6）标准牛血清白蛋白溶液

3．测定方法

1）粗酶液制备

取全脑，放入已预冷的组织匀浆器中，加入适量预冷的 0.2MpH7.4 磷酸缓冲液于冰浴中研磨匀浆，匀浆液于 10000g 离心 10min(0℃)，再将上清液于 35500g 离心 20min(4℃)，离心后用适量缓冲液将沉淀制成悬浮液并定容至 3.5ml，即为粗酶液，立即测定，或 -18℃ 以下保存一天内测定。

2）酶活测定

取 0.2ml 粗酶液加入 0.3ml 8mM 盐酸苄胺溶液，用 0.2M 磷酸缓冲液补充至 3ml，于 37℃ 振荡保温 3 小时，取出后立即加入 0.3ml 60% 高氯酸终止反应，再加入 3ml 环己烷振荡提取后于 3000rpm 离心 10min，取上清液于 $\lambda=242nm$ 波长下比色。

样品空白：取 0.2ml 粗酶液，因 0.2M 磷酸缓冲液补充至 2.7ml，于 37℃ 振荡保温 3 小时，取出后加 0.3ml 盐酸苄胺，再加入 0.3ml 高氯酸终止反应，再加入 3ml 环己烷振荡提取后于 3000rpm 下离心 10min，取出上清液，用此液作为空白调"零"。

3）粗酶液中蛋白质浓度的测定

$$Bio-rad 法$$

4．酶活单位的意义

酶活单位：OD/mgpro/hr

其中：OD——测定样品的 OD 值；

　　　mgpro——粗酶液中蛋白质的含量；

hr——样品液在测定过程中的反应时间(37℃)。

（五）蛋白质含量标准曲线（图3）

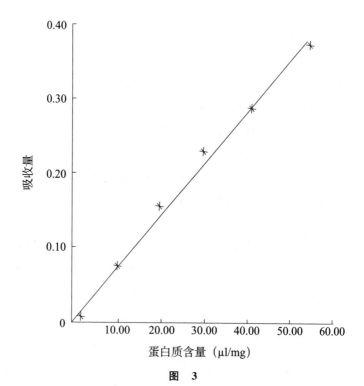

图 3

回归方程：$y=0.007629x+0.004286$ $r=0.9993$

（六）实验数据

1. 全脑 MAO-B 比活性（$\times 10^{-3}$ OD/mgpro）

	实验组	对照组		实验组	对照组
1	10.584	25.047	4	12.316	19.783
2	14.587	21.848	5	17.910	24.275
3	15.928	26.049	6	14.288	18.807

续表

	实验组	对照组		实验组	对照组
7	9.222	26.337	12	20.841	20.337
8	20.220	20.118	13	22.460	23.665
9	18.329	18.423	14	11.808	23.324
10	17.620	24.141	$\bar{X}$	15.989	22.237
11	17.713	19.884	S	4.007	2.799

2. 肝脏 MAO-B 比活性($\times 10^{-3}$ OD/mgpro)

	实验组	对照组		实验组	对照组
1	23.98	27.80	8	35.48	35.68
2	26.51	28.51	9	37.12	40.08
3	27.41	29.61	10	42.74	40.26
4	28.77	30.12	11	49.33	40.49
5	29.74	31.72	12	50.96	41.47
6	34.12	31.75	$\bar{X}$	35.06	35.70
7	34.57	34.28	S	8.76	5.93

3. 心肌脂褐素含量(μg 荧光物质/g 心肌)

	实验组	对照组		实验组	对照组
1	2.1317	3.5714	10	2.9412	4.8359
2	2.1066	2.6994	11	2.5518	4.3771
3	2.8501	3.0322	12	2.3372	4.1868
4	2.6573	5.2129	13	2.4369	4.6784
5	3.7139	4.1096	14	3.8950	4.1479
6	2.6349	3.4993	15	3.8029	4.1415
7	2.5815	5.2997	$\bar{X}$	2.9162	4.1479
8	3.2303	4.4708	S	0.6338	0.7326
9	3.8685	3.9429			

4. 肝脏 SOD 比活性（$\times 10^3$ U/mgpro）

	实验组	对照组		实验组	对照组
1	3.704	2.613	8	3.729	2.795
2	3.306	3.282	9	3.820	2.963
3	2.775	3.501	10	3.470	3.127
4	3.998	3.356	11	3.013	3.379
5	3.398	3.380	12	3.141	3.662
6	3.893	3.207	$\bar{X}$	3.599	3.252
7	3.947	3.761	S	0.326	0.337

（七）文献综述

"喜达克"营养液的抗衰老效应

前　言

衰老是一切多细胞生物随着时间的推移，自发的、必然的过程，在机体和组织的各级水平中出现有害的改变，并表现出功能性、适应性和抵抗力的衰退。

世界上关于衰老的学说很多，在本次毕业设计中，我们所依据的是以下两个经过长期实验论证的具有广泛影响的衰老学说——"衰老的自由基学说"和"衰老的脑中心学说"。

1. 衰老的自由基学说

衰老的自由基学说的创始人是美国加利福尼亚大学的 Denhan Harman 教授。他于 1955 年发表了《衰老过程和自由基反应》，为以后的研究工作奠定了基础。[1]

氧自由基是一类具有高度化学反应活性的含氧基团，主要是指

超氧负离子 O_2^-（Super Oxide anion）和氢氧自由基·OH（Hydroxyl Radical）。单线整氧 O_2 和过氧化氢（H_2O_2）亦具有类似氧自由基的损伤作用。[2]

化学反应中自由基的产生方式主要有两种：一种是均裂，即由共价键结合的化合物在裂解时，共有的电子对平均分配给两个原子团或每个分子的片断；另一种是异裂，即共有的两个电子由一个原子或原子团独占，形成离子化合物。[3]病理条件下，引起自由基生成增加的主要因素有：①黄嘌呤氧化酶；②铁离子的氧化还原反应；③激活的中性粒细胞；④某些化学物质的代谢：如氯霉素、阿霉素、呋喃西林、棕榈酸盐；⑤体内的一些酶类：如还原黄素酶；⑥儿茶酚胺的降解；⑦花生四烯酸的代谢。

正常人体中存在的自由基的来源有四种途径：①经空气、吸烟、药物、食物经肺及消化道摄入；②摄入原形物质，经微粒体酶转化为自由基；③经射线照射使体内成分改变；④体内代谢过程中产生。[4]

自由基的反应常以连锁反应的方式进行，它们为启动（Znitiation）、蔓延（Propagafion）和终止（Fermination）三个阶段。启动阶段是由于电子传递、药物、某些酶、污染物或辐射的作用，使分子氧得到一个电子转变成超氧化物阴离子自由基。正常情况下，可被超氧化物歧化酶（Super Oxidare Dismutase）、过氧化氢酶（Catladse）和谷胱甘肽过氧化物酶（Glutathione Peroxidase）的作用而除去。但若因某些原因而未除去，则超氧化物阴离子自由基可形成氢氧自由基，作用于周围的生物大分子，发生连锁反应，通过电子转移、加成反应及单电子转移等反应，使自由基反应蔓延下去，它的本身消失而产生其他许多自由基，如脂类自由基、脂类过氧自由基、嘧啶自由基和嘌呤自由基，即为自由基反应的蔓延阶段，引起生物大分子的损伤而造成对机体的损害；终止阶段是由于有的自由基互相碰撞、结合而终止反应，有的自由基与生物体内的一些天然的自由基清除剂或抗氧化剂发生反应而终止。

自由基对生物体的损害是非常强烈的。

(1)自由基对核酸的损害:它可以使 DNA 的主链断裂、碱基降解和氢键破坏,发生这样的损伤是由于 $H_2O \cdot H + \cdot OH$,而 $\cdot H$ 和 $\cdot OH$ 加成到核酸的碱基的双键中,生成嘧啶自由基和嘌呤自由基,两者可互相结合,生成氢过氧化物,再分解,就造成了碱基的破坏,产生遗传突变。[4]如果自由基攻击了生殖细胞或母体的 DNA 复制机制,影响生殖细胞及胚胎组织的分裂、分化、繁殖及发育过程,基因突变即可致子代畸形。

(2)自由基对蛋白质的损害:自由基可直接作用于蛋白质,或通过使脂类过氧化后的产物作用,可使蛋白质(包括各种有生物学活性的蛋白质)的多肽链断裂,个别氨基酸发生化学变化,或蛋白质交联而发生化学作用。[4]由于自由基较易攻击敏感的酶及电子传递系统,使三羧酸循环的代谢步骤受到干扰以致破坏,最后招致能量合成代谢的障碍,生成量减少。[5]

(3)自由基对脂类的损害:①脂类过氧化作用:自由基首先作用于多价不饱和脂肪酸形成烯丙基多不饱和脂肪的自由基,在 O_2^- 的作用下生成脂类过氧自由基,在链式传播的作用下生成脂类氢过氧化物,在微量的过渡金属(Fe^{3+})的启动下,发生连锁反应[4],从而干扰了双层磷脂排列的生物膜系统上镶嵌的多种酶的空间构型,以致膜的孔隙变大,通透性增加,发生退行性变化,从而改变了内质网膜、溶酶体膜等生物膜系统的网状及流体状态,产生广泛性损伤及病变。过氧化脂质造成的肺损害可引起肺间质水肿,还可引起放射性肺炎、博莱霉素肝炎、百草枯肺损害等。[7]与脂质的过氧化作用相关能引发一些肝脏疾病,如酒精性肝炎、血色病、内毒素性肝损害、急性肝炎、慢性肝炎和肝硬化,严重的可导致肝脏肿瘤,因此把过氧化脂质的测定作为衰老的一项指标。②脂褐素的形成:脂类的氢过氧化物可自动分解成丙二醛,丙二醛可与含有游离氨基的蛋白质、磷脂酰乙醇胺形成 Schiff 碱,而使生物分子之间发生交联,多次交联的结果是生成由异常的键连接的比原来大许多倍的大分子,致使蛋白质变性,溶解度降低,破坏了原有的结构,这些破坏了的细胞成分可被溶酶体吞噬,进入溶酶体后不能被体中的水解酶类消化,随着年龄的增长而积蓄于体内,成为褐色的脂褐素。[8]脂褐素最初是在老年人的神经细胞里发现的,其后也在心肌、肝脏,肾上腺的细胞里找到。[9]脂褐素的含量是随着年龄的增长而增加的。[10]实验证明:大白鼠血清中的 LPO 较小鼠有了显著的提高。[11]随着大鼠月龄的增长,大脑皮层匀浆、肝匀浆、微粒体、睾丸匀浆和线粒体的 LPO 均逐渐升高。所以,把脂褐素的测定也作为衰老的一项指标。人在年轻时的正常状态下为什么看不到由于自由基而造成的损伤呢?主要原因是由于在自由基反应的起初阶段所形成的超氧化物阳离子自由基,[2]可被人体中的超氧化物歧化酶作用而生成过氧化氢:

$$2\cdot O_2^- \xrightarrow{2H+SOD} H_2O_2 + O_2$$

过氧化氢再经过氧化物酶或谷胱甘肽过氧化物酶的作用而分解 $2H_2O_2 \xrightarrow{Catalcrt} H_2O + O_2$, $2GSH + H_2O_2 \longrightarrow GSSSG + 2H_2O$。在衰老过程中雄性大鼠脏器自由基相对浓度分别较 13 月龄和 3 月龄的大鼠明显,在大小白鼠血清及组织中 SOD 的增龄性改变中看出,大白鼠血清中的 SOD 活性随增龄而显著地下降。[12]测定新生儿和儿童,青年,中年及老年人的红细胞内 SOD 含量,结果分别为 628 ± 36、616 ± 31、585 ± 37、593 ± 45 ($\mu g/gHb$),因此我们看出,自中年起,SOD 值开始下降,并维持此水平至老年。研究还表明:男、女之间无明显差异,老年人红细胞 SOD 含量与眼底动脉硬化程度里呈正相关,但与其他生理常数如 PaO_2,心肺功能等无明显相关性。[13]研究表明,SOD 在人体中的功能是十分重要的,它对生物分子有保护作用,可防止 O_2^- 自由基引起的突变和细胞老化,对辐射有保护作用,可消除炎症。总体来说,SOD 酶活性的提高和数量的增多,可有效地延缓衰老。

由于 SOD 的特殊作用,因此,人们纷纷将 SOD 应用于实际的产品中,Orgotein 是 SOD 用于临床的药名,是无菌、无致热源的冰冻干燥粉。现在许多厂商在化妆品、饮料中加入 SOD 酶,制成 SOD 美容霜。但 SOD 毕竟是一种酶,酶活效应是必须在一定的温度、一定的 pH 等众多的条件下才可实现。因此,加在化妆品、饮料中的 SOD 是否有活性,是否能真实地发挥它的效应,是一个需要探讨的问题。就我个人的观点而言,SOD 在产品中有活性是有一定可能性的,但须对 SOD 进行适当的修饰,但是如何用先进的生化技术对酶进行修饰是一个十分复杂的问题。对于一拥而起的 SOD 产品不能盲目地听而信之,还需要有严谨的科学实验结论来证明。

2. 衰老的脑中心学说和单胺氧化酶

大脑是机体的司令部,因此,大脑也极可能是全身衰老过程的调控中枢。V. Everitt（1980）发现在人脑中存在一个"衰老生物钟",这种随龄的变化主要发生在下丘脑—垂体—甲状腺中。[15]

下丘脑—垂体—甲状腺对于神经内分泌系统是非常重要的。[15]由内分泌器官合成并分泌的激素作用于靶组织,通过调节代谢及其他过程而发挥作用。垂体激素控制其他一些内分泌器官的激素合成和分泌,而垂体激素本身的分泌又受下丘脑肽类激素的控制。因此 Finch 认为,由于衰老,许多器官的功能都退化了,使得对机体的控制能力和维持体内环境的能力都大大地削弱了。内环境平衡的失调是由于下丘脑的衰老从而对垂体失去了控制,而使垂体对全身的内分泌腺失去控制。[17]

1979 年,Frolk is VV 发现老年人下丘脑单位体积内神经元数目减少了,在视前内侧区、下丘脑前区、弓状核,神经元的数目都明显减少了,脑中神经元的不断丧失,被胶质细胞所填补。同时老年人下丘脑某些神经肽和神经递质也发生了变化。[19] 5-羟色胺能神经活性提高,而为巴胺和儿茶酚胺能神经活性降低,Rebinson 等科学家认为单胺类神经递质包括 5-羟色胺和儿茶酚胺(去甲肾上腺素,多巴胺)是调节"生物衰老钟"的钥匙,因此,老年人下丘脑这些神经递质的变化对"生物衰老钟"的影响是巨大的。[18] 生化学者们发现,改变机体中递质的比例,即提高儿茶酚胺的比例,降低 5-羟色胺的比例,就可以阻止或逆转动物的衰老过程。

那么,是什么物质在下丘脑衰老时使单胺类神经递质发生了变化呢? 1971 年 Robinson 第一个提出了 MAO 以及它与衰老的关系。[19]

MAO 称单胺氧化酶,是广泛地催化芳香族、脂肪族单胺类氧化脱氨基反应的酶。$RCH_2NH_2 + O_2 + H_2O \xrightarrow{MAO} RCHO + NH_3 + H_2O_2$

MAO 作用于一级、二级和三级胺,它最好的底物是极性胺类,包括 C-苯甲胺以及普通的脂肪族的胺类。[21] 在二级和三级胺中,酶作用底物是甲基集团。

1) MAO 的分类及其底物

根据底物亲和力和对抑制剂敏感度不同,可将 MAO 分为 A、B 两型。[23] Knoll(1964)发现 Deprenyl(苯异丙甲基丙炔胺)选择性地抑制苯甲胺的脱氨作用;Johnston 发现 clorghline(N-甲基-N-炔丙基丙胺)优先抑制了 5-羟巴胺的氧化脱氨,因此,认为存在着两种线粒体 MAO:

(1) MAO-A:特异地为 Clorghline 所抑制,而对 Dephengl 个敏感。

特异性底物:5-羟色胺、肾上腺素、去甲肾上腺素、M-O-甲基肾上腺素、变肾上腺素。

(2) MAO-B:特异地为 Deprengl 所抑制。

特异性底物:苯甲胺、β—苯乙胺、苯乙醇胺、O-酪胺、1.4-甲基组胺

同时,MAO-A 和 MAO-B 也有共同的底物:多巴胺色胺、P-酪胺、P-章鱼胺。

2) MAO 的活性中心及其电子受体

[20]MAO 的活性中心位于对亲电子和疏水的有束缚力的区域,[21]一个亲电子的位点,它与底物的 $-NH_2$ 集团结合;另一个疏水的位点,它与底物的 R—侧链结合,一般认为活性中心有两个功能部位:①结合部位:一定的底物靠此部位结合到酶分子上;②消化部位:底物的键在此部位被打断或形成新的键,从而发生一定的化学变化。此外值得提出的是:MAO 是一种需要辅酶(FAD)的酶,因此,辅酶分子(FAD)是 MAO 活性中心的组成部分。

除了活性中心之外,硫基集团是 MAO 中最基本的物质。对 MAO 来说,有氧条件下,2-6-Dichloroindolephenol,细胞色素 C,亚甲蓝和四氮杂茂盐都是它的电子受体。

3) 酶是反应的动力学

MAO 的米氏方程为 Henderson—Hasselbalch 方程[20]

$$K_m = K_i = \overline{K}[1 + \text{anfilog}(PK_a - pH)]$$

其中:PK_a 为胺的电离常数

酶促反应的速度方程为:

$$1/V_0 = 1/V[K_m^{Amine}/(Amine) + K_{m^2}^{\circ}(O_2) + K_m^{H_2O}(H_2O)]$$

温度和 pH 值均影响酶反应的速度,MAO 反应的最适条件是 38℃,pH=7.4。离体的、新鲜的、已纯化的 MAO 只在短时间内稳定。起初在 pH=7.6 的醋酸纤维的电场中的迁移就像一个蛋白质迁移时所形成的条带一样,放置了 3 个星期以上的酶在电场中的迁

移就是另一条条带了。

4) MAO 的代谢

MAO 在体内正常的代谢遵从酶的乒乓代谢机制，在这个代谢机制中 MAO 是分四步进行代谢的[21]：

(1) 酶的水合物 + ～胺 → 醛 + 氨 + E－FADH$_2$

(2) E－FADH$_2$ + O$_2$ → E$_{H_2O}^{FAD}$

(3) E$_{H_2O_2}^{FAD}$ → E－FAD + H$_2$O

(4) E－FAD + H$_2$O → E$_{H_2O}^{FAD}$

5) 酶的分布

从组织水平来看，MAO 主要分布于含生物活性胺，接受或分解游离胺及参与胺解毒的组织中，诸如脑、肾上腺髓质、小脑、肝、肾等脏器。MAO 也分布于线粒体的脊和外膜中。[19]

MAO 广泛地分布于人体的各个器官中，但不同的器官和组织中，MAO-A 与 MAO-B 的分布和所占的比例是不同的。大鼠的脑、肝肺中，MAO-A 和 MAO-B 所占的比例是基本相同的。在脾、肾、肠中以 MAO-A 为主，松果腺中以 MAO-B 为主。总体来说，在脑内，MAO-A 主要分布于神经元中，而 MAO-B 主要分布于胶质细胞中，人体中 MAO-B 占全部 MAO 活性可达 70%～80%，而大鼠大脑皮层中 MAO-B 只占 45%，在全脑、层、尾状核等处的测定表明：人的 MAO-B/MAO 为大鼠的 2～6 倍，这表明，与鼠相比，人脑中 MAO-A 所占的比例小，而 MAO-B 所占的比例大。在人类的血小板中只有 MAO-B，而在鼠类的血小板中，根本测不出 MAO-B 的活性，[28] Nies 等人的研究表明：血小板 MAO 在某些性质上近似于脑的 MAO。因此，为临床上活体 MAO 的测定提供了条件，可通过测人血小板中 MAO 活性来预知脑的 MAO 的指标。

6) MAO 与衰老

MAO 与衰老有密切的关系，人脑中 MAO-B 活性在 45 岁随增龄而急剧增加，因而被认为是老化的标志，由于 MAO 可以间接地反映生物体的老化程度，所以它又被称为老化相关酶。

Benedetti 对 23~26 月龄的老年雄性 Wister 大鼠与 3 月龄的年轻 Wister 大鼠脑中 MAO 的活性的比较结果表明：当 MAO 的活性用活性/mg 组织和活性/mg 蛋白来表示的时候，MAO-B 的活性在脑中提高了。[24] 对老年大鼠和年轻大鼠脑中七个不同的区域的测定表明，当用活性/mg 组织来表示时看到：在老年大鼠中，除脑干区无明显变化外，小脑、下丘脑、纹状体、中脑、海马、大脑皮层，MAO-B 的活性均随龄而上升。海马和大脑皮层上升得最多，均为 27%。Kmefic 的研究表明：老年大鼠整个大脑组织匀浆中 MAO-B 的结合能力并没有改变。对突触小体内外的线粒体的粗分离中发现：MAO-B 活性的增强是在突触小体外的线粒体内。

MAO-A 是神经元 MAO 的主要形式。MAO-B 主要存在于神经元之外，即胶质细胞中。因此，由于衰老过程中神经元的不断丧失，便得胶质细胞能够不断地有机会补偿其空缺的位置，所以 MAO-B 发生了随龄增高的变化。[23] 由于衰老过程中神经元的丧失和神经胶质细胞的补偿作用，使得神经元和靶细胞间往往不能形成直接的突触联系，因此，许多神经递质只能通过扩散作用到达靶细胞来发挥作用。在扩散过程中，神经胶质细胞中存在的 MAO-B，催化了单胺类神经递质发生氧化脱氨，从而降低了神经递质的浓度，这样，在很大程度上，这类单胺类神经递质的调节作用便依赖于环境中神经胶质细胞内 MAO-B 的水平。MAO-B 活性的升高，会引起脑内单胺类神经递质量的减少和比例的改变，从而导致某些生理功能的退化和一些行为的改变，所有这些退行性的变化，便导致了动物的衰老。所以说，MAO-B 是导致生命衰老的关键性物质。

MAO 的增龄变化使神经递质发生变化而紊乱，从而引起某些老年精神性疾病，如抑郁症、阿尔采默氏症及帕金森氏症，由于

MAO活性的增强,使单胺类神经递质发生氧化脱氨的机会大大增加了,原有的神经递质的平衡被破坏,使神经递质发生紊乱,引起了某些老年精神性疾病。[19] MAO的活性越高,抑郁症的发病率也越高。在同一年龄组中,由于女性的MAO活性比男性高,因此女性中患抑郁症的人数明显高于男性。阿尔采默氏症是老年痴呆的一种,患者血小板和脑组织中MAO-B的活性较对照组有显著的升高。Jellinger进一步发现在病人脑的黑质和脑回处MAO-B较对照组有显著增高,但MAO-A无显著的变化。Gottfer的对阿尔采默氏症患者和老年性痴呆患者进行生化研究,发现这些患者的胆碱酯酶系统的功能降低,脑组织中多巴胺、去甲肾上腺素的浓度下降了,而且患者体内MAO-B的活性增强了,它催化单胺类神经递质发生氧化脱氨,因而神经递质的浓度大大降低了,导致了神经递质的紊乱,破坏了中枢神经系统的正常功能,从而引起神经性疾病。MAO-B活性的增高与帕金森氏症之间也有密切的关系,MPTP(1-甲基—4-苯基—1、2、5、6-4-氢基吡啶)在MAO-B作用下氧化生成MPP^+(1-甲基—4-苯基吡啶),而MPP^+对中枢多巴胺神经递质系统具有选择性损害作用,引起帕金森氏症。值得提出的是:MPTP的本身并无毒性作用,但在人脑中与MAO-B有着高度的亲和力,是MAO-B的底物。特别在线粒体中,MPTP经MAO-B催化变成MPP^+后,具有细胞毒作用,干扰线粒体呼吸功能,并使细胞产生自由基或过氧化物。因此,随龄增长而活性增加的MAO-B在帕金森氏症的发病中起着决定性的作用。[20] 在对人血清中MAO的研究发现:成年人的萎缩性门静脉性肝硬化和巨大肿瘤的转移,肝的肉样瘤病、慢性充血性心脏病均可引起人血清酶水平的提高,总体来说,血清中单胺氧化酶水平的提高与肝门脉的纤维化有关。

既然MAO-B在人的衰老和一些老年疾病中起着如此重要的作用,那么如果能抑制MAO-B的活性,就应该能降低与年龄相关的生物化学损害,从而控制衰老的过程,底物抑制剂的抑制作用附合 Haldane 方程式 $Km = Ki = \overline{K}[1 + antilog(PKa-pH)]$,此方程式对长链的 n—烷胺要比对短链的 n—烷胺更适用。[20、21、22] 对 MAO 的活性有抑制作用的物质有:

(1) 脂肪族的醇。

(2) 金属螯合剂:Cuprizone Neocuprizone,8-羟喹啉二乙基二硫氨基甲酸钠,O-菲绕林 α,α-Bipyridyl。

(3) Sulfhydryl-binding Reagents。

(4) 巯基抑制剂。

(5) 亚甲蓝。

(6) 氰化钠。

(7) 肼及其衍生物:Iproniazid,Isoniazid,Marsilid (Iproni-azid,lsoniazid 是与时间有关的抑制剂)。

(8) 氨基脲(瞬时的抑制剂)。

随着研究的进一步深入,发现了具有选择性的抑制剂,从而开辟了 MAOI 临床应用的新的前景,[23] 常见的 MAO-A 的选择性抑制剂有: Amitriptyline、Clorgyline、 Lilly51641、 Harmaline、 MD780515;MAO-B 的选择性抑制剂有 De-prenyl、Pargyline、Phenelzine、Trieyclie、Depressants,但 MAO-A 的选择性抑制剂,也能产生某些严重的副作用,其中最严重的副作用是"奶酪效应"(Cheese effect)。引起"奶酪效应"的主要物质是酪胺,酪胺具有拟交感神经的作用,能抑制去甲肾上腺素的重吸收并促其释放,引起血压的升高。人每天均会摄入数量不同的酪胺,它主要存在于 L-Dopa、奶酪和一些奶制品中,由于肠道中的 MAO 以 A 型为主,当使用非特异性抑制剂或 MAO-A 抑制剂时,肠等消化器官分解酪胺的能力明显下降了,结果体内的酪胺量上升,导致去甲肾上腺素的增加,使人的血压升高,甚至有致命的危险。[25] 对于人来说,MAO-B 的选择性抑制剂——Deprenyl是十分安全的,其安全性在于下面两个方面:①它不产生奶酪效应。由于它不抑制胃中的MAO-A,使之能正常地对食物中的酪胺进行氧化分解,因此不需要有特殊的饮食,避免了营养的缺乏。Deprenyl对MAO-B抑制的同时也抑制了去甲肾上腺素的释放,因此不会出现血压升高的现象;②Depnenyl可使5-羟色胺能神经系统保持不变,因而不会产生由于5-羟色胺水平的提高而引起性行为的抑制,如男性射精能力的下降和女性达到性欲亢进的困难,因此,Depnenyl的优点在于控制儿茶酚胺能系统的同时,使5-羟色胺能系统保持不变,所以它现在广泛应用于临床,对治疗抑郁症和帕金森氏症均有很大的疗效。[23]但是对MAO-A和MAO-B的抑制率达到85%以上的时候,才能对单胺能系统产生显著的调节作用。因此,大于85%的抑制率是临床有效的MAOI所必须满足的条件。

在抗衰老药物和食物的研究中希望此种物质对人(或实验动物)脑中MAO-B的活性抑制作用强烈,而对肝脏MAO-B的活性不要有过强的抑制作用。因为肝脏是人体(或动物)的解毒器官,每天都要分解有毒物质,并将之排出,因此,在实验过程中,除了要测定脑中MAO-B比活性之外,还要测定肝中MAO-B的比活性,如果此种物质严重抑制MAO-B的比活性,进而影响到肝脏正常的解毒作用,则此种物质就不能使用。

近年来,在中国,通过对中药的研究发现:黄芪、丹参、淫羊藿、黄精和山楂的提取液对MAO-B活性的抑制作用可达$40\%\sim60\%$;红人参和人参皂甙RG的抑制作用为50%,而制首乌和鹿茸精的抑制作用可高达80%,而且它们的抑制作用是属于非竞争性抑制,非竞争性抑制即抑制剂与酶分子活性中心之外的重要集团(如—SH基)作用而造成的不可逆性抑制[26]。此外,山楂—酸枣汁、金针菇发酵液、刺玫果、冬虫夏草、榆黄发酵液、活性王浆等都能有效地降低脑中MAO-B的比活性。

现在，抗衰老的研究正向应用型转化，如何在天然的物质中寻找并提取其功能因子来制成食品使人延缓衰老是一个重要的课题。本次实验中所使用的"喜达克"营养液是一种纯天然的，由香菇真菌发酵而成的营养液，因此，研究其是否具有抗衰老的功效是非常有意义的。

参 考 文 献

[1] 傅文庆. 衰老的自由基学说 30 年[J]. 老年学杂志,1987,7(1):63~64.

[2] 杜冠华. 氧自由基产生和损伤的分子机理[J]. 国外医学分子生物分第,1988,10(6).

[3] 刘耕陶. 氧自由基和抗氧化剂[J]. 中国药理学通报,1988,4(6).

[4] 孔祥端. 自由基及其分子生物学进展.

[5] 刘时中. 自由基与衰老[J]. 生理科学进展,1983,14(2):117~122

[6] 内小照雄. 肺与过氧化脂类.

[7] 脂质过氧化作用与肝脏疾病.

[8] 于立坚,马润绵. 自由基与衰老.

[9] H. Donato And R. S. Sohal Lipofuscin.

[10] 杨竟平,周翔. 大小鼠血消及组织中 SOD 和 LPO 的增龄性改变.

[11] 詹皓等. 衰老过程中雄性大鼠脏器自由基浓度和过氧化脂质的变化.

[12] 王赞舜等. 红细胞内超氧化物歧化酶含量与衰老关系的初步探讨[J]. 中华老年医学杂志,1985,4(4):193~197.

[13] 施秉仪. 超氧化物歧化酶的生物学意义[J]. 生物科学动态,1984(5).

[14] V. Everitt, The Neuroendocrine System and Aging, Gerontology, 1980,26:108~119.

[15] 徐天乐. 下丘脑——垂体的增龄性变化.

[16] Finch CE. Handbook of the Biology of Aging.

[17] 秦英等. 下丘脑与衰老[J]. 中华老年医学杂志,1989,8(4):249~251.

[18] 罗光等. 抗衰老研究进展[J]. 生理科学,1988,8(2):65~71.

[19] 贾雪梅等. 单胺氧化酶与衰老[J]. 国外医学. 老年医学分册,1988,9

(4):145~147.

[20] Charles M McEwen JR. Amine Oxidane. Human and plasma.

[21] Kerry T. Yasunobu and Richard A. Smith. Amine Oxidane(Beef plasma).

[22] K. F. Tipton. Amine Qxidane(Pig Brain MItocjondrion).

[23] 戴尧仁,倪逸声.单胺氧化酶与衰老[J].生物科学动态,1986,(3):14~22.

[24] Margherita Strolin Benedetti and Philippe Dostert. *Mononmine Oxidane*, *Brain Aging and Degeneratine Diseanes*.

[25] J. Knoli,"The Pharmacology of selectine MAO Inhibitors、Monoamine Oxidase Inhibitors—The State of the Art",Edited by M. B. H. Youdim and E. S. Paybel,*Johh Willy ＆ Sons ltd*,1998,pp. 45~61.

[26] 戴尧仁,殷莹.中药 B 型单胺氧化酶抑制作用的研究[J].中华老年医学杂志,1987,6(1):27.

[27] 袁勤生.超氧化物歧化酶的研究进展[J].中国药学杂志,1989,24(7).

[28] Nies. A. et al In:Advances in Behavioral Biology 1973(6):41~54.

[29] 许士凯.抗衰老药物的药理与应用:164.

[30] 梁志栋等.科普食用菌学[M].北京:北京科学技术出版社:142.

致　谢

本论文是在唐粉芳老师的悉心指导下完成的,在实验过程中,得到了马宇飞、杨晓康、姜栩、胡志宏等同学的大力协助。在此,向上述以及所有给予我帮助的老师和同学一并表示衷心的感谢。

指导教师:唐粉芳

文选四

关贸总协定与中国的外贸立法

(法学)

于晓燕

关贸总协定是最大的国际贸易组织,正成为对世界经济贸易发展起重要作用的"经济联合国"。它与世界银行和国际货币基金一起构成当今世界经济体系的三大支柱。关贸总协定现有缔约国103个,它们之间的贸易量占世界贸易量的90%以上。其范围领域不断扩大,由关税到非关税措施,由货物贸易延伸至服务贸易、知识产权保护和投资措施,并可能扩大到环境保护领域。很显然,关贸总协定的多边贸易规则已成为世界各国所普遍接受的共同准则。关贸总协定正在发展成为一个全面的全球经济组织,对整个世界经济的发展将发挥着举足轻重的作用。关贸总协定的主要目标是通过多边贸易谈判,大幅度地削减关税和其他贸易障碍,取消国际贸易中的歧视待遇,从而提高生活水平,保证充分就业,保证实际收入和有效需求的持续增长,扩大世界资源的充分利用和扩大商品的生产与交换。在关贸总协定40多年的历史中,每当贸易保护主义趋势高涨的时候,它就要发动一轮多边贸易谈判回合,以制止保护主义的蔓延。至1979年为止,共进行了7轮谈判,使世界贸易增长了10多倍。参加关贸总协定多边贸易体制是中国全面参与世界经济事务,自立于世界民族之林的又一重大举措。

改革开放是中国长期坚持的基本国策。积极参与国际交换和参加多边贸易体制是执行改革开放的重要措施之一。十多年来,中国的改革开放,已取得了举世瞩目的成就,保持了较高的经济增长率,同世界各国的经贸关系也得到了迅速发展。中国十多年来进行的一系列符合国情和经济发展水平的经济和贸易体制改革,为中国参加总协定多边贸易体制打下了坚实的基础。中国早日进入关贸总协定多边贸易体制,不仅有利于中国改革开放事业的顺利发展,也有助于加强中国同关贸总协定各缔约方的经贸关系,促进世界经济贸易的稳定增长。

当今世界相互依存、相互渗透的程度日益加深,任何国家都不可能脱离世界经济这个有机体而单独使其经济繁荣。维持一个开放的多边贸易体制对各国都有利。十多年来,中国贸易结构已由出口农副土特产品为主转变为出口工业制成品为主,这就使得国际市场对中国制造业的发展更加重要。当今世界经济格局的演变又为中国充分利用国内外两个市场、国内外两种资源提供了良好的机遇。以双边贸易协定为主的贸易形式已远远不能满足中国日益增长的对外贸易事业发展的需要,更无法适应当前国际多边贸易体制。中国只有置身于世界经济体系之中,才能保证对外贸易的持续发展。

恢复关贸总协定缔约国地位是中国的既定方针。关贸总协定将是中国长期实行的多边贸易体制。中国政府曾多次表示,中国恢复关贸总协定缔约国地位之后,不仅要享受权利,而且将尽到总协定的义务,并将在此总原则下,进一步深化经贸体制改革,以适应关贸总协定的要求。自申请恢复总协定缔约国地位以来,中国政府采取了一系列改革措施。如,下放外贸经营权、实行外贸自负盈亏制度、外汇留成制、建立外汇调剂中心、使外汇管理逐步走向市场化、下调人民币汇率、用宏观经济措施来调节进出口、实行国际通行的出口退税制度、取消出口补贴,等等。这些改革措施对促进中国进出口贸易起到了积极的作用。

关贸总协定对其缔约国除了要求有市场经济的运行机制和自由竞争的外贸体制外,还要求有健全完备、稳定有效,与国际条约和惯例相一致的外贸立法。外贸立法是缔约国加入关贸总协定的一个不可或缺的必要条件。目前,理论界较多地从经济、文化的角度来论述中国复"关"的准备和途径,有必要进一步在立法的条件上加以论证,以加强中国的外贸立法,为复"关"创造良好的法制基础。

一、关贸总协定的缔约国外贸立法基础

(一) 关贸总协定的性质和运转方式决定了它的法制需求

关贸总协定试图建立一个以法律形式调整国际贸易的规则与程序,从而创设起协调国家间贸易的权利与义务的法律体制。然而,国际条约所企图创设的法律体制,往往因为无法设立一种对缔约国或参加国行之有效的强制约束力而显得脆弱不堪,当国际法律义务与国内利益要求之间相冲突时,这种体制随时可能被各缔约国的政治、经济、社会各方面的因素所击垮。所以,总协定所规范的法律秩序必须建立在各缔约国与之相适应的外贸法制基础上,通过国内法的强制约束力来强化总协定所规定的法律义务。

关贸总协定首先是一套规范缔约国政府贸易行为的多边规则,然而,这种规则多是原则性的抽象规定,各缔约国政府在管理外贸行为时,还必须有更为详细和具体化的规则。除了在总协定中所达成的诸如削减关税、消除非关税壁垒协定的各种单行法律文件外,还必须有各缔约国系统的国内立法,使总协定国内法化,从而通过国内法的具体化使总协定得以实现。可见,各国的外贸立法是其履行总协定各项义务的条件和保证,外贸立法是否完善是评价其相当总协定义务能力好坏的一个重要标准。

关贸总协定同时是各缔约国对其贸易行为进行谈判的规则,

通过多个"回合"的多边贸易谈判,逐渐达成具体的贸易行为规范协议。总协定的谈判首先得有能对各缔约国的贸易行为和政策进行评价的客观依据,这一客观依据必须能一目了然,明确地反映出一国的外贸状况,它必须是一种公开、稳定的能在各国之间进行比较的标准。这种客观的衡量标准和依据就是各缔约国的外贸立法。以各国国内法作为评价该国贸易行为和政策的唯一客观可靠的依据,会使总协定谈判变得更为客观和容易,从而取得谈判的成功。

关贸总协定又是对缔约国贸易行为进行监督的机构,监督职能的实施是通过对缔约国外贸法律的审查而进行的,缔约国的外贸立法必须与总协定的原则和要求相一致,从而保证总协定得以实现。各缔约国之间的贸易纠纷的协调和处理都必须以各国的外贸立法作为直接的证据。当一缔约国认为另一缔约国的外贸行为对其造成损害而提起诉讼时,它必须证明:该缔约国缺乏透明的外贸立法或该国的外贸立法与总协定相违背。同样,当一缔约国想辩解自己的贸易行为没有损害对方利益时,它必须证明自己的外贸立法是完备的,且与总协定相一致。

(二)关贸总协定对缔约国外贸立法的要求

1. 关贸总协定要求缔约国以外贸立法取代政府的行政管理

政府的行为手段是一种缺乏客观行为标准、带有主观随意性的调控措施,因而不可避免地产生行政行为的非科学性和非规范化。行政行为的这种特性往往导致政府干预外贸,设置诸如:补贴、倾销、非关税壁垒,致使国际贸易市场被人为地隔阻。同时,行政行为的"黑箱"状态,使缔约他方无法了解和把握其贸易行为,也无法对其进行评价,因而无法与其进行贸易或贸易谈判。总协定的目的在于建立起自由竞争的贸易体制,要求最大限度地限制政府对贸易的行政干预，因而要求以科学、公开、稳定的外贸立法来代替非科学、不公开、捉摸不定的行政调控手段。

2. 关贸总协定要求缔约国的外贸立法严格地遵循自己的原则和要求

关贸总协定所创设的是一种国家间的贸易法律体制，对缔约国具有条约的约束力，各缔约国的外贸立法必须体现和服务于这种国家间的法律关系。总协定得以实现的必要前提是各国有系统的外贸立法，但是，这些外贸立法必须与总协定的精神和原则相一致。总协定的目的也就在于规范和统一各国的外贸政策和外贸立法。总协定的基本原则和要求是消除各种关税和非关税壁垒，促进贸易的公平比，实现最大限度和最大范围的贸易自由竞争。缔约国的外贸立法如果被用来推行贸易保护主义，实行各种贸易壁垒，侵害其他缔约国利益，那么，它就会遭到总协定的否定。

3. 关贸总协定要求缔约国进行统一的贸易立法和增加立法的透明度

关贸总协定是建立在统一的市场基础之上，反对人为的市场分割，因而除了要求各国贸易法律的国际条约化之外，还要求其缔约国的外贸法律的全国统一化。一国的法规必须是完整统一的，不能对不同的地区、部门实行不同的规范。外贸立法的混乱只能造成不公平的贸易环境，增加国际贸易的难度。

关贸总协定还规定，各国的外贸立法及其有关的资料都必须提前公布，使缔约各方政府及贸易商有时间来了解和把握其贸易行为。总协定甚至规定某些贸易立法，未经正式公布不得实施。外贸立法的完全公开，使其置于国际监督之下，也有利于消除政府的行政干预和阻碍。一国的外贸立法如果处于不公开的秘密状态，必然会严重妨碍他国的对外贸易。

二、中国的外贸立法

（一）中国外贸制度同总协定的差距

在审议中国外贸制度备忘录的过程中，主要缔约方提出中国外贸制度仍有诸多不符合总协定的地方。为此，缔约方对中国恢复总协定地位提出了五项要求：①外贸政策法规的全国统一性。②外贸政策法规的透明度。③非关税措施的合理性，即符合关贸总协定的要求，我方须承诺大大改善进口管理体制，保证以关税作为主要保护手段。④承诺价格改革时间表。⑤在完成价格体制改革之前，接受选择性保障条款。缔约方提出的上述差距带有夸大成分，但也应承认，确有一些差距。为了适应关贸总协定的要求，中国外贸体制需要进行重大改革，大大减少行政手段，并以经济杠杆为主。这样做，也符合改革国有企业经营机制，把企业推向国际市场的总目标，有利于提高企业经济效益，充分利用中国的比较优势，促进中国经济发展。

（二）中国外贸立法的原则和目标

1. 外贸立法必须完备和系统化

长期以来，中国管理外贸行为的方式基本上是采取政府行政措施。政府习惯采取外贸计划、行政审批、进出口许可证、外汇管制、企业经营范围、出口补贴等行政手段对外贸活动进行调控。由于这些行政措施处于不公开和不稳定状态，中国的对外贸易制度极为复杂和难以把握。因此，与中国进行贸易存在着相当大的困难，这也是中国不能顺利恢复总协定的一个重要原因。所以，必须从行政手段转移到立法的轨道上来，以稳定、公开的立法来简化和规范贸易管理行为，从而克服行政管理贸易体制的弊端。

关贸总协定所创设的法律体制影响缔约国与外贸有关的各个

经济领域,与之相适应的外贸立法是一个范围广泛的法律体系。它包括外贸主体、外贸行为、外贸监督等系列领域。外贸主体立法,目的在于确定外贸主体的法律地位。它包括外贸管理机关立法和外贸企业、公司立法,明确管理部门的职能和权限,规定企业、公司在外贸生产和经营中的自主经营的独立法人地位。外贸行为立法,目的在于为外贸活动提供一个固定的行为模式。它包括外贸管理行为立法和外贸经营行为立法,根据国际条约、惯例和技术要求对全部外贸活动和行为进行法律的规范。外贸监督立法,目的在于使外贸监督活动法定化、程序化、国际化。它包括海关、商检等监督部门的立法,以及相应的海关税则、商品质量管理制度等一系列立法。

关贸总协定的自由贸易目的是通过不断的多边贸易谈判和贸易回合而逐步接近的,所以,总协定所建立的法律体制也是不断深入和发展的。谈判议题从最初的关税减让,继而转向非关税措施,现在又扩大到服务贸易、知识产权和投资措施等新领域。乌拉圭回合涉及与贸易有关的知识产权及冒牌货贸易;与贸易有关的投资措施;涉及金融、信息、劳务、旅游、航运、邮电、技术等广泛范围的服务贸易等一系列领域。因此,中国的外贸立法也必须扩展自己的立法范围,建立更为系统的外贸法体系。中国应该进行涉外投资立法;完善知识产权立法,特别是在版权、商业秘密、计算机软件、集成电路晶片、生物新品种等方面的保护立法;进行有关外贸和对外投资的金融、劳动、信息、航运等服务领域的立法。

2. 外贸立法必须与总协定相一致,采用国际贸易惯例和统一规则

中国的外贸立法基本上是孤立于关贸总协定的法律体制之外,与国际条约的统一规则和贸易惯例相脱节,外贸立法的目标、原则、规范在很大程度上与总协定相悖。总协定的目标是建立全球自由竞争的贸易体系,它的原则是最大限度地消除贸易保护主义,它要

求按照严格统一的规则从事各国的贸易行为。中国的外贸立法一直被用来推行政府严格控制的计划外贸政策,设置多重贸易限制和产业保护,采用的是极不规范的贸易规则。由于外贸立法是建立在与多个国家的多个双边条约基础之上,从而造成了外贸法制的混乱和矛盾。由此可见,中国的外贸立法与总协定确实存在着很大的距离。

中国外贸立法必须考虑国际贸易的特点,跳出本国封闭的狭隘范围,在总协定的目标、原则之下进行具体的立法,采用总协定的统一规则。目前,中国市场经济已确立和展开,外贸立法与国际社会相统一的经济基础障碍已经消除。同时,国内市场与世界市场的对接,对于促进世界市场形成的总协定相协调的外贸立法提出了迫切的要求。所以,外贸立法完全可以抛弃计划经济的目标和模式,消除贸易保护主义的壁垒,以自由贸易作为立法的目标和原则。关贸总协定既是各缔约国所享有的权利,同时又是必须履行的义务,与其相适应的外贸立法意味着在享有权利时必须承担相应的义务。中国的外贸立法应该考虑已经承担和即将承担的条约义务,只有这样,才能与总协定的规定相协调。

与关贸总协定一致,还意味着外贸立法必须紧跟贸易谈判的步伐。到目前为止,总协定的谈判已经进行了八个回合,外贸立法就该综合各个回合谈判的结果,及时制定相应的法律。乌拉圭回合在许多新的领域进行谈判,外贸立法必须考虑这些即将或已经达成协议的结果。随着社会的发展,国际贸易的许多法律原则、法律技术、法律习惯都将发生变化,中国外贸立法必须主动寻求与国际贸易法的一致,尽量吸收和采用国际贸易法的公共准则、法律术语和贸易惯例。

3. 外贸立法必须完整统一,并具有透明度

中国现有的外贸立法处于不完全统一的状态。由于推行经济

特区政策,沿海地区、城市与内地的外贸立法在市场准入、投资、税收等方面都存在着巨大的差异。就是沿海地区也有经济特区、沿海开放城市、沿海开放地带的区别。近期的各种不同层次的经济开放区、试验区的兴起,与之相应的外贸立法更是五花八门。实行政策地区性倾斜的不同的贸易立法,人为地割裂了市场的统一,加上各种地方保护主义,外贸立法更是严重地阻碍了全国统一市场的发育和形成。

中国恢复关贸总协定地位的一大要求是:外贸政策法规的全国统一性。所以,有必要进行全国统一实施的外贸立法,逐步消除地区倾斜政策,在统一的环境内采取统一的外贸政策,以建立起公平的市场环境。同时,必须强化中央立法部门的职能,废除下级政府和地方的与中央立法不相符的各种外贸法规和行政条例。全国性的对外贸易法规应该由立法机关或者国务院经贸部统一发布,各地方和部门无权制定和发布全国性的外贸法规,在其职权范围内制定的有关法规必须以国家立法为依据,不得与其相抵触。

外贸立法的另一个重要问题是:法规的透明度。恢复中国关贸总协定地位的另一个重要要求是,增加外贸政策法规的透明度。过去中国的外贸政策由于是以行政调控为主,因而,基本上是处于"黑箱"状态,人们无法知晓其运行的经过,就是仅有的外贸立法也是处于不公开状态,有的甚至作为内部文件或是机密资料。今后的外贸立法应该是提前公布,将立法和有关资料向总协定定期报告,使缔约各国能及时、全面地了解中国的外贸制度。

三、适应关贸总协定的几个外贸立法问题

(一)关于外贸企业的立法

关贸总协定严格的市场经济基础,要求其缔约国企业必须是完全平等的市场竞争主体,外贸企业必须是有充分自主权,排除政府

干预的独立法人。总协定反对政府对企业的诸如：物价、亏损扶植、不同汇率、出口生产优惠等各种形式的补贴和人为地提高企业的出口能力。总协定反对外贸经营的国家控制，反对对企业下达指令性计划和指导性计划，控制企业外贸经营权，确定生产投入和价格，限制外贸实体竞争，等等。国家对市场企业的扭曲是与总协定原则相悖的。中国当前的企业经营基本上是处于这样一种状态，多数大中型企业被排除在国际商业竞争之外而与国际市场无缘，经营范围的限制使有外贸权的企业、公司处于一种垄断和分割的不平等竞争状态，这与总协定对企业的市场立体地位的要求是有很大距离的。

恢复关贸总协定以后，在国际贸易中，中国将享受新权利，承担新义务，企业必须在政策上作相应的调整以适应新的形势。恢复总协定提供了新的机遇，但也是一个严重的挑战。简言之，企业应做好迎接国际竞争的准备。企业经营机制必须进行重大改革，真正提高经营效率，用国际竞争的标准来衡量经济效益。这也是中央确定的1992年经济体制改革的重点。我们应该大胆引入市场机制、竞争机制，向国际标准靠拢。这样，企业才有希望。只有开放市场，才能引进商品新观念，才能利用外国企业的销售渠道打入国际市场。从外贸体制改革来讲，我们在出口体制方面，采取了一系列外贸改革措施，已经取得了成功，如下放外贸经营权、实行外贸承包制、外汇留成制、出口退税、建立外汇调剂中心、下调人民币汇率等一系列措施，使中国的出口有较大的增长，从连年逆差变成顺差。但在进口体制方面，行政管理还在一定程度上存在漏洞，如不改革将会增加贸易摩擦，影响中国产品的出口潜力。同时，过严地限制进口也会影响企业的技术更新改造，事事都要进行层层审批。这样，必然妨碍企业独立地决策。

企业面临外国产品的强烈竞争时，可以利用总协定的有关条款，要求政府给予必要的保护，其中有多种手段可以使用。如利用幼稚工业保护条款、国际收支平衡条款、保障条款、经济发展条款和反倾销、反补贴条款等。总而言之,总协定保障缔约国的权利、义务和利益的平衡,中国经济是一个上升而又富有活力的经济,恢复总协定只会使其更增活力。

中国外贸立法的目标是使外贸企业真正成为自主经营、自负盈亏、自我发展与约束的法人实体和市场竞争主体。应该从以下几个方面进行立法:①实行政企职责分开。外贸主管部门不干预企业经营事务,企业不能履行行政职能,切实保证企业的经营决策自主权。②进一步扩大外贸企业的经营权。不再限制外贸专业公司的经营范围,可以跨行业经营、内外贸兼营、进出口结合,外贸与对外经济技术合作结合,允许企业实行现汇贸易、易货贸易、边境贸易、贸易与投资相结合等多种贸易方式。③赋予更多的国内企业以外贸权。使有条件的生产企业和实体性生产企业集团能直接走向国际市场,以打破外贸垄断,创立更为平等的竞争环境。④完善与企业外贸经营相关的金融、价格、税收立法。改变过去对亏损企业进行扶植、补贴,提高企业出口能力的不公平做法,完全把外贸企业推向国际市场。

股份制是彻底转换企业经营机制的有效途径,必须加快外贸企业股份制立法。目前,中国的公司法已经颁布实施,外贸企业立法应该根据外贸企业的特征和国际惯例和标准,根据统一的公司法制定本行业的实施细则和方法。

外贸企业的国际市场化,决定了企业必须改变势单力薄、经营单一、与生产和金融相脱节的状况。外贸企业集团化发展是提高企业竞争能力的举措,因此,应当加快外贸企业集团的立法。实行工贸、农贸、技贸的结合,通过法人参股发展横向联合,形成贸、工、农、技相结合的外向型企业集团。企业集团立法可以采取日本大商社式的以贸易为龙头的组织形式,也可以采取欧美跨国公司式的以工为基础的组织形式。通过集团立法,贸易和生产实体、金融服务联为一体,从而既形成了国际竞争力,又使企业经营进一步符合总协定的规定。

(二) 关于政府外贸管理行为的立法

首先,是外贸管理主体的立法,它包括外贸管理机关的职权范围、组织形式、承担义务和责任方式。关贸总协定对政府管理外贸有严格的范围限制。目前,中国的外贸管理部门职权范围过大,以致产生不正当的行政干预,形成层层外贸限制和壁垒,立法应该把这种行政管理限定在总协定所允许的范围之内。中国的对外贸易管理实行中央和省两级管理体制,许多省的市、县都有管理外贸的行政机构,而地方管理部门的职权却没有法律上的明确规定,导致地方管理和中央管理相脱节,进一步加剧了行政机构对贸易的干预和管理政策的不统一。所以,立法应该统一全国的贸易管理,规定各级外贸主管机关的职权范围。管理机关的义务和责任规定,关系到总协定各缔约国对中国履行总协定义务的信任问题,因而是一项不可缺少的立法,应该明确管理机关在违背总协定时应承担的责任和承担责任的方式。

其次,是外贸管理主体的管理行为立法,它包括进出口管理立法。进出口管理体制应该是关贸总协定所创设的自由竞争的市场经济贸易体制,进出口管理立法应该促进这一体制的形成。中国的关税立法应该大幅度降低关税水平和调整关税结构,立法必须逐步消除贸易计划、行政审查、进出口许可证限制制度、进出口数量配额、进口替代、直接间接的出口补贴等非关税贸易壁垒。贸易计划立法,必须严格限制计划贸易的范围,取消指令性计划;行政审查立法,应该大量削减具有行政审批权的各类行政机构,削减行政审批的商品种类,严格规定行政审批的程序;进出口许可证、进出口数量配额制度的立法,必须削减保护性、歧视性的许可证和配额,必须制定有关的标准,制定发放许可证和规定配额的程序并建立有效的监督机制。此外,立法还必须严格限制进口替代和出口补贴等制度。

(三)关于保护性的外贸立法

关贸总协定并不否定缔约国对国内经济的保护,但是,这种保护不允许采取设置层层贸易壁垒的手段来实施,它必须在总协定所规定的范围和程序内进行。中国的外贸立法,一方面,得消除过去的行政性贸易壁垒,以符合总协定自由贸易的目标;另一方面,又得依据总协定设定合理和必要的贸易保护,以对本国经济实行有限度的保护。

总协定对发展中国家经济进行保护规定了一些特殊政策,中国的外贸立法应该充分地加以利用。总协定的普遍优惠制是发达国家承诺对从发展中国家或地区输入的制成品和半制成品普遍给予优惠关税的待遇,是非互惠的,并不要求发展中国家提供反向优惠。总协定还规定了禁止数量限制原则的例外,它规定,发展中国家由于发展经济,进口需求扩大而致使外汇储备下降,可以采取某些进口数量限制措施。总协定对发展中国家的关税减让表做了较为灵活的规定,允许关税制度有较大的弹性,允许发展中国家为保护某项幼稚工业采用临时性的保护措施。同时,总协定对发达国家和发展中国家承诺的义务做了规定:优先降低和撤除与发展中的缔约国目前和潜在的出口利益特别有关的产品的壁垒,对与发展中缔约国出口利益特别有关的产品,不建立新的关税或非关税进口壁垒。此外,在以后的几次回合的谈判中,都涉及了给予发展中国家优惠待遇。外贸立法应该最大限度地利用这些有利条件,按总协定规定的程序制定有关的法律。

关贸总协定还规定了针对所有国家的一般例外条款。"国家收支平衡的例外"规定:当某个缔约国在国际收支方面遇到困难时,可以暂时采取限制出口的措施。"幼稚工业保护的例外"规定:为了建立一个新的工业或为了保护新建尚不具备竞争能力的工业，可以实行进口限制；"保障条款"规定：当某一产业由于受到突然大量增加的进口产品冲击而造成损害时，可以实行临时性进口限制；"安全例外"规定：缔约国可以为保护国家安全，禁止火药、武器、毒品等进口。总协定的这些规定都是我们制定保护性法律的依据。

（四）经济与贸易制度的透明度以及经济制度与关贸总协定的一致性

在过去几年里，中国越来越强调法制。人民代表大会也相应地颁布了一系列法律，其中一些是有关贸易和商业方面的法律。行政部门也制定了大量的实施细则。这些都大大提高了经济和贸易体制的透明度与稳定性，并有助于减少在经济管理中的行政干预。尽管目前的法律体系尚不够完善，但可以为经济和贸易制度提供必要的透明度与稳定性。

与贸易有关的法律和规定包括《合资企业法》《所得税法》《外国投资法》《涉外经济合同法》，等等。全国人大正在制定一系列法律，以保证经济制度的稳定。

在外贸公司的行政管理方面，确实还存在缺乏透明度的问题。向间接的宏观经济调控转变将有助于提高贸易政策和法规的透明度。透明度不仅对于中国履行国际义务是必要的，同时对在国内实施法律和政策也是必要的。目前，问题不是中国缺乏提供信息的诚意，而是缺乏传送信息的技术手段。随着中国接受关贸总协定第十条规定的义务，即对于贸易政策和法律的变化，应以适当方式通知全体缔约国，这种情况将得到改善。确保中国的法律法规与其在关贸总协定中承诺的义务相一致，对全体缔约国来说是十分重要的。

为了适应全国改革的形势，外贸制度也发生了很大变化。外贸体制改革首先是下放权力，打破了13家国营外贸公司的垄断局面，现有700家企业经营外贸业务。如果将服务性公司包括进去，从事涉外经济活动的公司已超过1100家。经贸部已逐步取消了对外贸公司的直接管理,今后的发展方向是,通过宏观手段如汇率、关税及其他财政金融政策进行间接的调控。总的目标是,使政府的计划职能与企业的管理职能分开。这样,企业可以不受行政干扰,根据商业需要自主经营。外贸方面的中央计划正在逐步减少。经贸部的职责是制定贸易政策,并通过许可证制度实施进出口管理。专业外贸公司已经成为代理商、代理用户和厂家进行进出口业务。有进出口经营权的企业包括自负盈亏的实体性国有公司、中外参股的合资企业及独资企业。调整价格结构的改革正在进行当中。目前已经完成的改革在很大程度上满足了关贸总协定有关对外贸易应以商业利益为基础的要求,使外贸制度与关贸总协定更加接近。

四、中国恢复《关税与贸易总协定》的法律准备

为了充分享受总协定规定的优惠权利,尽可能减少总协定可能对中国经济造成的不良影响,中国有必要进行各项准备工作,其中特别要做好法律准备,充分利用"祖父条款",在恢复总协定缔约国合法地位之前,尽可能制定和完善有关法规。"祖父条款"是总协定协调与缔约国国内法的一项规定。它是指总协定与缔约国的国内法发生冲突时,缔约国可在现行国内法所允许的最大限度内履行总协定规定的义务。"祖父条款"适用的范围是总协定第二部分中的第三条至十八条,适用的条件有三个:①不修改现行有效的国内法。②不违反现行有效的国内法。③现行有效的国内法必须具有强制力,不能被行政机关的决定所改变。进行法律准备工作,应当符合总协定关于适用"祖父条款"的规定,具体可以从下述几个问题着手。

(一)关于国民待遇问题

总协定第三条规定,缔约国对其他缔约国的进口商品,在征收

内地税和其他费用以及在销售、购买、运输、分配时,应给予与本国产品同样的待遇,即国民待遇。中国加入总协定也要承担这一义务。但中国的生产力水平较低,大多数产品无论是在质量还是价格上都难以与进口产品竞争。为了保护本国工业,中国对一部分进口商品征收较国产商品更高的工商统一税。这种对进口商品和国产商品适用差别税率不符合总协定第三条规定,但符合中国经济发展水平。为了使这种有差别的内地税得到总协定的认可,必须尽快完善国内税法。

中国的国内税主要有工商统一税、调节税、增值税。调整上述税收关系的法规是《中华人民共和国工商统一税条例》和国家税务总局颁布的有关行政法规。《工商统一税条例》的颁布时间较早,很多税目、税率已不适应现在的情况,应作必要的补充和修改,税务总局的行政法规应进行编纂、整理,消除互相抵触的内容,并尽可能成为法律,以符合适用"祖父条款"强制性的要求。在修改补充国内税法时,应尽可能明确地规定实行差别税率的理由和实行差别税率的税目。实行差别税率的理由有:①中国是发展中国家,需要保护和促进本国工业的发展,以保证公民充分就业,维持适度的生活水准。②中国资金短缺,税收是财政的主要来源。如果减少已经实行的较高税率,就会给政府造成财政困难。③进口产品一般成本较低,并享受了减让关税优惠,即使征收略高于本国产品的内地税,也不会影响其竞争力。这三条理由反映了总协定的有关规定和原则,易于为其他缔约国所接受。

其他国家加入总协定时,也有通过完善国内税法而免除给予进口产品国民待遇义务的先例。其中最著名的是1949年"巴西国内税案"。巴西是一个发展中国家,其国内税法规定对国内商品和其他缔约国进口的同类商品实行差别待遇,由于该税法先于巴西加入总协定时生效,故而得到总协定的认可。

(二) 关于海关估价问题

海关估价是非关税壁垒的一种,进口国往往通过规定进口商品价格,征收较高关税,限制外国商品进口。针对这种情况,总协定第七条规定,海关对进口商品的估价,应以进口商品或相同商品的实际价格,而不得以国产商品的价格,或以武断的、虚构的价格作为所征关税的依据。

中国 1985 年公布的《进口关税条例》和《海关进出口税则》,对海关估价作了如下规定:以海关审查确定的货物在采购地区使用正常批发价格,加以运抵中国输入地点起卸前的包装费、运费、保险费、手续费等一切费用的到岸价格。从恢复总协定的角度考虑,中国关于海关估价的规定仍有待于改善:①上述两个新的关税法规是国务院的行政法规,根据"祖父条款"的强制性规定,最好将有关内容补充进《海关法》。②现行海关估价规定适用"采购地正常批发价格"与国际惯例不符,极少有国家适用这种价格,而且没有明确"采购地正常批发价格"的含义,没有列出详尽项目及接受此项价格的条件,造成实施困难。因此,应参考有关国际公约和惯例,修改完善海关估价规定。

(三) 关于数量限制问题

总协定允许缔约国以关税方式保护本国工业,但"禁止设立或维持配额、进出口许可证或其他措施以限制或禁止其他缔约国领土的产品输入,或向其他缔约国领土输出或销售出口产品"(总协定第十条第一款)。虽然总协定做了"消灭数量限额"的规定,但在缔约国之间的贸易交往中,配额和许可证仍然是外贸管理的主要措施。以纺织品为例,工业发达国家进口产品中的 44.6% 和发展中国家进口产品的 33.7% 就受到数量和价格的影响。所谓消灭数量限额原则仅停留在纸面上。究其原因,主要在于总协定规定了几种例外情况,如:农、牧、渔产品的进出口可给予必要的限制;缔约国为解决外汇储备短缺困难,保障其对外金融地位和国际收支平衡,可进行必要的进出口数量和价格限制;发展中国家为了发展民族经济,也可采取必要的进出口数量和价格限制措施。这些例外规定,为缔约国提供了通过非关税壁垒鼓励出口、限制进口的可能性。

中国在恢复总协定之前,应当充分考虑这些例外规定,完善有关国内法规。1980年,中国颁布了《关于出口许可证制度的暂行规定》和《对外贸易进口管理试行办法》两个行政法规,明确规定中国实行许可证管理制度,并规定发放许可证的范围。实践证明,这两个法规都起到了保护和促进中国进出口工作的作用,但仍须进一步完善和健全。首先,应在实践的基础上对这两个法规加以补充和修改,使其成为具有普遍强制性的法律。其次,应健全和加强许可证管理程序和机构,并在未来的《中华人民共和国对外贸易法》中明确进口管理的意义和作用。最后,应在有关法规中表明实行许可证管理制度并不违背总协定的宗旨。

总而言之,根据改革开放的进程,中国将尽一切努力改革中国外贸制度,完善中国外贸立法,使其更加适应关贸总协定的要求。中国政治稳定、社会稳定、经济发展、综合国力不断增强,人民的购买力在迅速提高,劳动力素质好,是海外企业投资的理想国家。中国迅速恢复总协定地位将会提供一个更加稳定的国际贸易环境,有利于促进国际间的经贸发展。

文选五

乔姆斯基谈语言学对心理研究的贡献
（语言学）
朱志平

在当代语言学的研究中,诺姆·乔姆斯基(Noam Chom-sky)是独树一帜的。他的转换生成语法理论对语言研究乃至心理研究都有一定的贡献。在 Language and Mind（《语言与心理》）一书里,他分别论述了语言研究过去、现在以至将来对心理研究的贡献（即 Languistic contributions to the study of mind-past, present, future。我们分别称为过去篇、现在篇和将来篇）。本文拟就过去篇和现在篇的内容做以概略的介绍。在这两篇文章中,乔姆斯基追溯了生成语法理论产生的源泉、这项研究从过去到现在对心理研究的贡献、与当代语言学其他理论的关系,以及运用这些研究成果探索当前语言研究中的一些问题,等等。

一

乔姆斯基认为,要想了解人类语言的本质,仅仅描写人们已经说出的语言,并从中总结语言结构,这是不够的。因为语言研究的现状表明,尽管我们已经对现实语言做了充分的分析,仍有许多问题：诸如句子的歧义问题等仍得不到解决,这说明语言研究应当更深入一步。他力主把语言能力和语言的运用区分开来,并认为二者是根本不同的。语言能力是构成语言行为的基础,但又不是以简单的方式与行为与之相联系。语言行为不能以结构主义的分类法来描述。语言研究的主要目标应当是语言能力,是研究人为何会听会说从未听过、说过的话。他认为转换生成语法就是研究语言能力的理论,而这一理论并非无源之水,无本之木,它最早可溯源至17世纪的"唯理语法"。唯理语法是西欧17世纪唯理主义哲学思想指导下的产物,在这一语法理论产生之前,人们已经开始对人类语言能力表示关注。

早在16世纪晚期,西班牙医生胡安·瓦尔特(JuanHuarte)曾通过对语源的研究提出了对人类智能的看法。瓦尔特发现"智力"这个词与"产生"或"生成"等词有同一个拉丁语根。由此瓦尔特论证人类身上具有两种先天特质:一种与动物所共有;另一种是人类独具的,这就是人类智能。瓦尔特把智能分为三层:最低一层是驯良智能,表现为刺激—反应能力;中间一层是一般智能,表现为人类的一般语言能力,中层与低层的差别是人与兽的差别;最上一层则表现为人类对语言的创造能力,即能说出并听懂从未听到过的话语。乔姆斯基认为,瓦尔特的研究对唯理主义语言学以及后来的心理研究都有一定影响。

17世纪唯理主义哲学思想的代表人物笛卡儿及其学派的许多学者,已在他们关于哲学的著述中论及语言能力问题。他们指出,人除本身的"物质本体"——在人体以外,还有一个实体与人体共存,这个实体就是人类智能。它表现为人类能以规范的方式使用语言,而这在人类以外的其他动物是绝对办不到的。

在唯理主义语言哲学的影响下,产生了一套有关语言结构的理论,这就是后来称为"唯理语法"的语法理论。这套语法的代表著作即阿尔诺和朗斯洛的《波尔·罗瓦雅语法》。这部作品出版于1660年。唯理语法今已鲜为人知。乔姆斯基对之评价极高,并且认为后世学者对它的评价不太公正。包括像布龙菲尔德(Blomfield)这样的著名语言学家,在其代表作《语言论》中也把唯理语法描述成是建立在拉丁语模式上的。乔姆斯基认为这完全是对唯理语法的歪曲与误解。他认为以《波尔·罗瓦雅语法》为代表的这些用法文写成的著作,其内容以及观点均在于研究法语里的语法规则,是当时以本国语取代拉丁语运动的产物。

唯理语法反对描写,不主张语法学家的任务只是记录及组织现有的语言材料。它主张把现有的语言现象和语言材料看作是深藏在人类心智的有机规律的表层现象。人们只不过通过这些现象和材料去把握规律。在《波尔·罗瓦雅语法》中,作者已经认识到了短语(Phrase)作为一个语言单位在语法结构中的重要性。该书认为,一个表达某种复杂思想的短语或一个可分成几个相连的短语的句子,都可以进一步被切分成更小的短语,直至切分到词。这个方法是今天语法分析中较常用的重要方法之一。今天的转换生成语法正是通过该方法得到句子的"表层结构"。与此同时,《波尔·罗瓦雅语法》也指出,这种分析的结果——表层结构仅只与语音相一致,只触及了语言的物质部分,这是它的局限所在。因此,应就表层结构的信号对相应的思想内容进行分层,也即今天所说的"深层结构"的分析。深层结构叙述的是语义而不是语音。例如,"看不见的上帝创造了看得见的世界"(Invisible God created the visible world)这个句子,可切分成主语"看不见的上帝"和谓语"创造了看得见的世界";谓语又可进一步切分成"看得见的世界"和动词"创造"等,这样就得到了该句的表层结构。这个句子的深层结构则是由三个命题构成:上帝是看不见的;上帝创造了世界;世界是看得见的。另外,在表层结构与深层结构之间有某种手段将二者联系起来,这种手段就是现代术语说的"语法转换"。

《波尔·罗瓦雅语法》认为,潜在的深层结构以它抽象的结构形式出现在大脑中,并以表层结构作为一种信号,该信号由肉体器官产生或察觉。联系着深层结构与表层结构的转换手段是精神上的,句子的产生或被理解是由大脑来执行的。乔姆斯基认为该语法再现了瓦尔特所提出的人类一般智能。它的成果属于心理学的一次尝试。

19世纪30年代,威廉·冯·洪堡特提出语法是"有限手段的无限运用"这一观点。乔姆斯基认为该观点说明语法中有一个有限的系统,这个系统可生成无限多对深层结构和表层结构,并将这些抽象结构与一定的语音、语义表达联系起来。

把波尔·罗瓦雅理论与当代的结构语言学、描写语言学相比较,可以清楚地看到,后者的分析和描写仅限于前者的"表层结构"部分,限于用切分与分类的方法通过表面的信号确定短语及单位。20世纪初,当代结构语言学的奠基人索绪尔提出:语言分析唯一适合的方法是切分与分类。他认为,当所有这些分析都完成之后,语言的结构必然被完全揭示出来,至此语言科学也就完成了自己的任务。乔姆斯基认为这种限制显然没有给唯理语法的"深层结构"留下立足之地。比如"看不见的上帝创造了看得见的世界"这个句子里的三个命题就不可能通过切分或分类得到。这种限制所造成的结果是:一方面,语言的结构得到了充分的分析,以致让人觉得该领域里已无事可做,无需再发展创新,只存在继续完善的问题;另一方面,语言研究中又确实存在着若干问题,悬而待决。正因为如此,索绪尔本人也常常不自觉地冲破自设的障篱。他曾指出,句子的结构在严格意义上并不是属于"langue"(法语"语言"),而是属于"parole"(法语"信号"),应置于语言系统之外。这表明,语言研究在保持原有成果的同时,确有必要对"表层结构"以外的部分做深入研究,以揭示潜藏着的语言使用的能动机制和表达语义内容的机制。

二

乔姆斯基认为,要解决当代语言研究所面临的各种问题,应当从寻求问题产生的根源——人类的语言能力开端。这首先需要建立起一条连接语言与心理的通道。他提出了"普遍语法"与"特别语法"的概念(universal grammar 和 particular grammar)。前者是说人天生具有某种心理机制,这种机制使人能够在特定的语言环境中获得特定的语言知识。比如,一个婴儿无论其父母是说哪一种语言的人,当这个婴儿生下来后处于汉语环境中时,他(她)必能首先学会听说汉语。这种先天的机制乔姆斯基称为"普遍语法",它是人类共有的。与此相对,"特别语法"则是指某种特定语言的语法。比如英语语法、汉语语法等。每种特定语法均在普遍语法的指导下形成,而通过特别语法人们也可以了解普遍语法的性质。所以语言研究,一方面要确定组成某特定语言的规则系统;另一方面,则要揭示统摄这些系统的原理。

乔姆斯基从人类心理产生语言的角度出发分析一个句子的形成过程。他认为句子产生于深层结构,通过语法转换,进入表层结构,后者通过语音完成一个句子的表达。例如:"A wise man is honest"这个句子,它的表层结构分为主语"a wise man"和谓语"is honest";它的深层结构则包含着两个命题:a man is wise 和 a man is honest。这两个命题通过转换形成表层结构的表现形式。用树形图表示如下:

(一) 深层结构

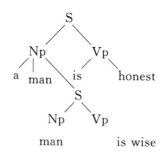

（二）表层结构

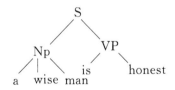

图示表明,深层结构在句子的意义方面起着核心的作用,而表层结构则主要与语音形式相联系。那么深层结构是如何向表层结构转换的呢,乔姆斯基设置了四个步骤:

(1) 以疑问代词标识 Np 的核心部分 man。
(2) 以 who 置换 Np。
(3) 删除 who is。
(4) 调换 man 和 wise 的位置。

通过第一、二步,可得到潜在结构"a man who is wise is honest";通过第三步,得到"a man wise is honest";在英语里必须经过第四步,得到最终要表达的句子"A wise man is honest"。

从这个角度入手,可以分析歧义句产生的原因。例如:

(1) I disapprove of John's drinking.
　　(我不赞成约翰喝酒。)

该句既可指喝酒这一事实,又可指酗酒。这种歧义是由于深层结构不同造成的,即:

a. I disapprove of John's drinking the beer.
　　(我不赞成约翰喝这(瓶)啤酒。)

b. I disapprove of John's excessive drinking.
　　(我不赞成约翰酗酒。)

语法转换抹去了例1表层形式上的具体意义表达,a 和 b 补足了原句意义上的欠缺,使歧义问题得以解决。显然,不可能同时用 a 或 b 去扩展原句,这样就会得到不正常的句子:

c. I disapprove of John's excessive drinking the beer.

（我不赞成约翰过分地喝这（瓶）啤酒。）

c 之所以被认为是不正常的，是因为英语语法规则只许在一种情况下有一种意义存在。违反了这一点，句子就不能被理解。

英语里还有一种歧义句，这种句子的产生是因为英语语法里的删除①（省略）规则所造成的。如：

(2) I know a taller man than Bill does.

（我认识一个高个儿，比比尔认识的高个儿高。）

(3) I know a taller man than Bill is.

（我认识一个比比尔高的人。）

这两个句子在英语里都可以写成：

(4) I know a tailer man than Bill.

删除了例 2 和例 3 里的 does 和 is，它们的表层结构就完全一样了，即例 4。但例 4 是歧义的。又如：

(5) I know a taller man than Bill, and so does John.

（我认识一个比比尔高的人，约翰也认识。或：我认识一个高个儿比比尔认识的高，约翰也同样。）

这个句子是由下面两个句子删除后形成的：

(6) I know a taller man than Bill does and John knows a taller man than Bill does.

(7) I know a taller man than Bill is and John knows a taller man than Bill is.

例(6)和例(7)不仅删除了"does"或"is"，还各删除了一个分句，以简略的形式"so does John"代替。这同样造成了歧义。乔姆斯基指出，在分析歧义句时，不仅需要了解该句深层结构的情况，还应弄

---

① 乔姆斯基的术语是 deletion，其步骤类似汉语语法中的省略。

清歧义产生的根源,也就是句子的结构来源。这样才能揭开表层结构使人迷惑的表象,得到转换过程中抹去的语法关系和确定句子意义的语法功能。

表层结构是常常迷惑人的。比如:

(8) John was persuaded to leave.

(约翰被说服离去。)

这个句子在深层结构有两个命题:

a. John leave

b. Np…persuade John

也就是说约翰是"leave"的主语,是"persuade"的宾语,句子的表层结构并没有表现这一点。如果用别的词置换例(8)中的动词,句子的语法关系就要发生变化,如用"hired"(雇用)置换"persuade",句子显然难以成立。这说明语义对语法有牵制作用,而语法转换常常抹去这种性质。所以,要了解语言的抽象性质,必须抛开表层结构,深入分析深层结构。

除了上述删除原则,英语语法在转换中还有一种依层次置换的原理[①],这主要体现在代词的用法上。例如:

(9) John learned that John had won.

(约翰得知约翰赢了。)

引入代词,就成了:

John learned that he had won.

(约翰得知他赢了。)

设 x 是原名词短语,y 是被替代的名词短语,我们用公式来表示例(9)的名词短语的关系:

---

① 乔姆斯基原术语是 cyclic application,直译是"循环应用",为便于理解,本文按意思释译。

〔…x…〔…y…〕〕

但是上述公式不能写成(…y…〔…x…〕),像 He learned that John had won(他得知约翰赢了)这样的句子其意思与原句已完全不同。上述公式还可以写成:

a. 〔〔…x…〕…y…〕

That John won the race surprised him.

(约翰赢了这次比赛使他吃惊。)

或 John's winning the race surprised him. （同上）

b. 〔〔…y…〕…x…〕

That he won the race surprised John.

(赢了这次比赛使约翰吃惊。)

或 His winning the race surprised Jonh. （同上）

上述情况表明,如果一个句子紧接的两个层次上都出现了同样的名词短语,代词首先只能置换处于最核心层次上的名词短语。如果代词置换的名词短语不在最核心层次上,那么它必须在表达序列中排在另一个名词短语之前,否则句子的原义就会被破坏。再如:

(10) a. 〔〔our learning〔that John had won the race〕〕surprised John〕

b. 〔〔John' learning〔that John had won the race〕〕surprised John〕

例(10)的 a、b 两个句子里,我们可以用"him"置换 a 句末的 John,却不能置换 b 句末的 John,因为在 b 句所有的三个层次上均有"John",那么代词法首要应用于最核心的层次,即用于"that John had won the race"中。a 句不属讨论范围。乔姆斯基认为,英语代词的这种依层次置换原理有可能是一种"能决定人类语言知识形式的规律性原理"(*Language and Mind* 增订版,第 48 页),因为一个掌握英语代词法的人会以直觉了解代词的用法。

乔姆斯基认为,"语言学中最有挑战性的理论问题是对普遍语法原理的发现,而普遍语法是与能为种种任意的、无秩序的现象提供解释的特别语法交织在一起的"(同上)。他从语义学角度分析了英语中疑问代词、关系代词与相应的名词短语在语法转换中的关系。例如:

(11) John expected Bill to meet Tom.

（约翰指望比尔会碰上汤姆。）

在例(11)中,"John、Bill、Tom"分别是三个名词短语,它们都可用来提问,也就是用疑问代词把原句转换成疑问句。转换的步骤如下:

a. 放置疑问代词——为名词短语指定记号 wh—;

b. 转换——将要提问的名词短语记号提至句首;

c. 确定助动词形态——在句子第二位要放适当的助动词或系词;

d. 语音表达——用适当的疑问形式置换名词标记。

以例(11)中的"Bill"作说明,应用 a,得到"John expected someone to meet Tom";应用 b,得到"wh— someone John expected to meet Tom";应用 c,得到"wh—someone did John expected to meet Tom";应用 d,得到"who (m)did John expect to meet Tom"（约翰指望谁会碰上汤姆）。在上述步骤里,如省去 c,可得到短语"the man who (m)John expected to meet Tom"。

但上述转换并非在任何情况下都畅行无阻。比如:

(12) a. For him to understand this lecture is difficult.

（对他来说要明白这个讲课是很难的。）

b. It is difficult for him to understand this lecture.（与上同义）

c. He believed the claim that John tricked the boy.（他相信约翰骗了这男孩的说法。）

如应用上述转换步骤于例(12)的三个句子,就得到:

al What is for him to understand difficult?

aR a lecture that for him to understand is difficult.

bl What is it difficult for him to understand?

bR a lecture that it is difficult for him to understand.

cl who did he believe the claim that John tricked?

cR the boy who he believe the claim that John tricked.

这些句子和短语中只有 bl 和 bR 是完全可以接受的。(12)a 与 (12)b 同义,但转换步骤只能用于(12)b,这是因为(12)a 里用来提问的名词短语"the lecture"被包含在另一个更大的名词短词中,即在"for him to understand this lecture?"中。但在(12)b 里,它不在另一个名词短语中,因为该句里"for him……"不是名词短语。(12)c 里,"the boy"也在"the claim"的同位短语里,如果句子变成:

(13) He believed that John tricked the boy.

(who did he believe that John tricked?

the boy who he believed that John tricked)

就没问题了。可见转换不能应用于下述结构中的核心部位短语 A:

〔s…〔A…〕A…〕s

乔姆斯基把这种情况称为"A—over—A"原理。这一原理规定,语法转换中关系代词或疑问代词所置换的名词短语不能被包含在更大的名词短语内(公式中的 s 指句子,A 指名词短语)。或者说,包含在某个名词短语中的另一个名词短语不能抽取出来用于关系代词或疑问代词句的语法转换。乔姆斯基还对"A—over—A"原理的例外情况做了一些补充说明,限于篇幅恕不能做详细介绍。

综上所述,乔姆斯基论证了几种由深层结构向表层结构的语法转换中要遇到的一些情况,如歧义问题、代词的依层次置换原理,以及"A—over—A"原理,等等。他认为,这些理论虽然尚须进一步论证,但至少已经反映了语义对语言结构的内在支配作用,反映了语言的音义关系(即深层的语义结构与表层的语音表达之间的关系),而这些关系或转换过程可能会构成普遍语法的一部分,为我们最终解开人类语言能力的奥秘架起一条"心理通道"。

文选六

《长恨歌》的创作意图及客观意义
（文学）
薛 筠

《长恨歌》是白居易诗作中脍炙人口的名篇佳作，创于元和元年。在这首长篇叙事诗里，作者以精练的语言、优美的形象、结合叙事和抒情的手法，叙述了唐玄宗和杨贵妃在安史之乱中的爱情悲剧，深受人民喜爱，千百年来为世人所争相传诵，经久不衰。清人赵翼说："盖其得名，在《长恨歌》一篇。其事本易传；以易传之事，为绝妙之词，有声有情，可歌可泣，文人学士既叹为不可及，妇人女子亦喜闻而乐诵之。"[①]

然而，对于《长恨歌》究竟要表现和反映的是怎样的主题，历来都是众说纷纭，各有己见。这种情况的产生，究其根源，主要是未能对作品进行"知人论世"的深入研究。本人特就这一问题谈一些自己的看法。

一、长期以来对《长恨歌》的评价

对于《长恨歌》所表现的思想，各家所持的观点不同。各家论述，归结起来主要有以下三种：

（一）"讽刺"说

陈鸿在《长恨歌传》结尾云："乐天因为《长恨歌》。意者不但感其事，亦欲惩尤物，窒乱阶，垂于将来者也。"[②]王拾遗在《白居易传》

中也认为：《长恨歌》的积极作用，在于它是通过写男女生离死别的爱情，从而表达出诗人的严肃见解，即："惩尤物，窒乱阶，垂于将来也。"可见白居易对唐玄宗荒淫误国的谴责，是与白居易一贯的政治观点分不开的，白居易在写《长恨歌》前几个月，在准备应制举考试拟的策问中曾明确指出："君之作为，为教兴废之本。""若一肆其心，而事有以阶于乱。"③白居易在《策林第二十一条》中也有这样的观点："……夫如是，则君之躁静，为人劳逸之本；君之奢俭，为人富贫之源。故一节其情，而下有以获福；一肆其欲，而下以罹其殃。一出善言，则天下之心同其喜；一违善道，则天下之心共其忧……"王拾遗认为："居易认识如此，对唐玄宗由于奢欲而酿成的'安史之乱'几乎弄得国将不国，怎么还会去歌颂所谓'李、杨爱情呢？'"④而《长恨歌》深受人民喜爱，主要是因为人民对唐玄宗的荒淫误国也有所非议。

清代也有人认为《长恨歌》是"讥明皇迷于色而不悟也"。乾隆云："从古女祸，未有甚于唐者……姚、宋诸贤臣辅之而不足，一太真败之而有余。"⑤看来也都是主张讽刺的。

但"讽刺"说这种观点未能从《长恨歌》整体所显示的倾向性和诗人对主人公倾注的深切同情去理解。王拾遗用白居易对当朝皇帝的政治建议——《策林》中的内容推论白居易对先朝皇帝玄宗的态度，来说明《长恨歌》的目的在于讽刺是缺乏说服力的。而乾隆皇帝所言也不过是他本人从"治国"的角度所写下的"读后感"，不足以说明《长恨歌》的主题。白居易自己把《长恨歌》归于感伤诗，他指出："事物牵于外，情理动于内，随感遇而形于叹咏者……谓之感伤诗。"可见，他本人也不认为《长恨歌》是"关于美刺比兴"的"讽刺"诗。⑥

（二）"爱情"说

持这种观点的人认为：从诗的着墨来看，诗的前半部是对杨妃生前李、杨相爱的描写,后半部是表现杨妃死后李、杨对爱情的坚贞和追求。⑦全诗侧重于爱情描写,而且极其感人。以超阶级的观点即人性论的观点看待封建帝王和贵妃的关系,在李、杨身上赋予人民群众对爱情坚贞不渝的优秀品质,⑧歌颂那种与人民生活、感情相一致的纯洁无疵的爱情。

这种观点倒是从作品所提供的基本形象出发,但还缺乏对诗人创作前后主体心态的深入研究,不免有些表浅。

(三)"讽刺兼爱情"说

这是目前比较通行的观点。其中较有代表性的《中国文学史》(游国恩等著)上说:一方面由于作者世界观的局限,另一方面也由于唐明皇这个历史人物既是"安史之乱"的制造者又是一个所谓"五十年太平天子",因此诗的主题思想也具有双重性,既有讽刺又有同情。诗的前半部分讽刺了唐明皇荒淫误国,从"汉皇重色思倾国"到"春宵苦短日高起,从此君王不早朝""姊妹弟见皆列土,可怜光彩生门户,遂令天下父母心,不重生男重生女"讽意极为明显。诗的后半部分,作者用充满同情的笔触写唐明皇的入骨相思,从而使诗的主题思想由批判转为对他们坚贞专一的爱情的歌颂。

"讽刺兼爱情"说这种观点重视了对原诗本文的分析,对主题的分析也比较概括,但仍存在两个问题:一是未能分清作者的主观创作意图和作品的客观思想意义;二是缺乏对作品深层意蕴的探究。

二、对《长恨歌》创作意图的探究

德国美学家弗里德兰德说:"艺术是一种心灵的产物,因此可以说,任何艺术都必然是心理的。"⑨一部优秀的、感人的作品,必然渗透着作者深刻的感受或亲身的体验,是作者内心深处感受的反映。用白居易自己的话来说:"事物牵于外,情理动于内,随感遇而形于咏叹者。"就是说因事触情,发为感兴,则会形诸咏叹。可见,客观人物景象会触动作家自身的身世遭遇,激发起作家强烈的审美情感。此一情感由萌生而喷发,"浸渍"客观事物,化为浓郁厚笃的诗情,便使作品产生撼人心魄的情感力量。⑩《长恨歌》之所以长诵不衰,成为千古绝调,我想其原因也正是它的创作与作者的经历有着密不可分的联系。

(一)作者的恋爱悲剧

白居易青年时期,家住徐州符离的蛹桥,23岁时父亲去世,白居易在家守孝3年。这期间,他与邻里一位女子湘灵相恋,从他的几首诗中便可看出他对湘灵的感情。《寄湘灵》一首是他们相恋两年后诗人第一次远别在途中写下的:"泪眼凌寒冻不流,每经高处即回头。遥知别后西楼上,应凭栏干独自愁。"⑪第二年诗人又作《冬至夜怀湘灵》:"艳质无由见,寒衾不可亲,何堪最长夜,俱作独眠人。"从这首诗可以看出,两人的关系已非一般。⑫然而,这两首诗所表达的情感,都还只是离别的相思,是初恋乍别的情怀,并无永诀的苦痛。

两年后,白居易考中进士,回到符离,事情开始出现变故。考其原因,明显是两家门第的悬殊。白家不同意这门亲事。特别是白居易考中进士并在秘书省做校书郎,这一问题便更加突出,决定了他与湘灵爱情的悲剧结局。这一点可以从诗人所作的《长相思》一诗中看出:"有如女萝草,生在松之侧;蔓短枝苦高,萦回上不得"⑬,其比喻十分显然。

白居易与湘灵的往来在当时的社会是不敢公开的,必须隐秘地来往,自然在诗作中不能不流露出一丝痕迹。他写过一首《花下自劝酒》诗:"酒盏酌来须满满,花枝看即落纷纷,莫言三十是年少,百岁三分已一分!"从这首诗中可以看出诗人是苦闷的,这种怅惘、空虚、寂寞的情思,与他和湘灵理想不得实现是很有关联的。⑭

再从他为湘灵所写的另外几首诗来看,外力对他们感情的阻挠也宛然可见。如他写过一首《生别离》诗:"食檗不易食梅难,檗能苦兮梅能酸;未如生别之为难,苦在心兮酸在肝。晨鸡再鸣残月没,征马连嘶行人出。回看骨肉哭一声,梅酸檗苦甘如蜜。河水白,黄云秋,行人河边相对愁。天寒路旷何处宿,棠梨叶战风飕飕。生离别,生离别,忧从向来无断绝。忧极心劳血气衰,未来三十生白发!"字里行间充满着对湘灵的依恋。[15]贞元二十年,白居易全家离开蛹桥,这令白居易最为痛苦,因为他知道,此地与湘灵一别,再见无期。白居易作一首《潜别离》表达了内心的苦恼。"不得哭,潜别离;不得语,暗相思;两心之处无人知。深笼夜锁独栖鸟,利剑斩断连理枝。河水虽浊有清日,乌头虽黑有白时。唯有潜意与暗别,彼此甘心无后期。"[16]仅就《生别离》与《潜别离》这两首诗的题目也可看出,他们的离散是被活生生拆开的,而且事态发展比较残酷,所以有"利剑斩断"的词语。可见两情别离已身不由己,对此,他们既悲愤又无可奈何,唯有潜离暗别,听天由命,让绵绵长恨永埋心底。

10年以后,白居易被贬为江州司马,白居易又做了一首题名为《感情》的诗,表达了对这段经历的不尽怀念和无限遗憾。"中庭晒服玩,忽见故乡履。昔赠我者谁?东邻婵娟子。因思赠时语,特用结终始。永愿如履綦,双行复双止。自吾谪江郡,漂荡三千里。为感长情人,提携同到此。今朝一惆怅,反复看未已。人只履犹双,何曾得相似。可嗟复可惜,锦表绣为里。况经梅雨来,色黯花草死。"[17]诗中写道经过梅雨,使鞋子色泽黯淡、花草枯死,以此来象征诗人爱情的毁灭。

诗人自25岁与湘灵初恋起到与湘灵的最后诀别,时间长达8年之久。

在与湘灵诀别两年以后,白居易奉命调到周至县。这一年,白居易35岁,但仍未成家。同年十二月,白居易与好友陈鸿、王质夫三人同游仙游寺,在陈、王二人的鼓励下,居易写下了情文并茂的《长恨歌》。可见,《长恨歌》的创作正是诗人在陷入失恋苦痛的背景下写成的,于是诗人不自觉地把当时满怀的悲伤与绵绵的长恨寄于笔下,成此千古绝唱。

(二) 作者的经历与《长恨歌》创作的联系(此部分参考《古代诗人情感的心态研究》)

一切卓越的艺术品都不是理念的产物,而是作者真情实感的反映,都同作者的激情相联系,是他们心血的结晶。《长恨歌》也是如此,它并不是诗人理性地要去表现对李、杨的讽刺和同情,而是把自己同湘灵爱情悲剧的苦痛对象化,为了宣泄自己心中积郁的情感,借唐明皇与杨贵妃的历史传说这一激情因素,发为感兴,创作作品。

其实,诗人从与湘灵相爱到诀别,前后写过许多诗篇,读来虽然感人,但却都不及《长恨歌》这样脍炙人口。究其原因就在于李、杨爱情悲剧与诗人的爱情悲剧有着相似之处。正是这一点深深触动了诗人内心情感,使他可以借史言志,感史兴情,加之诗人艺术才华的充分发挥,所以一首《长恨歌》情真意切、生动感人,以至问世近一千二百年而传诵不衰。

前面所说的相似之处,首先是指李、杨爱情与诗人感情经历都是爱情悲剧,都是一种巨大的、震撼人心、催人泪下的人生缺憾。李、杨爱情本来并不正常,"安史之乱",人们归咎于杨氏误国也不为过。但当人们看到杨玉环盛年被冤杀于马嵬,李隆基晚年失国孤寂以及对杨玉环的深沉怀念时,舆论就发生了很大的变化。人们开始谴责新的统治者,同情李、杨,于是就产生了一些美化他们爱情的传说。如"夜雨霖铃""蜀中苦情"等。[⑱]它们都赋予了李、杨以普通人的情感,使帝妃之间的那些复杂关系获得了"净化"。尽管李、杨的悲剧在成因上有咎由自取之处,而诗人与湘灵则全是无辜的。但那些传说却缩小了两个悲剧之间不同性质的差距。

其次,虽然造成两个悲剧的本质原因不同,但其表现却都是外力干预的结果:一个是太子集团预谋的军士哗变,一个是自家以门第悬殊为由的阻挠破坏，因而两方主人公的心里都留下了相似的创痛和遗恨。诗人将自己与湘灵的悲剧感移到李、杨的身上，借此宣泄心中的悲苦。

再次，历史记载和传说中唐明皇对杨贵妃的相思与杨贵妃在仙界对唐明皇的一往情深，同诗人与湘灵爱情悲剧的感情心态也极为相似，于是使诗人产生了创作《长恨歌》的巨大冲动。据载：杨贵妃自缢前，明皇曾为她求生，替她辩护道："贵妃居深宫，安知国忠谋反？"后来不得已才与贵妃诀别。而白居易与湘灵诀别前也曾有"愿作深山木，枝枝连理生"的愿望，而最后也是"佳期与芳岁，车落两成空。"被迫分离。另据记载，长安收复，玄宗从成都回来将贵妃遗体改葬，发现贵妃体肤皆已朽坏，唯有胸前佩戴的丝织香囊还完好无损，且有冰麝香气，玄宗见后，睹物思人，悲伤不已。[19]白居易对湘灵的赠履也长期随身携带，以物寄情。再有，玄宗入川时在雨中听见栈道铁索上断断续续的铃声，因悼念贵妃而有所感触，便作乐曲"雨霖铃"寄托自己心中的思念，而白居易在与湘灵诀别后，也曾有许多诗寄托心中怨情。其中一首《夜雨》："我有所念人，隔在远远乡，我有所感事，结在深深肠。乡远去不得，无日不瞻望。肠深解不得，无夕不思量。况此残灯夜，独宿在空堂。秋天殊未晓，风雨正苍苍。不学头陀法，前心安可忘。"表达了他对湘灵无尽的思念和心中的痛苦。[20]可见，唐明皇对杨玉环，白居易对湘灵，其情其意确有极其相似之处。诗人正是通过将自己的痛苦对象化，把自己悲伤的情怀和对爱情的执着追求移附在了"李、杨悲剧"上，以填补自己心中的空白，所以，《长恨歌》的创作感情十分真挚，在历代读者的心中漾起阵阵涟漪。

最后再看《长相思》："愿作深山木，枝枝连理生。"《和梦游春一百韵》："笼委独栖禽，剑分连理木。"[21]《潜别离》："深笼夜锁独栖鸟，利剑斩断连理枝。""连理"在白居易写给湘灵的诗中多次出现，同

《长恨歌》中"在地愿为连理枝"应当说不是偶然的巧合。它很明显地说明渗透在《长恨歌》中的感情正是白居易与湘灵爱情悲剧的投射和移附。对唐明皇和杨贵妃来说,固然是"绵绵长恨",而对白居易和湘灵来说,又何尝不是"此恨绵绵无绝期"呢?由此可见,"李、杨爱情悲剧"与诗人的悲剧恋情的这些相似之处,正是诗人创作《长恨歌》深层的心理动因。

以上论述表明,《长恨歌》的创作不是为历史而历史,不在于歌颂李、杨爱情的坚贞,也不在于讽刺唐明皇荒淫误国,而是诗人在李、杨的故事上,寄予了自身悲愤的情感,抒发一种悲苦情怀及对理想爱情的执着追求。其意图是在宣泄人生终竟不能谐和完美的巨大苦痛,表现理想与现实矛盾对抗时所产生的一种失落感。这一点,除了从作者把诗篇特意命名为"长恨歌"——"恨"者,"憾"也,可以看出外,还可以从作者把《长恨歌》编入感伤诗得到确证。而且白居易认为诗歌的产生是由于诗人感情受客观事物的刺激有所感受,并把这种感受用语言表达出来。白居易在《策林六十九》《进士策问》之三,也都曾说:"大凡人之感于事,则必动于情,发于叹,兴于咏,而后形于诗歌焉。"[②]《长恨歌》意在宣泄诗人胸中的伤感苦痛,表达一种人生的深重而永久的幽怨和遗憾,在此已经由诗人自己给我们说出来了。

三、作者的创作意图与作品的客观意义

从以上论述来看,如果就作者的创作意图来说,作为《长恨歌》的主旨,最本质的意义就在于抒发一种"恨"——人生的某种"遗憾"。而这种"恨",不是短暂的,而是郁积在心中长久的恨,故曰"长恨"。换句话说:作者是通过历史人物的民间传说——"李、杨爱情悲剧"来表现一种对纯洁的爱情不能如愿以偿的人生遗憾感。

我认为,看作者在一部作品中究竟要反映或表现什么,不应仅仅看其作品塑造的形象,还要从作者当时的心态和情感等方面去理

解。如果只注重对作品形象的分析,就难免产生各种不同的看法,以致与作者真正的创作意图产生差异。

对《长恨歌》这个作品来说,作者的主观创作意图已然达到,不存在有的文艺理论中所说的作者的主观思想与作品形象之间的差距问题。至于读者、评论家们从作品中看到了什么,那是他们的事情。由于读者所处的时代、阶级立场及环境不同,使他们对作品产生的感受也不同。这种情况是任何一部作品都可能出现的。正所谓"一千个读者就有一千个哈姆雷特",正说明了这个问题。对于《红楼梦》鲁迅也曾这样说过,一部《红楼梦》的"命意","就因读者的眼光而有种种:经学家看见《易》,道学家看见淫,才子看见缠绵,革命家看见排满,流言家看见宫闱秘事……"[23]"接受美学"也认为,文学作品就像是乐谱,读者在演奏时会进行再创作,会根据自己的理解和感受演奏出"美妙的音乐"。这是因为文学作品与一般著作不同,文学作品用的是"描写性语言",其中包含着许多"意义不确定性",而作品意义不确定性则给读者提供一种可能,使他们把作品与自身的经验和自己对于世界的想象联系起来,并产生意义反思,这种反思每个人都不同,于是对文学作品的接受过程便成为每一个读者的再创造过程。[24]对一首《长恨歌》存在着多种不同的理解和看法,就是明显的例证。

由此可见,读者对一部作品的理解,实际上是作品在读者中产生的客观意义。它往往与作者的主观创作意图不一致,其原因就在于像前面所说,对一部作品的理解,与读者本人的地位、经历、立场、观点、文化素质以及当时的政治斗争形势、思想意识潮流及群众审美要求等社会条件有着密不可分的联系。读者在分析作品时,往往不能脱离开个人所处的时代、地位、所持的立场、观点以及个人经历和文化水平,他在理解作品时,总不免带有时代的、个人的色彩。正是这样,读者对作品的理解,即作品在读者中产生的客观意义不能全面真实地反映作者的创作意图注定不可避免。

附：

长恨歌

白居易

汉皇重色思倾国,御宇多年求不得。
杨家有女初长成,养在深闺人未识。
天生丽质难自弃,一朝选在君王侧。
回眸一笑百媚生,六宫粉黛无颜色。
春寒赐浴华清池,温泉水滑洗凝脂。
侍儿扶起娇无力,始是新承恩泽时。
云鬓花颜金步摇,芙蓉帐暖度春宵。
春宵苦短日高起,从此君王不早朝。
承欢侍宴无闲暇,春从春游夜专夜。
后宫佳丽三千人,三千宠爱在一身。
金屋妆成娇侍夜,玉楼宴罢醉和春。
姊妹弟兄皆列土,可怜光彩生门户。
遂令天下父母心,不重生男重生女。
骊宫高处入青云,仙乐风飘处处闻。
缓歌慢舞凝丝竹,尽日君王看不足。
渔阳鼙鼓动地来,惊破《霓裳羽衣曲》。
九重城阙烟尘生,千乘万骑西南行。
翠华摇摇行复止,西出都门百余里。
六军不发无奈何,宛转蛾眉马前死。
花钿委地无人收,翠翘金雀玉搔头。

君王掩面救不得,回看血泪相和流。
黄埃散漫风萧索,云栈萦纡登剑阁。
峨嵋山下少人行,旌旗无光日色薄。
蜀江水碧蜀山青,圣主朝朝暮暮情。
行宫见月伤心色,夜雨闻铃肠断声。
天旋地转回龙驭,到此踌躇不能去。
马嵬坡下泥土中,不见玉颜空死处。
君臣相顾尽沾衣,东望都门信马归。
归来池苑皆依旧,太液芙蓉未央柳。
芙蓉如面柳如眉,对此如何不泪垂?
春风桃李花开日,秋雨梧桐叶落时。
西宫南内多秋草,落叶满阶红不扫,
梨园弟子白发新,椒房阿监青娥老。
夕殿萤飞思悄然,孤灯挑尽未成眠。
迟迟钟鼓初长夜,耿耿星河欲曙天。
鸳鸯瓦冷霜华重,翡翠衾寒谁与共?
悠悠生死别经年,魂魄不曾来入梦。
临邛道士鸿都客,能以精诚致魂魄。
为感君王辗转思,遂教方士殷勤觅。
排空驭气奔如电,升天入地求之遍。
上穷碧落下黄泉,两处茫茫皆不见。
忽闻海上有仙山,山在虚无缥缈间。
楼阁玲珑五云起,其中绰约多仙子。
中有一人字太真,雪肤花貌参差是。
金阙西厢叩玉扃,转教小玉报双成。
闻道汉家天子使,九华帐里梦魂惊。

揽衣推枕起徘徊,珠箔银屏迤逦开。
云鬓半偏新睡觉,花冠不整下堂来。
风吹仙袂飘飘举,犹似《霓裳羽衣》舞。
玉容寂寞泪阑干,梨花一枝春带雨。
含情凝睇谢君王,一别音容两渺茫。
昭阳殿里恩爱绝,蓬莱宫中日月长。
回头下望人寰处,不见长安见尘雾。
惟将旧物表深情,钿合金钗寄将去。
钗留一股合一扇,钗擘黄金合分钿。
但令心似金钿坚,天上人间会相见。
临别殷勤重寄词,词中有誓两心知。
七月七日长生殿,夜半无人私语时。
在天愿作比翼鸟,在地愿为连理枝。
天长地久有时尽,此恨绵绵无绝期!

参 考 书 目

《新唐书》 中华书局
《旧唐书》 中华书局
《白居易传》 王拾遗
《唐宋诗词名篇辨析》 胡忆肖
《唐诗故事》 地质出版社
《古典文学名著赏析》 上海教育出版社
《建国以来古代文学问题讨论》 齐鲁书社
《中国历代文学作品选》 上海古籍出版社
《中国文学史》 游国恩等
《白居易集》 中华书局
① 引自《唐宋诗词名篇辨析》 P.133 胡忆肖

② 引自《建国以来古代文学问题讨论》 齐鲁书社 P.197

③ 同②

④ 王拾遗《白居易传》 P.56

⑤ 黄世中 《古代诗人情感的心态研究》 P.19

⑥ 同② P.205

⑦ 同② P.201 ⑧ P.199

⑨ 引自永狄《当代西方美学》 P.346 人民出版社

⑩ 引自《文学概论》 P.147 武汉大学出版社

⑪⑫ 引自《白居易传》 P.28

⑬ 见《白居易集》 中华书局 P.231

⑭ 见《白居易传》 P.43

⑮ 同⑭

⑯《白居易传》 P.47

⑰ 见《白居易集》 P.203

⑱ 见《唐诗故事》

⑲ 见《唐诗故事》 P.293

⑳ 见《白居易传》 P.107

㉑ 见《白居易集》 P.293

㉒ 见《白居易传》 P.136

㉓ 见鲁迅《集外集拾遗》,《鲁迅全集》第七卷 P.419

㉔ 见《文学艺术新术语词典》 P.306 百花文艺出版社

文选七

孙悟空与猪八戒艺术形象的比较研究

（文学）

杨学民

16世纪末期的某一年,在中国的明代,有一本书在南京的书坊——世德堂被刊刻出来。人们纷纷传抄它、翻印它,并把它的故事改编成戏曲广泛流传。光阴流逝,日月穿梭,转眼间又过去了四个世纪。但人们对它的喜爱依然如故。它,就是《西游记》。

《西游记》讲的是唐代高僧玄奘西天取经的故事。一路上在徒弟孙悟空、猪八戒、沙和尚的保护下,平妖除魔,经历了千难万险,最后终于到达灵山如来佛祖处取得真经,并返回东土大唐。唐僧师徒也因取经有功分别成佛、成神。在小说中,作者用丰富的想象力描绘了一个五光十色的神魔世界,还赋予他们七情六欲,使神魔皆通人情,鬼魅亦知世故,作品也因此带有了强烈的现实性。"极似世上人情",[①]这是几百年来《西游记》一书令读者们衷心热爱的主要原因之一。

《西游记》所反映的主题思想与当时社会历史时代是分不开的。万历时期的明代社会是封建经济逐渐走向衰退的时期。手工业、商业在南部沿海一带的迅速发展,标志着资本主义萌芽的出现。那些代表手工业者、商人利益的新兴市民阶层也随之产生。受到这些因素的冲击,在意识形态及文学领域方面,产生了要求个性解放,反对旧传统束缚的进步思想。当时明代文坛上如同中国第一次思想大解放的春秋战国时期,正统的、非正统的、反正统的各种思想勃兴,一时间大放异彩。王夫之在《姜斋诗话》中对当时的情形有这样描述,"自李贽以佞舌惑天下,袁中郎、焦弱侯不揣而推戴之,于是以信笔为文字,故万历壬辰以后,文之俗陋,亘古未有。"而这各种思想在《西游记》中都有着不同程度的体现。撇开那些形形色色的神魔人物不论,单论作者笔下的唐僧师徒四人,吴承恩的成功之处就是塑造了四种不同的人物性格。"师徒四人,各一性情,各一动止,试摘取一言一事,遂使暗中摸索,亦知其出自何人,则正以幻中有真,乃为传神阿堵。"②在此,作者用了象征的手法反映出我们民族性格的一些特征。孙悟空的形象,一向是英雄主义、乐观的象征,是中华民族不断向上进取精神的体现;唐三藏信念坚定却又唯唯诺诺、软弱无能,是当时代一些保守的知识分子们面对这个瞬息万变的社会无所适从,虽有志向但却无能为力的反映;而猪八戒则是小私有者们贪图享乐、目光浅薄的代表;沙僧的默默无闻、勤恳朴实无疑象征了中国劳动人民身上的优秀品质。毋庸置疑,四个人物中塑造得最为成功的形象便是那个家喻户晓的齐天大圣孙悟空和他的师弟猪八戒。下面我们分别对他们做以分析。

(一)

关于孙悟空。从书中我们知道,这是一个热爱自由、生性高傲、追求自尊、勇于战斗、见恶必除、除恶务尽的人物。他是乐观精神的化身,从不会在困难面前退缩。总之,他是一个英雄。

【石猴出身】 我们先看看他是如何出世的,东胜神洲有一国土曰傲来国,在此国花果山山顶上有一块仙石。那块石头"盖自开辟以来,每受天真地秀、日精月华,内育仙胞,一日迸裂,产一石卵,因见风,化作一个石猴。目运两道金光,射冲斗府"(第一回)。以此看来,孙悟空一出世,就被赋予了一种超自然的生命力。他与群猴"日日欢会在仙山福地,古洞神洲,不伏麒麟辖,不伏凤凰管,又不伏人间王位所拘束,自由自在"(第一回),是造物主给了他自由自在的天性,这天性也是他追求自由的基础。为了得到真正绝对的自由,他云游海角天涯,终于学得一身本领——七十二般的变化。驾起筋斗云,一筋斗十万八千里。后来又得了东海龙王的如意金箍棒。凭着这上天入地的神通,他大闹森罗殿,勾了生死簿,使自己能超升三界之外,跳出五行之中,争得了对生命的绝对自由。在他争取生命力自由的过程中,身上的一些英雄品质已经初露端倪。一出世就目运金光,直射斗牛宫,惊动天帝。这是他那种放荡不羁,蔑视权威的性格表现。到龙宫索要来了披挂后,"使动如意棒,一路打出去,对众龙道:'聒噪!聒噪!'"(第三回)。在幽冥界,"拿过簿子,把猴属之类,但有名者,一概勾之。摔下簿子道:'了帐!了帐!今番不伏你管了!'一路棒,打出幽冥界"(第三回)。作者正是用了这种出神入化的描写把一位傲视一切、我行我素、独来独去的英雄形象淋漓尽致地展现在我们面前。

【**大闹天宫**】 这是展现孙悟空性格最精彩的一部分。若说前面是他为生命自由而战的话,那么大闹天宫就是为了争取平等的自由的一场战斗。书中多次提到:"佛与仙与神圣三者,躲过轮回,不生不灭,与天地山川齐寿。"孙悟空历经艰辛终于"修仙了道,与天齐寿",按理说已具备了成神的条件。然而由于他的出身并非正统,只是个"猴子成精,初世为人的畜生"(第七回)。在天宫中受到众天神的歧视,动辄以"妖仙"称之,而且初进天宫就被骗封了个"未入流"的弼马温。实际上他作为神的资格并没有被承认。在这种情况下,孙悟空采取了反天宫的行动。第二次孙悟空被重新招入天宫后,玉帝封他做了齐天大圣,但却又"有官无禄",名义上,他的资格被认可了,可是这"有官无禄"是被打了折扣的。王母娘娘的蟠桃盛会没有邀请他这个"官品极矣"的齐天大圣。虽然他在天宫中"结交天上众星宿,不论高低,俱称朋友。与群神俱只以弟兄相待,彼此称呼"(第五回)。但他的这些努力并没有使他的实际地位能与其他神仙一样。作为报复,孙悟空把瑶池中的美味佳肴一扫而空,又闯入兜率宫把太上老君所炼的仙家至宝金丹,"如吃炒豆相似"全都吃光了。对他这种孩子气的做法,人们通常只是报以会心的微笑并为这个猴子的勇敢而叫好。当玉皇大帝调遣各路天兵天将镇压孙悟空时,双方的矛盾斗争进入白热化状态。在这场殊死搏斗中,孙悟空曾被绑在斩妖台经受刀砍斧剁、火烧雷打,也被推入老君的八卦炉中火炼,结果他不但毫发无损,反而炼就了一身金刚铁骨。而且刚一出炉,就"掣出如意棒,迎风晃一晃,碗来粗细,依然拿在手中,不分好歹,又大闹天宫,打得那九曜星闭门闭户,四天王无影无形"(第七回)。仅仅用了"依然"两个字就使孙悟空大无畏的英雄形象一下子跃然纸上。这等痛快、威风的举动,我们怎能不拍案叫好呢?然而,闹天宫最终还是以这位英雄的失败而告终,他没能逃出如来佛的手掌。"跳出五行之中的孙悟空终于还是被压于五行山下。"③从某种意义上说他追求平等,为自己争得权利的斗争失败了。可以这样讲,闹天宫是孙悟空这个已具有神的能力的"神"想要争得到神的名义的历程,当然他的失败也就表明他无法成为一个名副其实的神。那么要想达到与他们平等的地位就只有另外寻一条路了,而这另外的路,就是成佛。

【取经成佛】 成佛的道路同样是艰难险阻,布满荆棘的。作为唐僧的大徒弟,他要保护着师父,一路上斩妖除魔,为唐僧开辟出一条取经之路来。唐三藏执意到西方灵山是为了能求取真经,孙行者专要西天见佛却是为了能成为佛,即"修成正果",能与神佛平等,与天地山川齐寿。他的目的还是追求一种绝对的生存自由。同他闹天宫一样,目标没有变,只不过是斗争的对象变了。因为这次阻碍他实现愿望的不是神界的天将们而是来自各方的妖魔。凭着自己的七十二般变化、上天入地的本事，还有一条翻江搅海，担山赶月的如意金箍棒，一路上济困扶危，扫荡群邪，专与人间抱不平。在这部分中，我们暂且先不谈他追求自由、平等的精神（因为这种精神实在贯穿了整个作品，这是他为之奋斗的目标），我们来看看孙悟空其他思想性格。

取经路上，环境恶劣，困难重重，这就需要取经人有顽强执着、不屈不挠的精神，就像孙悟空所说："似老孙一点真心，专要西方见佛。"从两界山到西天灵山历经十四个春秋，走过十万八千里路，中途无数次的战斗，其中多次濒临险境，多次被妖魔收缴了如意棒，这时的孙行者虽赤手空拳但却从不气馁，每每总是振作精神，计上心来，运用自己的机智战胜强敌。降伏红孩儿时，曾被其三昧真火所败，晕死在急涧中，"你看他蜷曲四肢伸不得，浑身上下冷如冰"（第四十一回）。被师弟救醒后，依然打起精神，重新上阵。正是他那坚持不懈的精神使得战斗总能以他的胜利而告终。

要使西行取经的大路畅通无阻，孙悟空就得除掉阻挡他们的妖魔，从小说中我们看到，他并不甘心只把自己放在防御的位置上。相反悟空总是积极主动去降妖除怪。若是别人一听"妖怪"二字，恐怕就会魂飞魄散、口不能言。可我们这位孙大圣却把与妖精的战斗看作是一种生活的乐趣。八戒有一句话评论他的师兄："听见说拿妖怪，就是他外公也不这般亲热，预先就唱个喏！"（第六十七回）。他这么做，为民除害当然是一个原因，在比丘国、凤仙郡、玉华县都强化了孙悟空是个专救人间灾害的英雄，他法力通天，慈恩盖地，连妖怪也认为："孙行者是一个广施仁义的猴头。"（第七十六回）而另一方面的原因却是为了不断满足他好斗的欲望。第五十六回，唐僧路上被强盗拦住索要银两，三藏推说在徒弟身上，后满心歉意地告诉悟空把他供出来了，悟空反而却很高兴："承你抬举，正是这样供，若肯一个月供得七八十遭，老孙越有买卖。"还有谁能像孙悟空这样把战斗看作游戏,把除妖看作是"照顾老孙的一场生意"呢?

有一次,悟空与黄眉大王战斗失利,烦恼不已。日值功曹问他:"大圣,你是人间之喜仙,何闷之有。"(第六十六回)这一句话概括了他又一个重要的品格——英雄的乐观主义精神。面对妖怪,他总是笑呵呵的。一次,探听消息的日值功曹变作樵子,告诉他们前方有一妖怪,随身有五件宝贝,神通极广极大,若保得唐僧去也要发三四个昏。孙行者却满不在乎:"不打紧,不打紧。我们一年,常发七八百个昏儿,这三四个昏儿易得发,发发儿就过去了。"(第三十二回)好一个"发发就过去了",面对困难毫无惧色,这才是一个英雄的本色。

孙悟空对信念的执着和乐观精神,及他对生命和自由的热爱,我们都看到了历史上英雄人物的影子。他身上强烈的自由、自尊意识,也是人们要求摆脱程朱理学的精神桎梏,追求人性解放思潮的反映。

(二)

关于猪八戒。与他的大师兄相比,虽然他也有三十六般变化,会腾云驾雾,使一把五千多斤的九齿钉耙。但无论如何是比不上猴哥的。他虽有取经志向,却又"顽心、色情未泯";憨厚老实但也常耍些小聪明;常常偷懒可始终也肩挑重担;除妖的斗志不坚强,然而被捉之后从没向妖怪讨过饶。他虽然一身俗气,但他的心还是美重于丑,这个人物有时让人觉得可笑。总之,他是一个"说话做事不知高低的好人"④。

【天蓬的遭遇】 与孙悟空的身世经历比,八戒的遭遇应该说是不幸的。他本是天河里的天蓬元帅,因为动了色心被贬下凡,谁知竟错投了猪胎,变成了猪头猪脑的模样。色是他不幸的原因。猪八戒的这个毛病始终也没有改掉,甚至在第九十五回里,快到西天了,他看见嫦娥还忍不住跳在空中："姐姐,我与你是旧相识,我和你耍子儿去也。"因色遭贬却不知悔改,刚贬下界就娶了个妖精卵二姐,做了倒插门。陈士斌在此处写了这样的批语:"未赘高庄,先招二姐,何八戒之丈人多也。"⑤一句话就点出了老猪好色的弱点。不想没到一年,这第一位妻子便死了。最后,八戒终于来到了这个始终让他牵肠挂肚的高老庄。

【入赘高老庄】 孙悟空在天宫里备受歧视和打击,猪八戒在高老庄入赘也同样是屡遭白眼。也是因为他不是个真正的人。他是一个猪精式的人物。即使他在高家辛勤劳动:"耕田耙地,不用牛具;收割田禾,不用刀杖。"高家的产业是他创立的,他的劳动使得高家的人"身上穿着锦,戴着金,四时有花果享用,八节有蔬菜烹煎"(第十八回)。但不管猪八戒如何努力地劳动,他的本性如何朴实善良,高家只因他"有些会变嘴脸",就四处请法师要"但得拿住他,就烦与我除了根罢"。这就是八戒的又一不幸,几年的耕作撑起个偌大的家业,自己却落得个丢家弃妻的下场。高老庄被收伏这一部分里,猪八戒的性格也开始展现在读者们的眼前。高老向孙悟空描述他这位妖精女婿是这样的:"食肠却又甚大:一顿要吃三五斗米饭;早间点心,也得百十个烧饼才够。"(第十八回)除了贪吃他还是个"恋家鬼",在离开高老庄之时,猪八戒还在不放心地叮嘱老丈人:"好生看待我浑家,只怕我们取不成经时,好来还俗,照旧与你女婿过活。恐一时间有些差池,却不是和尚误了做,老婆误了娶,两下里都耽搁了?"(第十九回)如此生动谐谑的言语,恐怕只能出自老呆之口。为自己找后路是八戒的一贯作风,所以西天路上动摇不定,动不动就叫嚷着分行李散伙;"各人好寻头干事"的也只能是他。这"寻头干事"想必是要回他的高老庄去了。

【漫漫西行路】 猪八戒终于挑起担子走上西行之路了。然而这样一个来自"神魔世界的凡夫俗子"⑥能够做一个真正的苦行僧吗？他常常瞻前顾后,看见美貌妇人就春心萌动,平时贪吃又贪睡。说起吃,八戒的胃口的确令人咋舌:在一家农户吃饭时,唐僧按规矩先念起斋经,这时八戒却"早已吞了一碗,长老的几句经还未了,那呆子又吃光三碗。看他不抬头,一连就吃有十数碗"。而且还在不断地叫:"老儿滴答什么,有饭只管添将来就得。"(第二十回)一顿饭,把一家子的饭都吃光了,还说吃了个半饱。小说中只要一有请斋吃饭就一定有八戒出场,而且总是等不及似的"把一碗白米饭,扑地丢下口去,就了了。"一个"吞"字和一句"扑地丢下口"极为生动地写出了老呆的饥不择食的吃相。为了吃,猪八戒能够不顾一切,在三清观,猪八戒在睡梦里听见猴哥说吃好东西,立刻就醒了,到了观上把桌上供品不管冷热,"如流星赶月,风卷残云,吃得罄尽"(第四十四回)。在第八十五回,师兄为让他上阵,骗他远处妖雾是村民在蒸饭斋僧。于是八戒信以为真,偷偷溜到庄上。当他被群妖围住七扯八扯时,还以为是村民热情请他去吃饭,嘴里还道:"不要扯,等我一家家吃将来。"多么憨痴可笑。因为他这个毛病,唐僧骂他是"槽里吃食,胃里擦痒的畜生"(第九十六回)。而他自己却还振振有词"常言道:'斋僧不饱,不如活埋'"(第四十七回)。然而真正到了取经成功,被封为净坛使者的他却"不知怎么,脾胃一时就弱了"(第九十九回)。这,是否又是他的一个不幸呢?

好色是八戒的第二个特点。在"四圣试禅心"中,当佛仙化成美貌妇人试探四位取经人时,只见"那三藏合掌低头,孙大圣佯佯不睬,少沙僧转背回身。"唯独那老猪"眼不转睛,淫心紊乱,色胆纵横。""闻得这般富贵,这般美色,他却心痒难挠;坐在那椅子上,一似针戳屁股,左扭右扭"(第二十三回)。口里却遮遮掩掩,还不断说要"从长计议",出尽洋相后还穷词夺理,说什么"大家都有此心,独拿老猪出丑。常言道'和尚是色中饿鬼'"。甚至在封佛之时,如来佛祖还认为他"又有顽心,色情未泯",只因他挑担有功才封他为净坛使者。

取经途中,师兄弟三人的主要任务就是降魔除妖,保护唐僧。然而猪八戒在战斗中大多却是借故出逃,溜之乎也。他从不会去主动出击,与妖怪的战斗常常是情不得已,借他自己的话说就是:"我们乃行脚僧,借宿一宵,明日走路,拿什么妖精!"(第六十七回)虽说如此,但当妖精来时,不管出于自愿还是被迫,八戒毕竟充当了孙悟空的得力助手。荆棘岭、稀柿同,都留下了他辛勤的汗水。

小说中,作者还不断运用喜剧的手段把猪八戒贪图便宜的小毛病表现出来。乌鸡国,孙悟空为让他下井背尸体,骗他说去偷宝贝,八戒一听立刻来了精神,你看他,"那呆子果又一嘴,拱开看处,又见霞光灼灼。八戒笑道:'造化!造化!宝贝放光哩!'又近前细看时,呀!原来是星月之光,映得那井中水亮"(第三十八回)。一副财迷心窍的嘴脸,引人发笑。这样私欲强烈的一个酒色之徒竟也投身于神圣的取经事业,如何不让人觉得荒唐可笑呢?

从猪八戒复杂的性格中我们看出,他已不仅仅是某一类型人物的代表。他追求安逸、稳定的生活是他传统农民意识的流露。从他的唯利是图,色胆包天的性格看,又有着商人们的影子。而他对幸福生活的向往却也代表着当时新兴市民阶级对生活的一种美好憧憬。总而言之,他是一个代表着农民、市民、商人利益的综合体。

(三)

明代社会,尤其是嘉靖、万历年间,经济进入了一个比较繁荣的时期。然而这种繁荣已不再是汉唐时期的那种意义了,它是伴随着南方一些地区的城市工商业的发展而来的一种经济方式。随着君主专制主义的加强及土地兼并的加速进行,中国的封建经济已逐步衰退。而那种日益扩大的带有资本主义萌芽性质的经济的繁荣也进一步加速了封建经济的没落。经济生产方式的变革自然也在人们思想上带来了变革。《西游记》就是人们要求个性解放的文艺思潮在文学领域中的反映。

随着手工业、商业地不断繁荣,新兴市民、商人的势力在政治上、经济上也不断地增长,他们自然就会在思想文化上要求反映符合他们利益的思想意识。这时,一批进步的知识分子顺应了历史发展的潮流,与城市的工商市民们结成联盟,不断强调自然的人性,在文学作品中,突破了以往"恶则无往不恶,美则无一不美"的创作模式,用一个个有血有肉的世俗人物勾画出了一个"五光十色的平民社会"。⑦孙悟空的形象也就自然而然被打上了时代的印记,人们说他代表当时的人要求反对旧传统的束缚,追求个性自由发展,渴望能够掌握自己命运的呼声。这个说法是正确的。在他的身上,人们寄予了自身试图征服自然力的愿望,不只是在这一个人物身上,整个作品都在说明这一点,他赞扬人的力量,表现出一种渴望摆脱自然和社会的约束,追求绝对自由的意愿。

虽然中国的封建经济已经衰退,但是自然经济仍占据着统治地位。农民与家庭手工业者、工场手工业者、新兴商人阶级由于各自利益不同,其内部也矛盾重重。因此,在这些小私有者们中间同样存在着进步与保守两种因素。猪八戒则就是这些矛盾因素的综合体现。他既有贪图安乐的农民的保守思想,又有贪利贪色的市民阶级的特征,而且在八戒的身上还具有劳动人民辛勤劳动、为人朴实的优良品质。

与徒弟们相比,唐僧的性格却一点也不招人喜欢。他虽为取经的领导人,却处处受嘲弄、遭讥讽。他的思想很有当时理学左派王阳明提出的"心学"的影子。王阳明"心外无物,心外无事,心外无理"的观点认为世间万物都是由心产生出来的,换句话说,就是看不见的就是不存在。这种凡是被感觉到才存在的唯我主义的体现在小说故事中,就是在第十九回,乌巢禅师传授给唐僧一卷《多心经》,

并告知:"若遇魔瘴之处,但念此经,自无伤害。"极具讽刺意味的是,常常是"路上那师父正念《多心经》,就被妖怪一把拿住,驾长风摄将去了"(第二十回)。这不仅是对佛的嘲讽,对于以王陆为代表的主观唯心主义理学,也是一个莫大的讽刺。

相反,作者对唐僧的两位高徒所持的态度却是极为偏爱。前文提到,孙悟空一出世就被赋予了斗争的性格,大闹天宫、地府、西天取经都是他为自由、平等的权利斗争的过程。他被封为"斗战胜佛"这一结局并不是说他背叛了以前的理想去做小伏低、委曲求全,而是对他孜孜不息的追求和战斗精神的赞扬,不然为何不封个其他什么佛而单封个"斗战胜"佛呢?他的目标始终是要求与神佛们地位平等,以此达到"与天地山川同寿"的目的。所以悟空的成功当然也是作者对明中叶文化思潮中要求个性自由、积极掌握人生的肯定了。

在猪八戒身上,没有孙悟空超越自然的精神追求,作者更多的是把其世俗化的性格展现出来。他出身高老庄,典型的庄稼汉。心无大志,出于胁迫无奈才走上取经之路。然而身在佛门,心中却一刻没有忘了世俗。取经途中不断显露出他俗家人的习惯,好吃好睡、见利忘义,很多地方时不时地流露出中国新兴市民、商人们的思想特质。随着城市工商业经济的繁荣,手工业者和商人们的生活方式和生活观念发生变化,他们渴望一种能尽情享受人生不受拘束的生活,于是要求从程朱理学控制下解放出来的呼声也愈发强烈了。文中有不少地方,作者都是通过猪八戒的口气把当时人们的这种愿望表达出来。第八回中,菩萨劝阻八戒不要伤生,并说:"古人云'若要有前程,莫做没前程'。"而八戒的回答却是:"前程!前程!若依你,教我嗑风!常言道:'依着官法打杀,依着佛法饿杀。'去也!去也!还不如捉个行人,肥腻腻的吃他娘!管他什么二罪,三罪,千罪,万罪!"全然一副蔑视宗教神权的口气。吃饭穿衣、饮食男女都是人的正当要求和欲望,李贽在他的《焚书》中就提到过:"穿衣吃饭,即是人伦物理;除却穿衣吃饭,无伦物也。"对于欲,只要处理得当就行了,即要"遂人之欲,达人之情"。否则就会像那些"灭人欲"的假道学们一样"斯文,斯文,肚里空空"。作者对八戒这种追求实际利益的小私有者的思想应当说给予了部分肯定,不然怎么会在封佛时给八戒个"净坛使者"这个极有实惠的职务呢?在取经之后文中曾提到八戒"不知怎么,脾胃一时就弱了"(第九十九回)。但这似乎只是在提醒人们对人欲要适当节制,而并非遏止它。

若说作者塑造孙行者这个形象时充满了赞美之情,那么对于猪八戒的诸多毛病自然持了批评的态度,但与他对唐僧的严厉批评不同,这里用的是宽容的批评。因为八戒是不幸的,他处处被动,受人制约。孙悟空是从人间打到天上,而八戒却由天上被贬到人间,又错投猪胎,老老实实做别人女婿的愿望也不能实现,只有被迫出家。但是造成这种消极被动、无法掌握命运的局面,归根结底都是由于他身上的惰性因素在作怪。他的懒惰使他成为取经队伍中的离心力,一路上不断动摇,一遇到困难倡议散伙的肯定是他:"趁早散了,各寻头路,多少是好。那西天路无穷无尽,几时能到得!"(第四十回)是啊,漫漫西行路,哪里有在高老庄舒适呢?抱怨路上"背马挑包做夯工,前生少了唐僧债"。孙悟空说的却是"已知铁棒世无双,央我途中为侣伴"。一听有妖怪在前面,八戒:"唬出屎来了!如今也不消说,趁早儿各自顾命去罢!"这哪里像个能使三十六般变化,也会降妖的下界天神,简直就是一个只顾自身利益的市民百姓形象。同样对于妖魔,大师兄却是"若论满山满谷之魔,只消老孙一路棒,半夜打个罄尽!"(第七十四回),好威风、好气派。当师父被掠走,猪八戒只是眼中滴泪:"天哪!却往哪里找寻!"孙大圣却是:"莫哭!莫哭!一哭就挫了锐气。横竖想只在此山,我们寻寻去来。"(第二十回)一个在困难面前毫无办法,消极悲观;另一个却是积极主动,坚毅勇敢,乐观向上,令人感到一种勃勃的生命力。吴承恩就是这样不断用二者之间的矛盾刻画出两个迥然不同的人物特征,使人们看到如此直观的对比:勇敢与胆怯;正直与自私;坚定与动摇;愚惰与聪慧。

在小说中,孙悟空的性格常常体现出明中叶一些进步知识分子们的先进思想。他生性高傲,自我意识强烈,敢于向世人宣称:"我是历代驰名第一妖。"(第十七回)这很容易会使人想到那些通脱豪恣;疏狂不羁的明代狂士文豪们。汤显祖在他的《贵生书院说》中提出"天地之性人为贵,天下之生皆当贵重也"。重视人的个性,强调人的价值和力量也是《西游记》小说表现的主题。猪八戒作为市民、商人、农民这一综合的代表,有着他们的优点和缺点。一方面,作者批评了他身上那些贪吃贪睡的动物性及短浅的农民见识;同时,又对于他追求幸福生活的市民阶级的进步思想给予了肯定。八戒的成佛似乎表明了作者对工商市民地位的重视。徐渭曾说:"凡利人者,皆圣人也。故马匠、酱师、治尺簟,洒寸铁而初之者,皆圣人也。"[7] 所以,作者让猪八戒这个到了西天也"色情未泯"的粗人最后也能成为"圣人",这正体现了他肯定市民阶层地位的进步思想。

总而言之,不论是猪八戒还是孙悟空,我们从他们身上都看出了时代的影子,正是这种时代性、历史性和现实性才使得这两个艺术形象具有了永久的生命力。

注:

① 李卓吾评本
② 《二刻拍案惊奇序》,睡乡居士
③ 《〈西游记〉:一个以象征主义为主要特色的作品》,姜云
④ 《论〈西游记〉艺术结构的完整性与独创性》,张锦池
⑤ 《陈批〈西游记〉零拾》,转引《明清小说探幽》,蔡国梁
⑥ 《论〈西游记〉的滑稽诙谐》,朱其铠
⑦ 《马恩选集》中《致斐·拉萨尔》

文选八

4G 阅读与社区沟通教育

徐梅香

摘　要：4G 时代与新媒体技术的到来与使用，开启了"人人可以成为自己"的大幕。在新媒体技术和信息传播的现实发展和相应的理论批判的聚焦点中，其对于阅读素养有待提高的中国网民，是可乐观预期的，还是要审慎对待，并非不言自明的问题。相较于传统的有效阅读，可以满足人的信息渴求，焕发人的精神力量，电子阅读一定碎片化吗？它会走向哪里？本文通过 4G 时代普通人的未来阅读、4G 时代的印刷纸和公民阅读的生活图景、把传播先知的预言看做是多元阅读的开篇。借助 4G 媒体建构社区沟通与教育之"巴比伦塔"四个方面，有理论梳理，有现实论述，并提出中国社会社区建设可依托新媒体的方向：围绕现实问题和生活需要，搭建 4G 实体和在线沟通平台，让专业人际沟通成为引导阅读的有力中介，从而达成正视人的精神需要、有效的社区沟通、人的自我教育及生活建设的目标。

关键词：4G 阅读　精神　社区　人际沟通　教育

《移动浪潮》的作者麦克尔·塞勒提出观点，移动智能技术对于发展中国家实用性更高，而且必将改变人力资源。与之相关的有深刻洞察力的观点还有人人都可以平等地接受教育。① 罗伯特·达恩顿在《阅读的未来》中坚持这样一个观点:"图书馆从来就不是图书仓库。它一直是学习中心,今后仍将如此。它在知识世界的中心地位赋予它使印刷品和数字传播模式实现交互的理想角色。"②

而我在新闻学专业教学和参与的社会性科研工作中(如北京某城区邪教信奉者成因分析)屡遇一类瓶颈,也基于我对互联网背景下社会问题的观察和平素思考,拟提出如下一核心问题:普通人的精神要求是什么,怎样满足并恰当地引导它? 因为这一问题在现实中日益突出,且常态化为表象背后的实质议题。

复杂性理论的构建者,用石头、鸟作比,将置于互联网前的人说明为既不是可计算的抛物线,也不知飞向何方的主体,其行为的复杂和控制是一个更为复杂的系统。普通群众的精神信仰,不是一个可以决断、搁置和无视的现实问题。当下的 4G,建立了一个借助移动智能终端而自主受传信息的时代背景,一个人的精神漫游似乎虚化为不可控的存在,但其实人的精神渴求和满足,有其规律和踪迹可寻。美国心理学家欧文·亚龙在自己的学术研究中首次定义出生活的 4 个终极问题,即:不可避免的死亡;内心深处的孤独感;我们需要的自由;还有一点就是,也许生活并无一个显而易见的意义可言。他认为生活的痛苦基本源自这 4 个困扰。③ 这一研究观点,与我观察不同群体的生活和所参与的诸类社会调研的现实相吻合。基于此,我来分析普通人的精神需求与 4G 时代阅读的诸种关联,以

---

① 迈克尔·塞勒. 移动浪潮——移动智能如何改变世界[M]. 邹韬,译. 中信出版社,2013:199~213,223~239.
② 罗伯特·达恩顿. 阅读的未来[M]. 熊祥,译."引言"中信出版社,2011.4PⅩⅢ.
③ "欧文·亚龙","存在主义精神疗法"(1980 年发表该文)百度百科:http://baike.baidu.com/link? url = f2MsFRdcIv2R79eJN7jRZOJFNoT1UONa_3aD6o1HSSSiDjSehs6H9pBpBHBfLboOFKYG5fjtaWzMkvm-FCUD0K.

及社区沟通教育目标及实现的基本设想。

一、4G时代普通人的未来阅读

传统的书籍阅读,确实可带我们进入文字的悠久传统,使我们置身于人类精神历史中去思想,这不仅是对西方文化经典的共识,也是对拥有浓郁文化和悠久历史的汉字及中华文化的共识。在美国媒体文化学者尼尔·波兹曼眼里,音像俱佳的电视画面会使人远离文化。而当后工业的现代历史旋入4G时代时,包含文字的多媒体电子化阅读,是会继续挟我们远离文化,更多地投身冰冷的科技中,还是寄希望以技术拓宽观者的阅读路径,带人类回归自然智慧的童年?换言之,当普通人能通过4G跨越知识和信息的藩篱,自主选择,人的未来阅读是否足够乐观?未来阅读,究竟会展出怎样的图景?

4G,可看作是移动互联的另称,以智能手机为代表。蓝牙,畅通无阻地在10米内传输电子信息,听到这些,恐惧技术派仍会决然否决它能发展为一种生活方式,但同时,青年乃至更年幼的一代人却在PAD、智能手机的陪伴下游走岁月,不容无视。4G时代,看似丰富多元,若人的心灵不饱沃,且无所依傍、支撑,恐在多媒体信息风暴的裹挟里,生命的内在难免彷徨。

(一)享乐,是4G时代的阅读隐忧

声色犬马,可谓4G时代的指代词。一点一拨,声形音色字飘然而至,便捷、多彩、功能强大,优势可圈可点,无须行家里手的指点,青年和幼童皆操之游刃有余。摩天大楼、市井街头、乡间小径,都可见埋头点击者,伴随的新名词也纷至沓来:读图、彩铃、游戏、电子书、PAD、手机报、微信,这些能否和指向精神和心灵的经典阅读媲美?

虽然乐观派主张,在4G时代,人们既可以随时随地使用"三余

时间",非但尽收古时的冬日、夜晚、阴雨天这三时,也能在衣食住行的任何间隙点开一读。但不可避免地,碎片化也是4G的时代指征。阅读,究竟是死是活?这个从电视产生开始就被质疑的问题似乎化成永恒一问。普通人距离阅读,是相距杳渺还是咫尺?

赫胥黎在《美丽新世界》中有一名言,"人们由于享乐失去了自由",至今因适用而依然振聋发聩,声色犬马的享乐成分,将4G时代的阅读隐忧浮刻于眼前。

20世纪60年代,电子时代的"先知"、加拿大学者麦克卢汉横空出世,他在最俭朴简陋的生活里预言出多媒体化的传播时代;同世纪80年代,美国学者尼尔·波兹曼用《娱乐至死》表达与赫胥黎同样的现实担心——文化成为充满感官刺激、欲望和无规则游戏的庸俗文化,传达了电视带给人侵袭的忧思,并提出明确而令人震动的历史性见解:有两种方法可以让文化精神枯萎,一种是让文化成为一个监狱,另一种就是把文化变成一场娱乐至死的舞台。① 到了20世纪90年代中期,美国信息高速公路将这两位学者的预言和推测化为现实,有人叹:阅读将死!虽然我们同时看到,太平洋彼岸的美国人大卫实在不舍纸质版的《西雅图邮报》,"我每天早上所做的第一件事是取《西雅图邮讯报》,阅读它,现在我感到一个老朋友要死了",但80岁的他还要直面这份已一个半世纪左右高龄的"老伴儿"将停印的事实②。人类个体的忧思似乎从来无力阻挡工业历史碾过的车轮,直到人类遭遇避之不及的厄运时才会猛然有所忆及。

当麦克卢汉孙子辈的学人莱文森继续追问,由网民共建的维基是百科全书还是报纸?它会使图书馆不再是必需的吗?有关电子

---

① [美]尼尔·波兹曼. 娱乐至死[M]. 章艳, 译. 前言和第一章"媒介即隐喻". 广西师范大学出版社, 2004:2~17.
② 新华网新闻"《西雅图邮报》脱离纸媒只保留电子版"(新华/路透).[2009-3-17]. http://www.tsrb.com.cn/news/gnxw/2009/317/09317201212084G6304GBJGH4838BEI.html.

媒体的诘问与拥趸几乎一样多,至此是否峰回路转,人类的阅读是否相逢柳暗花明,都还未知。

从麦克卢汉到莱文森,人们从"媒介新娘"、地球村、重新部落化的技术更新中又有了历史新发现,看到了风靡全球的维基、掘客、数据库、APPstore、推特(微博)……作为传统书籍阅读的一员普通享受者,我也开始观察,并且兴之所至地再审思、寻求,最终,渐渐窥得那让人喜忧参半的4G时代的未来阅读图景。

(二) 4G时代,一个拆除了隔墙的大学和可能有的阅读

预言"数据神经系统是未来管理的必然模式"的微软之父比尔·盖茨,多次蝉联《福布斯》美国首富,这位电脑天才说互联网时代的年青人,已完全可以不用上大学,尽可按需自由择取。我也确实能看到,互联网上的海量资讯、可汗学院教学的分享视频、国内外高校公开课、大学精品课程、商业门户网站整合传统媒体信息资源,等等,不一而足。盖茨自己在20世纪70年代中期哈佛上学时,就懂得"跨过院墙",收看大量来自麻省理工学院的公开课,据说课程数超过他彼时认识的所有人,这促成了他的提前"毕业"——辍学,为的是抓住微软的发展机会,他以自己在电脑界的成功支撑了自己的见解。

也确实,一个理想的社会,要尽可能公平地给予所有公民以同等的教育机会,使每个人在争取成为精英的竞争机会上均等,也即在知识、智慧、能力和竞争力的资源获得上有同等机会,这在历史上曾不可能。彼时,知识分子曾最担心的是人被剥夺获取知识和信息的自由、权利。而在4G时代,互联网提供了一个没有围墙的大学。它拆除了信息藩篱,去除了政治历史文化传播的桎梏,网游分子可以自主从海量的网络资源中自我建设,赫胥黎所主张的"自由的教育"的时代似乎翩然而至,每个人在信息的获得和学习面前站在了同一条起跑线上。这似是幸事。但回到理性,稍加逻辑推理即可知,仿若在现实世界中,拆了隔墙,也不等于必然的阅读和学习。不同领域的人基于不同的初衷对此都有洞察,也犹如自然从来伴随着生活,但许多人熟视无睹于它的博大,因而难近自然的智慧、力量与美一样。海量优质信息的存在,其实并不意味和等同于自由教育的实现。而且,"数字鸿沟"的消除也需要相当的努力。

二、4G 时代的印刷纸和公民阅读的生活图景

(一)印刷纸会消失

放眼创办大众新闻纸的新闻先驱美国,经营近一个半世纪的《西雅图邮报》2011 年初春完全转为网络版,在业界掀起波澜。而在美国知识分子中有影响力的《基督教科学箴言报》,以及时更新的网络版报纸和印刷版周刊早在 2009 年取代传统印刷版[1]。一份份百年老报印刷版就此尘封。再有,《纽约时报》停印倒计时,也似乎是一件虽未决但声势浩大的媒体要事,2012 年 5 月 2 日,《纽约时报》的电子版阅读量已超纸质版,全美发行量最高的华尔街日报的电子版订户数也已超 50 万。[2]

载体,仍部分保留其中介基质的性质,彻底改变的仅是传播和接受方式,其思想内容并没有太大变化。

4G 时代,呼啸而来,由此产生的改变和可能的改变,其实并不能颠覆阅读。比如,之于有待逆袭纸质形态的《纽约时报》而言,它露出的确实是迟疑的神情。《纽约时报》的铁杆外国读者,抱怨不能便捷地接收和阅读高质量的专栏文字,他们依旧心仪纸版;《纽约时报》迟迟不能与纸版挥手再见,也和电子出报的高成本风险有关。

---

[1] 凤凰资讯 "纸质《纽约时报》将终结 传统媒体被取代信号" 源自中国广播网 [2010-9-13]. http://news.ifeng.com/world/detail_2010_09/13/2502606_0.shtml.

[2] 新华国际新闻 "《华尔街日报》用电子版优势扭转纸质版走下坡劣势" [2013-5-3]. http://news.xinhuanet.com/world/2013-05/03/c_124659021.htm.

因此,当麦克卢汉的"媒介新娘"粉墨登场,美国信息高速公路高调面世,全球瞩目。但同时,我们渐次发现,报纸还是那个报纸,广播电视还是那个广播电视,只是它们更加优化,以走过一些变迁之路。

与美国相比,中国在技术和制度层面有先后的历时性差异,在器物和文化层面也有先后的历时性差异,直到辰巳蛇年2013年的初夏,中国还没有一家因技术改造而消失的报纸杂志出版社,而回看美国,2009年,已是美国新媒体融合传统媒体的启动年。

2013年7月,中国互联网信息中心CNNIC的报告数据显示,中国网民逾5.6亿,手机网民4.2亿,均居世界首位。4G智能终端正以凌厉的攻势,席卷手机网民进入汹涌的多媒体信息浪潮中,这一现象已很难被忽视。这让我联想起美国实用主义哲学创始人杜威,他有一句名言值得在4G背景下回味:教育是生活的过程,而不是为将来的生活做准备,"教育即生活"。在无形有形纵横交织的网络和线缆里,人们或静止、或穿行于网际间,这一必然的情景,促使我思忖,4G时代,之于普通人,怎样能留存阅读的意义?

想象力会带来有意趣的生活。作为普通人,我们需要让自己置身于新奇的世界不倦息,经验从未有过的经历而有探险之趣,我因此坚持,文字最富有想象力,这相通于中国明朝于谦的诗句,"书卷多情似故人,晨昏忧乐每相亲"。再者,文字与哲学相辅而行,它对心灵的启蒙和慰藉从古至今,从未止息。因此,阅读文字是生命需求的至重之一。无论现世实用,还是内在需求,均可从阅读中得来。

所以,4G时代,只要文字还在,想象力和文字对于普通人的价值均还在。

(二) 三段普通人的动人阅读

1995年,美国的信息高速公路,闻名全球。这一年年末,中国北京著名科技一条街中关村路口竖起一张广告牌,上写:中国离信息高速公路有多远,从这儿向北1500米!"瀛海威",中国第一家互联网公司诞生。从此"in high way"名列中国广告史上的经典,也将数量寥寥的若干中国网民收罗进使用 email 和阅读英文网络信息的第一梯队中。那时,大多数中国人因陌生昂贵而远离网络阅读。

2012年秋,根据中国互联网信息中心发布的数据,中国网民过五亿,手机网民近四亿,发展中的中国已然是互联网大国,而英国的网络发达,也自不待言。

在此背景下,我的同事茵在英国工作中的一段小经历触动了我,让我再感怀普通人传统阅读的惬意。她的隔壁住着一对普通的中年英国工人。一日,因故须借用工具,茵按了三次门铃,夫妻俩高呼而出:"这是每星期的读报时间,刚才在书房里一同静看,才听见门铃,非常抱歉。"夫妻俩一脸诚意。听着茵的讲述,我的心被撩动,这一家庭阅读的美景让我无限钦羡,并不为我自己,而是为人的丰美生活本身。

早在1994年年末的冷冬,我大学毕业留兰州大学任教,因先前实习及工作的续缘,再参加甘肃省社科院所做的世界粮农组织课题"中国农村人口流动与社会经济发展"子项目调查,其中一幕印象如昨。在甘肃陇西一个村落,土地多坡贫瘠,最穷的人家木窗破门,冷风径入,裹袭仅有的一灶一锅一炕。而同一个村里,却对照有另种景象,一户户主为四十多岁的复员军人,他给家中订了两份农业科技报纸,正计划第二年贷款农业合作社发展些副业。阅读,改善生存,也是不争的事实。

而日本人的普遍阅读产生的个体、社会效应,更为世人认同。在世界报纸发行百强的年度统计里,总见《读卖新闻》《朝日新闻》《每日新闻》《日本经济新闻》四家日本报纸名列前十。国土面积局促,人口也未居世界之首,但普通人买报纸、阅读量之大,令人侧目的同时,也值得深思。一直以来,日本科技的发达和人们对环保意识的注重,以及几年前,福岛地震核泄漏中日本人表现出的国民素养,均再令人赞叹。关联两者,不难发现,阅读确能改善民生和社会。

三、把传播先知的预言看作是多元阅读的开篇

(一)建设自由的精神生活是阅读的潜因

管窥历史或当下人的传记,我们皆可见,有趣味的生活离不开阅读,现实的成功离不开阅读,有力量感而传世的启蒙思想离不开阅读。

4G 时代的个性化服务技术,让普通人能自主地翻开一页。只要我想读书,我即能读书,我因此更会生活,更会工作。这是 4G 时代的一种可能。4G 时代,还是激发普通人自我意识的时代,其渴求会无比鼓涨,阅读可以帮助其实现自我,满足需求;4G 时代,是刺激普通人想象神经的时代,其欲望绵延无边,阅读可以帮助其审思慎行,合道而行;4G 时代,是为普通人准备的时代,是"多元而美"的时代,阅读可以帮助其望见美,走向美。而富有想象力的文字能最大限度的满足这种憧憬,从而提供模仿、创造的内在动力和路径。

因此我想召唤每一个游离于阅读的人,用读书去拥抱 4G 时代吧!生活地更趣味一些,工作地更有成就一些,思想地更醒觉一些。

引导读书的先知和先导们,请用 4G 时代的方式,不拘泥于或粗糙或精致的纸面,或固定或移动的电子终端,继续引领每一个普通人行进在读书的道路上。原因只有一个,让每一个普通的生命找寻抵达自我的那条路。

"道可道,非常道",老子经典中的那一句,其实在传达一个亘古未变的真义,审察,体悟,才可觉察自己,领会生命真谛,理解人生因果,明了自然神奇。每一个生命都是从自然天地中漫步而来的奇迹,听来玄妙,其实朴素。4G 时代,最令人喜悦地莫过于它最大限度地消弭了阅读的隔墙,它让普通人真正地开始亲近阅读,享受阅

读,为阅读所滋养和提挈。

在对超薄轻盈屏幕的点触中,我们觉察到主体操选的灵敏和快感,但失却了触感能回归自然的纸张和墨色的香、味、形的机会。这是4G阅读的一种失去,非但如此,无辨识力的读者还可能迷失在4G的虚假和诱惑中。

因此有人批判,说我将飞扬和安放心灵的理想纯真地寄放在4G技术上了。这很像美国曾有的"100美元笔记本计划",倡导和推广它的是数字大师尼古拉斯·尼葛洛庞帝,《纽约时报》畅销书榜上的《数字化生存》的作者,《连线》杂志的专栏作家。时至今日,这一试图用技术帮助贫穷孩子的美好夙愿似乎在风中吹拂了八年,效果并不显著。看来,技术必须辅以人文,才能从淡薄而乏力中走出。

(二) 4G时代:现实和心灵中的"点拨"

点击,仅需食指,简单的操作,隐藏了可伴随心智活动的单调,而颇有古意的着色墨迹需要五指、手腕、心意的协同,而显出风骨的书法更能通达中华文化字形字义的内蕴。过程的意义,从未在这一刻这么突显其灵厚的文化意蕴。所以,在4G时代,勿忘从食指回到五指及其意念相连的文化母体。

在家里存留一些色墨留香的书籍、报纸、杂志,它应是我们宅在家里也能通感天地的载体。同时,我们还游走途中,踏春草山,秋游红林,体察自然,如是,岁月流转,而智音不息,爱心不止。即,得以回归与自然相通的灵性和理性,这一点,与己的平宁、与人的祥和,都非常重要。老子说,大学之道,在明明德,在亲民,在止于至善。知止而后有定,定而后能静,静而后能安,安而后能虑,虑而后能得。物有本末,事有终始,知所先后,则近道矣。

我不断地从阅读他人的生命经验出发去观照自己,在自我感知中体认出,爱,原来是一场自我教育。传统阅读近道。我祈望4G阅读也近道。

尼采说,人靠什么创造呢?人靠自我对立而创造。我也从木心先生的《文学回忆录．木心讲述(1989—1994)》的口述文学及思想的片断中再得识见,知与爱成正比。知得越多,爱得越多。反之亦然,而无知的爱,不是爱。中国社会和个体生活现实中的种种乖戾、冲撞,皆可以此为注解。他还有一句重要的补充,知是哲学,爱是艺术,艺术可以拯救人类。① 我因此对自己说,近智地阅读,携爱而行路。

如上所述,若没有文字阅读,我将心存许多令我茫然的无知,也无法攀援上思考自然、自我的人性之梯,更谈不上精神的诗意栖居。严复说:"非新无以为进,非旧无以为守。"阅读,是生活之需,是心灵之需,是生命个体发现、共鸣和康乐之需。若寻找到好而契合的阅读内容,不啻为生命开花的养料。

在历史人生任何苦痛快乐的行走中,沉沦的人大多无书,平乐的人总与书为友。无论听书、读书,无论是看秦时青面獠牙青铜祭器上的金文,还是高贵丝滑绢帛上秀丽的行楷,亦或草纸、普通印刷纸、铜版纸上刊印的现代简体字,再或者朴素的电子书、流光溢彩的PAD读物,无论何种阅读载体,也无论何国别的文字,在经年累月的人类文化的璀璨创造中,经由阅读而共享和传承,智慧本身就是一种至美至丰的携带和呈现。

4G时代,一个普通人也能享受读书之趣之用的时代。

面对一直缺乏经验的心灵,4G时代,营造出开放式的学习环境,使自主学习化为可能。普通人的阅读,是技术时代向内的一个探问,向心灵的寻求,向远方的畅想,向明天的准备。一直以为,你我只要用心稍加寻找,就轻易地能寻到阅读之需,而且也能发现捷

---

① 陈丹青．文学回忆录．木心讲述(1989—1994):上册[M].广西:广西师范大学出版社,2013:90.

径——嗅出那些洞察规律、彰显人类的思想文字经典,无论闻名还是默然。这些文字,能教我们洞察人生和世界,辨别真伪和粗精,建构意趣和知行。如果4G时代的一点一拨,能回至"点拨"之意上,我想说,科技之福虽伴倚着祸,却最终大于科技之祸,阅读与人的亲密关系因此更切近了。

四、借助4G媒体,建构社区沟通与教育之"巴比伦塔"

近代英国博雅教育的主张者纽曼的观点很有一种超乎一般人理解疆域的意味,"知识本身就是目标,知识自身的本质就是真正的、无可否认的善""所有知识都是相互联系的,各类专门知识'相互补充、匡正、平衡',构成统一的知识大厦","善在于知识,只有知识可以提高人的精神情操,使人达到绅士的境界","形成一种可以终身受用的心智习惯,其特性包括自由、平衡、冷静、节制与智慧"。[①]这种教育,其实本身是生活的需要,也是解决社会问题的最为可能的路径。

心灵和生活,应有同样重要的地位,只有如此认识儒释道文化传统的人格建设,才能导入普通个体的生命和生活中。基于4G技术的信息平台,本身并不能自发成为消除隔墙、架通生活和心灵的桥梁,因为芜杂、爆炸量级、涉及广大。因此,在社区沟通体系中,第一,以4G平台,建设宣传和沟通通道,政府的决策、服务,学校的教育、公益,人与人的深度了解,建立起诚信的联结体系;第二,以4G平台,建构并增加面对面的人际交流,用以疏解个人认知和情绪引发的各种障碍问题;第三,以4G平台,重组和创建有文化人格建设力的多媒体信息资源体系。

---

① 沈文钦.近代英国博雅教育及其古典渊源[D].北京:北京大学,2008.

(一) 介入：回到社区，引领阅读生活

利用 4G 技术聚焦，引领社区人回到社区邻里的生活，经由阅读，推进建设现实切近的个体人生，从而使人能直面如下问题：其一，独生子女衍生出的一些原本不是问题的问题；其二，老有所养所用、幼有所教所育的问题；其三，从社区个体沉陷邪教一事看中国人的国民人格和精神信仰的缺失和建设问题，这是宝贵难得的现实分析的一个切入点。

在中国大陆，精神信仰的寻求，因为一些模棱两可的灰色地带的既存，使其幻化成一个可有可无的事物。在曾经的座谈中，在街道基层工作的一位赵姓主任在邪教危害及成因问题座谈中提及不止一次，人的精神层面无法言说。在有关邪教的议题中，精神的公正性，无法通过想象实现，必须深入生活的苦乐中，建立恰当理性的认知，才能辨清。

(二) 发展：开发社区自媒体资源，力促社区平台分享

满足社区居民精神文化生活之需，在其中，主体力量得到最大限度地尊重、激发，有价值的富有生命感的独创信息被广泛分享。

(三) 融合：创制新媒体信息，解构重组既有媒体资源

以个案来示例北京媒体的既有资源。当我听到台湾的张怡筠博士在江苏台《与心灵相约》的演讲和互动交流后，我想到，北京家庭也需要这样的情感指导和心灵滋养，当我看了云门舞集的创始人林怀民"流浪者的品味"一期节目后，我会感慨，掠过华丽喧嚣的街道，安静地去品味生命的真实意义，这不单在台湾为普通人所喜，其实也会共鸣于大陆个体的那颗憧憬自由的"流浪"的心。由此做预见性简析，既有媒体的信息资源，有很大的再利用空间，以让其产生生活中的现实意义，这需要专业化的社区服务和人际载体。而社区处于冰山下的自有资源：无所不能，各有所需的社区居民，在较为充

分的自我释放和彼此沟通下，内蕴的互助力量不容小觑。这些，可借助于创制新媒体，追求直接解决问题地重组各类传统资源，其需求、功效和传播力自不待言。

结　　论

随着互联网和信息技术的发展，一个相对独立的世界奇景应时而起，让人流连忘返的同时，电子介质本身也成为一种阻隔，其大众功能的实现，需要一种内在的文化传播体系的再建，以消解其阻隔，建设其意义；再者，4G之网，也可是冲不破的藩篱，伴随其增容而膨胀、迷失的个体、群体，已有不少"即死"（4G反过来的谐音），需要警惕。问题，还常常产生于关系，含自我、人际和群体社会的关系。回望社会主义新中国成立以来的历史变更，伴随社会经济的起落和蓬勃，人的自我容纳，人际的尊信，社会的共通价值观的冲突及沟通，呈现出多元化问题。此两者均突显在当下喧嚣的新闻和激荡的现实中问题常在，以及接连尖锐失常的爆发，促使我们置身4G时代的技术和社会背景中去做观察和思考。

对互联网使用有预言力的马云提出"世界因小而美"[①]，从一侧面说明4G时代突出的个体性特征。4G具有伴随性、渗透性，几乎无所不在，除了种种可以罗列的弊端外，4G智能终端仿若人的神经元，其实也提供了一种"生活即教育"的可能。研究者基于对个体的分析，提出人一生中必然遭遇的四个终极命题"生死、孤独感、自由、意义"，当其无以疏解时，问题将接踵而至，需要面对、解决。现实和行为问题，总有背后的精神根源，而且，社会的困局，离不开个体因子所组成的环境。由此本文提出，以建构关联精神生活的4G时代

---

① "新加坡APEC峰会畅谈未来世界：世界因小而美"http://www.tudou.com/programs/view/vb9U92AXlns.

理念下,设想解决问题的可能路径。其中,读书教育,应是 4G 时代触动和唤醒心灵力量的神经元的刺激源。

读书教育,4G 终端,是生活的前端,是引导信息的"阳光"照进生活的前台,是达成生活需求的使用——满足的有效中介;是通抵"未失真的沟通"的全天候的通道;是营造优序良俗小环境和氛围的载体。有能量的信息,信息抵达个体的路径,教育内容及及时沟通,同等重要,目的同一——调动 4G 时代的每一个小宇宙,使其焕发自身省察的独立人格的生长和建设力量。

简而言之,即,当下中国社会社区建设的可重视的方向:围绕现实问题和生活需要,搭建社区 4G 实体和在线沟通平台,让线下的专业人际沟通成为引导阅读的有力中介,达成正视人的精神需要、有效的社区沟通、人的自我教育及生活建设的目标。

参 考 文 献

[1] 迈克尔·塞勒. 移动浪潮——移动智能如何改变世界[M]. 邹韬,译. 中信出版社,2013:199~213,223~239.

[2] 罗伯特·达恩顿. 阅读的未来[M]. 熊祥,译. 中信出版社, 2011.4 P XIII

[3] 欧文·亚龙. "存在主义精神疗法"(1980 年发表该文)百度百科: http://baike.baidu.com/link? url＝f2MsFRdcIv2R79eJN7jRZOJFNoT1UONa _3aD6o1HSSSiDjSehs6H9pBpBHBfLboOFKYG5fjtaWzMkvm－FCUD0K

[4] [美]尼尔·波兹曼. 娱乐至死[M]. 章艳,译. 广西:广西师范大学出版社,2004:2-17.

[5] 新华网新闻"《西雅图邮报》脱离纸媒只保留电子版"(新华/路透) [2009-3-17]. http://www.tsrb.com.cn/news/gnxw/2009/317/09317201212084G6304GBJGH4838BEI.html.

[6] 凤凰资讯"纸质《纽约时报》将终结 传统媒体被取代信号"源自中国广播网[2010-9-13]. http://news.ifeng.com/world/detail_2010_09/13/250260

6_0.shtml.

[7] 新华国际新闻"《华尔街日报》用电子版优势扭转纸质版走下坡劣势"[2013-5-3].http://news.xinhuanet.com/world/2013-05/03/c_124659021.htm.

[8] 陈丹青.文学回忆录.木心讲述(1989—1994):上册[M].广西:广西师范大学出版社,2013:90.

[9] 沈文钦.近代英国博雅教育及其古典渊源[D].北京:北京大学2008.

[10] 马云演讲"新加坡APEC峰会畅谈未来世界:世界因小而美"http://www.tudou.com/programs/view/vb9U92AXlns.

[11] "进入上海千家万户 专注居民'自家门口这点事':《社区晨报》本周正式创刊"[2012-5-25].新闻晨报 http://www.jfdaily.com/a/3333604.htm.

[12] 王钰.上海社区报生存态势与发展策略初探[J].新闻记者,2011-1.

[13] 李立,施佳佳,潘文英.地域性与归属感:社区报生存与发展策略分析——以北京社区报《和平人家》办刊实践为例[J].现代传播(中国传媒大学学报),2013-7.

[14] 程昕明.纸媒数字化转型:线上线下一体化——以《壹读》为例谈纸媒数字化转型路径[J].2013-5-1.

文选九

现代教育技术在多媒体对外汉语教学模式建构中的作用

李 然

摘 要：教育技术应用于对外汉语教学,为汉语教学的创新开辟了广阔的空间,教学模式是汉语教学理论与实践创新的突破口,本文以教育技术理论为依据,从多媒体角度探讨了教育技术在多媒体对外汉语课堂教学模式建构中的作用。

关键词：多媒体对外汉语教学模式　现代教育技术

在英语教学中,我们已经看到多媒体技术对学习者产生的良好效果,有些优秀的软件和恰当的教学内容的结合确实帮助学习者解决了过去头疼的若干难题,使学习变得更流畅、自主、丰富、快乐而深入。这一由多媒体所成就的实效也同样适用于外国人学习汉语的过程。

如何在最短的时间内使留学生学好汉语,提高汉语交际能力,一直以来都是对外汉语教师探究的课题。多媒体对外汉语教学模式就是应此而有的建设,它是基于现代教育技术理念和技术支持而发展的。

现代教育技术理论以"信息技术"为依托,而信息技术和学科课程的整合思想在 1985 年美国出台的"2061 计划"（Project 206）中被清楚地描述出来。它更快地促进了信息技术在教育教学中的应用。

现代教育技术融入对外汉语教学,为对外汉语教学的应用创新提供了新思路与方法,为构建多媒体教学模式提供可能。现代教育技术提供了强力的技术支持,为课堂引入崭新的环境和丰富的教学资源,可让现有的对外汉语教学体系较好地适应满足信息时代汉语学习者的需求,情境教学、互动以及人机交互作用等教法得以精进,课堂教学成效得以提升。

本文以教育技术为主要依据,探讨现代教育技术在多媒体对外汉语课堂教学模式建构中的作用,为多媒体技术在对外汉语课堂教学中的应用提供理论分析和指导。

一、多媒体对外汉语课堂教学模式的界定

教学模式是教学论的重要概念,在教学中起着连接理论和课堂教学的桥梁作用,对关联基本概念的厘清有助于对多媒体对外汉语课堂教学模式概念内涵的理解。

对外汉语课堂教学模式是教学模式在特定领域的表现形式,而多媒体对外汉语课堂教学模式又是对外汉语课堂教学模式的具体体现。

在这两个概念基础上界定的多媒体对外汉语课堂教学模式会呈现更清晰准确的面貌。

(一)教学模式的几种定义

1972年,美国的乔伊斯·威尔在《教学模式》一书中将教学模式定义为:"教学模式是构成课程(长时间学习的过程)、选择教材、指导在教室和其他环境教学活动的一种计划和范型。"

何克抗认为教学模式是"在一定教育思想、教学理论和学习理论指导下的,为完成特定的教学目标和内容而围绕某一主题形成的比较稳定且简明的教学结构理论框架及其具体可操作的教学活动方式"。

钟志贤认为"教学模式是指对理想教学活动的理论构造,是描述教与学活动结构或过程中各要素间稳定。关系的简约化形式。换句话说,教学模式是一种反映或再现教学活动现实的理论性、简约性的形式"。

祝智庭认为"教学模式,又称教学结构,是在一定的教育思想指导下建立的比较典型的、稳定的教学程序和构型。研究教学模式,有助于我们对复杂的教学过程的组织方式做简要的表述,分析主要矛盾,认识基本特征,进行合理分类"。

赵金铭认为"教学模式是指具有典型意义的、标准化的教学或学习范式"。

周淑清认为"教学模式是在一定的教学理论和教学思想指导下,将教学诸要素科学地组成稳固的教学程序,运用恰当的教学策略,在特定的学习环境中,规范教学课程中的种种活动,使学习得以产生"。

崔永华认为"教学模式指课程的设计方式和教学的基本方法"。

由上各家之言,让我们对教学模式的内涵有较为充分的认识。每一种特定的教学模式,都会有所侧重。为便于理解及进一步阐述所论主题,本文择取《教学论》中的定义,即"教学模式是在一定教育理论指导下。为完成某一类学习目标而形成的,比较稳定的、简明的教学结构框架及其具体的可操作的教学活动程序,通常是对几种教学方法与教学策略的组合应用"。

(二)对外汉语教学的教学模式

在教学模式运用在具体领域的过程中,学科的特点对教学模式的特定性有决定作用。

对外汉语教学的教学模式,"就是从汉语独特的语言特点和语言应用特点出发,结合第二语言教学的一般性理论和对外汉语教学理论,在汉语教学中形成或提出的教学(学习)范式。这种教学(学习)范式以一定的对外汉语教学或学习理论为依托,围绕特定的教学目标,提出课程教学的具体程式,并对教学组织和实施提出设计方案。它既是一种形而上理论的反射体,又具有清晰的可操作性的教学范式"。

(三) 多媒体对外汉语教学模式

参考上述教学模式和对外汉语教学模式的界定,我们认为基于多媒体的对外汉语教学模式是以现代教育技术、建构主义学习理论、多媒体认知理论、对外汉语教学理论为指导,以学生为中心,以多媒体为技术手段,整合资源、创设情境、互动协作等学习环境要素,优化教学各要素,运用以学为主的教学策略,形成可操作的教学活动程序,达到培养学生语言交际能力的目标。

该定义内涵中有四个"突出",突出了以学生为中心,突出了技术手段的作用,突出了要素组合的必要价值,突出了以学为主的策略方向。

二、现代教育技术在多媒体对外汉语教学模式中的体现

现代教育技术理论所强调的"以学习者为中心"的理念在教学模式的探索中起了相当关键的指导作用,它对"以教为中心"的传统课堂教学作以修正。而且,它涉及的诸多范畴在对外汉语教学中指导作用显著,其依托信息技术的理念和技术运用对构建多媒体教学模式起着核心作用。

(一) 现代教育技术定义

1970年美国教育传播与技术学会(AECT)成立,这被认为是现代意义上的教育技术学科和研究领域形成的标志。1994年,西尔斯(Seels)与里奇(Richey)合写的专著《教育技术的定义和研究范围》发表。书中给教育技术作如下定义:"教育技术是为了促进学习,对

学习的过程和资源进行设计、开发、利用、管理和评价的理论和实践"。

(二) 现代教育技术的内涵分析

现代教育技术的内涵,可以概括为"一个目标、两个对象、五个范畴"。

"一个目标"是指学习。教育技术是为了学习。

"两个对象"是以学习的过程和资源为现代教育技术在多媒体对外汉语教学模式建构中的作用研究对象。教育技术在促进学习的过程与资源设计两个方面的研究结果,产生出各种教学设计模型(models,或模式)。

"五个范畴"是指相互作用的五个研究范畴,包括设计、开发、利用、管理和评价。其内涵说明分析如下:

设计是指学习者的特征分析和教学策略的指定(教学策略中又包含教学活动程序和教学方法等两个方面),教学内容和相应知识点排列顺序的确定、教学媒体的选择、教学信息与反馈信息的呈现内容与呈现方式设计以及人机交互作用的考虑,等等。

开发是指将音像技术、电子出版技术应用于教育与教学过程的开发研究,基于计算机的辅助教学技术(CAI 和 ICAI)的开发研究以及将多种技术加以综合与集成并应用于教育、教学过程的开发研究。

利用是指应强调对新兴技术(包括新型媒体和各种最新的信息技术手段)的利用与传播,并要设法加以制度化和法制化,以保证教育技术手段的不断革新。

管理是指包括教学系统、教育信息、教育资源和教育研究计划与项目的管理。

评价是指既要注重教育、教学系统的总结性评价,更要注重形成性评价并以此作为质量监控的的主要措施。

以上定义,传达出现代教育技术的精髓。

首先,反映出以学为中心的新的教学理念,用技术促进学习者的"学"。

其次,突出了学习者的作用,学习过程是学习者学习新知识、新技能的认知过程。

再次,强调学习资源设计,指对教学媒体和教学环境的设计。教学环境的设计一般指与师生或学生之间的交互作用有关的教学设计。

最后,以发展的信息技术为依托,特别是将多媒体技术应用到教学中。

(三) 现代教育技术在多媒体对外汉语教学模式中的功能体现

(1) 现代教育技术体现了多媒体信息的"教导"功能。

信息技术可以将各种教学媒体和手段融为一体,从文字、图表、动画、音频、视频等多个角度去刺激学习者,从而最大限度地调动学习者的积极性、主动性和创造性,加深学习者对语言点理解、记忆和掌握程度,促进学习者语言能力的提高。

多媒体代替了粉笔、黑板等传统媒体,实现了它们无法实现的功能。实现了媒体的跨越,媒体由辅助教师演示、讲解的工具转变为学生手中的认知工具、学习工具。传授知识的方法发生了根本的变化,丰富了课堂教学功能。利用多媒体教学是对多种感官的综合刺激。

人机交互是计算机的显著特点,利用多媒体手段实现教与学的双向互动,产生出一种新的图文并茂的、丰富多彩的人机交互方式,学习结果可以立即得到反馈。教师可以使用现成的计算机辅助教学软件进行汉字、词汇等教学。制作多媒体课件,以帮助学生理解所学的知识。

(2) 现代教育技术体现了让对外汉语学习者在情境和资源中

"角色满足"的功能。

在多媒体教学中,学习者在一定的情境即社会文化背景下借助其他人(包括教师和学习伙伴)的帮助,充分利用各种学习资源,通过意义建构而获得。

利用资源学习是一种崭新的认识。教师用各种相关优化的教育资源来丰富课堂教学,扩充教学知识量,使学生不再只是学习课本上的内容,更能开阔思路,发展创新。

(3)现代教育技术支持和体现了多媒体汉语教学手段的"持续开发"功能。

第一,信息技术注重计算机的辅助教学技术(CAI和ICAI)的开发研究以及将多种技术加以综合与集成并应用于教育、教学过程的开发研究。

在对外汉语教学中,教学对象不同且内容多样,而信息技术的开发,因其强调对新兴技术(包括新型媒体和各种最新的信息技术手段)的利用与传播,在教学中能相应地给予多元的、丰富的、优化的辅助资源。

第二,利用超文本技术,对多媒体信息进行组织与管理,使学习内容的调用极为便捷,能满足学习之需。其模拟人类思维特征,将教学内容通过节点(用于储存各种信息)和链(表示各接点之间的关系),组成含有许多分支的信息网络。超文本的非线性、网状方式组织管理信息,使得学习者不必按一定顺序提取信息,也能符合人类的思维特点和阅读习惯。

三、现代教育技术对多媒体对外汉语课堂教学模式建构指导作用的分析

以上我们对现代教育技术的定义、范畴和它在教学模式建构中的功能体现做了介绍与分析。在建构多媒体对外汉语课堂教学模

式中,我们将这一理论思想贯穿其中,在四个方面产生出其有价值的指导。

第一,多媒体对外汉语课堂教学模式是以学为中心的模式。它需要进行语言学习者的特征分析和教学策略的指定,教学策略包含教学活动程序和教学方法两个方面。以此为基础进行教学信息内容设计。这是现代教育技术理论核心的应用之一。

第二,多媒体对外汉语课堂教学模式是用技术促进学习的模式。建构模式的目的是培养学习者在真实环境中运用目的语(汉语)进行交际的能力。多媒体技术可以提供仿真性的探索情境,在真实情境中进行大量交际活动或模拟交际活动,从而让学习者提高语言运用的实际能力。

第三,多媒体对外汉语课堂教学模式是具有互动性的模式,让学习者通过协作、会话完成交际过程。该模式利用计算机的交互功能,实现人机之间、学生之间、师生之间在不同层面的互相沟通和反馈。如在多媒体环境中,学生可以通过多媒体课件学习规定课程目标下的相关语言知识,也可以实时的人机互动进行交际能力的训练。

第四,多媒体对外汉语课堂教学模式是重视媒体的呈现、制作与利用的模式。媒体是学习过程所必须借助的工具,本身即是学习资源的主要组成部分,它把含有不同媒体信息的教学内容(如听、说、读、写、话题交际等)综合成一个有机整体,通过设计大量交际活动或模拟交际活动,创设出图、文、声、像并茂、丰富多彩的目的语仿真环境。

以现代教育技术为指导,建构出如上多媒体对外汉语课堂教学模式,直接运用模式进行教学过程的设计,使课堂有一些新成效。第一,有实践性。课堂教学中的实践活动,能深化和巩固学生的认知。第二,有主动性。特定场景中的角色扮演,参与现场表演,能引导和调动学生的主动性,将课堂知识活化。第三,有针对性。教学课件和软件的使用,有针对性地突出了汉语教学的难点和重点。第四,有实效性。互动式教学方法,能使学生对问题的探索和讨论更具体、生动,提高教学效果。

当然,一个模式的适用性需要在实践教学中检验,其优化和发展有赖于实践教学的累积。现代教育技术对多媒体对外汉语教学模式建构的指导作用,还有待于依靠实践教学的反馈信息,分析存在的问题,按照实际教学需求加以修改,才能使这一模式不断完善,更有效地应用于教学。

参 考 文 献

[1] 郑艳群.对外汉语计算机辅助教学的实践研究[M].商务印书馆,2006.

[2] 李泉.对外汉语课程、大纲与教学模式研究[M].商务印书馆,2006.

[3] 何克抗,林君芬,张文兰.教学系统设计[M].高等教育出版社,2008.

[4] 祝智庭.现代教育技术——走向信息化教育[M].教育科学出版社,2005.

[5] 新型教学模式新在哪里——江西师范大学钟志贤访谈[J].中国电化教育,2002(6).